POPULATION
ÉDITION FRANÇAISE

VOLUME 59

POPULATION • F
Numéro 3-4 – 2004

MAI-AOÛT

INSTITUT NATIONAL D'ÉTUDES DÉMOGRAPHIQUES
133, boulevard Davout, 75980 PARIS Cedex 20 France
Tél. : 33 (0)1 56 06 20 00 – Fax : 33 (0)1 56 06 21 99
http://www.ined.fr

ISBN 2-7332-3054-9   ISSN 0032-4663

Avertissement

Les Éditions de l'Ined se réservent le droit de reproduire et de représenter les textes qu'elles publient sous quelque forme que ce soit : réimpression, traduction, ou édition électronique au moyen de tout procédé technique et informatique actuel ou futur. Ce droit porte sur tous les modes de transmission : réseaux propriétaires, réseaux publics (type Internet) et supports de type CD-Rom, CDI ou DVD par exemple. En conséquence, les Éditions de l'Ined engageront les actions nécessaires contre les auteurs d'éventuelles reproductions non autorisées.

Fondateur : Alfred Sauvy

Directeur de la publication : François Héran

Rédacteurs en chef :

Michel Bozon . Ined, Paris, France
Éva Lelièvre . Ined, Paris, France
Francisco Munoz-Pérez . Université de Picardie, Amiens, France

Éditeur délégué (édition anglaise) : Etienne van de Walle . Université de Pennsylvanie, États-Unis

Assistante de rédaction (édition française) : Catherine Guével

Comité de rédaction

Cédric Afsa-Essafi . Insee, Paris, France
Didier Blanchet . Insee, Paris, France
Martine Corijn . Institut scientifique flamand, Bruxelles, Belgique
Cécile Lefèvre . Insee/Ined, Paris, France
Jean-Marie Robine . Inserm, Montpellier, France
Paul-André Rosental . EHESS, Paris, France
Gustavo De Santis . Université de Messine, Italie
Dominique Tabutin . Université de Louvain-la-Neuve, Belgique

Comité international

Alexandre Avdeev . Université d'État de Moscou, Russie
Jorge Bravo . Celade, Santiago, Chili
Monica Das Gupta . Banque mondiale, Washington, États-Unis
Nico Keilman . Université d'Oslo, Norvège
Marianne Kempeneers . Université de Montréal, Canada
Ron Lesthaeghe . Université libre de Bruxelles, Belgique
Cheikh Mbacké . Fondation Rockefeller, Nairobi, Kenya
Máire Ní Bhrolcháin . Université de Southampton, Royaume-Uni
Manuel Ordorica Mellado . El Colegio de México, Mexique
Jürgen Schlumbohm . Institut Max-Planck, Göttingen, Allemagne
John Wilmoth . Université de Californie, Berkeley, États-Unis

Édition

Coordination des traductions : Linda Sergent
Révision des textes anglais : Godfrey I. Rogers
Assistante d'édition : Françoise Milan
Infographie et couverture : Nicole Berthoux

SOMMAIRE

La contraception et le recours à l'avortement en France dans les années 2000
Présentation et premiers résultats de l'enquête Cocon

N. BAJOS, H. LERIDON, N. JOB-SPIRA	—Introduction au dossier	409
N. RAZAFINDRATSIMA, N. KISHIMBA	—La déperdition dans la cohorte Cocon entre 2000 et 2002	419
C. ROSSIER, H. LERIDON	—Pilule et préservatif, substitution ou association ? Une analyse des biographies contraceptives des jeunes femmes en France de 1978 à 2000........................	449
N. BAJOS, P. OUSTRY, H. LERIDON, J. BOUYER, N. JOB-SPIRA, D. HASSOUN	—Les inégalités sociales d'accès à la contraception en France	479
C. MOREAU, N. BAJOS, J. BOUYER	—De la confusion de langage à l'oubli : la déclaration des IVG dans les enquêtes quantitatives en population générale	503

Démographie des régions du monde : état et tendances

D. TABUTIN, B. SCHOUMAKER	—La démographie de l'Afrique au sud du Sahara des années 1950 aux années 2000. Synthèse des changements et bilan statistique	519

•

Bibliographie critique Migrations, intégration, discriminations
 coordonnée par P. SIMON

Analyses de : S. CONDON, K. KATEB, A. LATRECHE, J.-L. RALLU, P. SIMON, C. TICHIT

REA A., TRIPIER M.	—Sociologie de l'immigration	623
MORGENROTH K., VAISS P., FARRÉ J.	—Les migrations du travail en Europe	624

Mouhoud E.M., Oudinet J.	—Les dynamiques migratoires dans l'Union européenne. Ajustements sur les marchés du travail et comparaison Europe-États-Unis	627
Aleinikoff A., Chetail V.	—Migration and International Legal Norms	628
Aleinikoff A., Klusmeyer D.	—From Migrants to Citizens : Membership in a Changing World	629
Hersent M., Zaidman C.	—Genre, travail et migrations en Europe	631
Beaud S., Pialoux M.	—Violences urbaines, violences sociales : genèse des nouvelles classes dangereuses	632
Benbassa E.	—La République face à ses minorités : les juifs hier, les musulmans aujourd'hui	634
Calvès G.	—L'*Affirmative Action* dans la jurisprudence de la Cour suprême des États-Unis : le problème de la discrimination « positive »	634
Sabbagh D.	—L'égalité par le droit. Les paradoxes de la discrimination positive aux États-Unis	634
Perlmann J., Waters M.C.	—The new race question. How the census counts multiracial individuals	637
Crul M., Vermeulen H.	—The future of the second generation: the integration of migrant youth in six European countries	638
Portes A.	—The new second generation	638
Rumbaut R.G., Portes A.	—Ethnicities: children of immigrants in America	638
Portes A., Rumbaut R.G.	—Legacies: the story of the immigrant second generation	638
Bernard P.	—La crème des beurs. De l'immigration à l'intégration	640
Green N.	—Repenser les migrations	641
Bertoncello B., Bredeloup S.	—Colporteurs africains à Marseille. Un siècle d'aventure	642

Revue *Population*

NOTE AUX AUTEURS

Population publie des articles inédits apportant des éléments nouveaux à l'étude des populations humaines, y compris dans les causes et les conséquences de leurs évolutions. Leurs auteurs s'engagent à ne pas les proposer à une autre revue avant la réponse du Comité, et en tout cas durant un délai de quatre mois. La longueur d'un article ne doit pas excéder 24 pages de *Population*, y compris les tableaux, graphiques et résumés (soit l'équivalent de 76 000 signes de texte). Chaque article doit être accompagné d'un résumé de 160 à 200 mots.

Toute proposition *d'article* est examinée par l'ensemble du Comité de rédaction, qui se réunit tous les deux mois, l'un des membres du Comité étant chargé de préparer un rapport ; l'article est soumis anonymement à au moins un lecteur externe qui prépare aussi un rapport. La rédaction informe l'auteur de la décision du Comité ; en cas de rejet, ou de demande de modifications, la décision est motivée à l'auteur sur la base des rapports reçus et de la discussion en Comité.

La section *Notes de recherche* accueille des articles courts, traitant un thème particulier au moyen de données inédites ou sous forme de synthèse comparative. Elles sont examinées en Comité, qui peut aussi faire appel à des lecteurs externes. Elles ne doivent pas dépasser 10 pages de Population (soit l'équivalent de 32 000 signes au total).

La rubrique *Commentaires* est destinée à accueillir des réactions à des articles parus dans la revue, ainsi que les réponses des auteurs (si possible dans le même numéro). La décision de publier tout ou partie d'une proposition relève de la Rédaction. Tout commentaire est limité à 3 pages (soit 10 000 signes), sauf développement méthodologique dûment justifié et approuvé par le Comité.

Les *Comptes rendus* ou *Analyses d'ouvrages* sont publiés par décision de la Rédaction et n'engagent que leurs signataires ; ils n'ouvrent pas droit à réponse de la part des auteurs concernés, ni à commentaires.

Pour tout texte publié, la Rédaction se réserve le droit d'apporter des modifications portant sur la forme ; les changements éventuels sur le fond seront effectués en concertation avec l'auteur, qui recevra dans tous les cas un bon à tirer.

Présentation des manuscrits soumis

• *Texte*

Le manuscrit doit être envoyé (avec le résumé) à la Rédaction de *Population* soit sur papier en deux exemplaires, soit par courrier électronique, de préférence en MS-Word, avec une copie papier.

• *Tableaux et figures*

Ils sont respectivement regroupés en fin d'article, numérotés séquentiellement en chiffres arabes et appelés dans le texte à l'endroit où ils doivent être insérés. Les auteurs veilleront à ce que les légendes des figures et les titres des tableaux soient clairement indiqués sur ceux-ci. Les figures doivent être fournies à l'échelle double selon des dimensions compatibles avec le format d'une page de *Population* ($11,51 \times 8,5$ cm).

• *Formules mathématiques*

Elles sont numérotées à droite et doivent être présentées de façon lisible.

• *Notes*

Les notes en bas de page sont numérotées séquentiellement et ne comportent ni tableaux, ni graphiques.

• *Références bibliographiques*

Elles sont disposées en fin d'article, par ordre alphabétique d'auteurs (éventuellement numérotées entre crochets), pour chaque auteur dans l'ordre chronologique, et appelées dans le texte sous la forme (Laslett, 1977) ou par les numéros entre crochets. La présentation sera la suivante :

—Pour un article dans une revue :

BOURGEOIS-PICHAT Jean, 1946, « Le mariage, coutume saisonnière. Contribution à une étude sociologique de la nuptialité en France », *Population*, 1(4), p. 623-642.

—Pour un ouvrage :

LASLETT Peter, 1977, *Family Life and Illicit Love in Earlier Generations. Essays in Historical Sociology*, Cambridge/London/New York, Cambridge University Press, 270 p.

Tirés à la suite

Une quinzaine de tirés à la suite sont envoyés gratuitement à l'auteur.

S'il en désire davantage (sous réserve d'acceptation), l'auteur est prié d'en informer la rédaction au moment du retour des épreuves.

Les auteurs ne sont en aucun cas rémunérés.

Courrier

Rédaction de *Population*
Institut national d'études démographiques
133 bd Davout
75980 Paris Cedex 20, France
population@ined.fr

Population est référencé dans les bases de données ou bibliographiques suivantes

— Le catalogue de la Bibliothèque de l'Ined (http://www.ined.fr) propose l'intégralité des articles depuis 1946 ;

— *Francis* (CNRS), accessible par les serveurs Questel-Orbit et RLG, par CD-Roms édités par Ovid technologies ou par Internet, sur le portail Connectsciences (http://www.inist.fr/index.fr.php) ;

— *Revue des revues démographiques/Review of population reviews*, Cicred (http://www.cicred.org) ;

— *Current Contents* (http://www.isinet.com) sur abonnement ;

— *Social Sciences Citation Index* (http://www.isinet.com) sur abonnement ;

— *Population Index* (http://popindex.princeton.edu)
mise à jour arrêtée en 2000 ;

— *Popline* (http://db.jhucpp.org/popinform/basic.html).

Par ailleurs, l'édition en anglais est disponible en texte intégral dans la base JSTOR (http://www.jstor.org) sur abonnement.

La contraception et le recours à l'avortement en France dans les années 2000

Présentation et premiers résultats de l'enquête Cocon

N. Bajos, H. Leridon, N. Job-Spira	—Introduction au dossier
N. Razafindratsima, N. Kishimba	—La déperdition dans la cohorte Cocon entre 2000 et 2002
C. Rossier, H. Leridon	—Pilule et préservatif, substitution ou association ? Une analyse des biographies contraceptives des jeunes femmes en France de 1978 à 2000
N. Bajos, P. Oustry, H. Leridon, J. Bouyer, N. Job-Spira, D. Hassoun	—Les inégalités sociales d'accès à la contraception en France
C. Moreau, N. Bajos, J. Bouyer	—De la confusion de langage à l'oubli : la déclaration des IVG dans les enquêtes quantitatives en population générale

Introduction au dossier

Nathalie BAJOS, Henri LERIDON,
Nadine JOB-SPIRA

Dans la lignée des enquêtes sur la contraception conduites par l'Ined en 1978, 1988 et 1994 (Leridon *et al.*, 1987; Toulemon et Leridon, 1992; de Guibert-Lantoine et Leridon, 1998), une équipe pluridisciplinaire de chercheurs de l'Inserm, de l'Ined et du CNRS a élaboré un programme de recherche sur les pratiques contraceptives et le recours à l'avortement dans les années 2000. Deux enquêtes ont été lancées, conçues d'emblée comme complémentaires.

D'une part, une recherche qualitative a été conduite auprès de 71 femmes ayant été confrontées récemment à une grossesse non prévue, afin de saisir les logiques à l'œuvre dans les pratiques contraceptives et abortives en tenant compte à la fois des trajectoires sociales, affectives, relationnelles et contraceptives (Bajos, Ferrand et l'équipe GINE, 2002). Les résultats de cette recherche ne sont pas directement présentés dans ce dossier, mais ils ont été mis à profit pour élaborer le questionnaire de l'enquête quantitative, structurer et guider l'interprétation des résultats de l'analyse quantitative.

D'autre part, une cohorte socio-épidémiologique a été constituée sous forme d'un échantillon représentatif de 2 863 femmes suivies annuellement pendant cinq ans dans le cadre de l'enquête de COhorte sur la CONtraception, dite Cocon[1]. Ce sont les résultats de cette enquête qui sont présentés ici.

L'objectif de ce programme est de décrire et analyser :

— l'évolution des pratiques et des biographies contraceptives au cours du temps, l'accessibilité et l'acceptabilité des diverses méthodes de contraception ;

— les circonstances de survenue des échecs de contraception et la mesure de l'efficacité pratique des méthodes contraceptives ;

---

[1] L'équipe Cocon est constituée de Nathalie Bajos, Nadine Job-Spira (responsables), Hélène Goulard (coordinatrice), Jean Bouyer, Béatrice Ducot, Michèle Ferrand, Danielle Hassoun, Monique Kaminski, Nathalie Lelong, Henri Leridon, Caroline Moreau, Pascale Oustry, Nicolas Razafindratsima, Clémentine Rossier et Josiane Warszawski.

— les processus décisionnels intervenant dans le choix de l'issue de grossesse en cas de grossesse non prévue ;

— les filières d'accès au système de santé pour une interruption volontaire de grossesse ;

— les effets sur la santé de la contraception et des méthodes d'interruption volontaire de grossesse (IVG).

Dans une perspective sociologique, les pratiques contraceptives et abortives sont conçues comme inscrites dans des contextes sociaux qui structurent la demande des femmes ainsi que l'offre de soins. L'approche épidémiologique aborde quant à elle ces pratiques comme facteurs de risque de survenue d'une grossesse non prévue ou d'effets secondaires sur la santé des femmes, et traite également des effets de l'avortement sur les issues des grossesses ultérieures. La multidisciplinarité de l'équipe permet de confronter ces différentes disciplinaires ; elle permet également aux approches sociologiques de tenir compte des effets sur la santé de la contraception et de l'IVG, et aux analyses épidémiologiques de prendre en compte des variables sociales pouvant s'avérer déterminantes pour expliquer les effets de la contraception sur la santé ou mesurer l'exposition au risque de grossesse non prévue.

Le choix d'effectuer une enquête de cohorte résulte de la nécessité d'obtenir des données précises sur une pratique qui évolue rapidement au niveau individuel, les femmes changeant de contraception relativement souvent, surtout en ce qui concerne les différents types de contraceptifs oraux. On peut en effet craindre que la collecte rétrospective de données détaillées concernant les médications antérieures, l'observance des prescriptions, les problèmes de tolérance clinique et les raisons des choix effectués ne donne pas de renseignements très fiables au-delà d'un an de recul. Le suivi prospectif annuel permet ainsi de limiter les biais de mémoire.

*La constitution
de l'échantillon initial (enquête Cocon 2000)*

La constitution de l'échantillon a suivi une méthodologie en deux phases, bien rôdée dans ce mode de collecte depuis la réalisation en 1992 de l'enquête ASCF sur les comportements sexuels en France (Riandey et Firdion, 1993). L'échantillon initial de l'enquête Cocon a été constitué par tirage aléatoire dans la liste téléphonique des abonnés au téléphone filaire de France Télécom ; à l'époque de la préparation de l'échantillon (début 2000), on estime que 90 % des ménages français étaient équipés d'un téléphone filaire (Beck, Legleye et Peretti-Watel, 2004). La collecte a eu lieu à l'automne 2000 (d'octobre 2000 à janvier 2001), en utilisant le système de collecte assistée par téléphone et informatique (CATI). Des enquêteurs des deux sexes, formés par l'équipe de recherche, ont effectué les interviews. Peu avant la collecte, une lettre-annonce a été envoyée à tous les ménages dont les coordonnées ont pu être trouvées en recourant à l'annuaire inversé[2] afin d'augmenter le taux de réponse (Bajos, Spira *et al.*, 1992).

Dans une première étape, 59 866 numéros ont été tirés au sort dans l'annuaire téléphonique. Afin d'atteindre les abonnés inscrits sur la liste rouge (ceux qui ont demandé à ne pas figurer dans l'annuaire public), le chiffre 1 a été ajouté ensuite à chacun des numéros tirés initialement. On obtient ainsi une nouvelle base de sondage recouvrant, en principe, tous les ménages abonnés au téléphone fixe.

Parmi l'ensemble des numéros figurant dans la base ainsi constituée, 39 562 ont pu aboutir à un contact (tableau 1). Les autres numéros n'ont pas abouti soit parce qu'ils n'étaient pas attribués, soit parce qu'ils correspondaient à des fax, soit parce que les abonnés n'ont jamais répondu. Par ailleurs, de nombreux numéros étaient ceux de ménages ne comportant aucune femme éligible pour l'enquête : on a finalement pu identifier 14 704 ménages éligibles, c'est-à-dire comprenant au moins une femme âgée de 18 à 44 ans, résidant en France et parlant le français. Dans ces ménages, on sélectionnait une seule femme éligible lorsqu'il y en avait deux ou plus, par la méthode du plus proche anniversaire. 3 162 ménages ou femmes éligibles ont refusé l'entretien d'emblée et 421 autres ont été exclus de la base de données (femmes sélectionnées mais injoignables, abandons très précoces). Finalement, 11 121 femmes ont fait l'objet du tirage au sort décrit ci-après, qui constitue la deuxième étape du tirage destinée à surreprésenter certaines catégories de femmes.

TABLEAU 1.– CONSTITUTION DE L'ÉCHANTILLON COCON 2000

Numéros de téléphone		Effectif
Base de départ		59 866
Non attribué, numéro de fax, ne répond pas		20 304
Base contactée		39 562
Hors champ (résidence secondaire, entreprise, ménage non francophone)		2 970
Non éligible		21 888
Base éligible		14 704
Pas de contact avec la femme		270
Refus d'emblée (ménage ou femme)		3 162
Refus après question filtre		151
Base de sélection		11 121
Base de tirage : 11 121 femmes dont		
	Sélection d'office	Sélection par tirage aléatoire
Base de sélection	1 079	10 042
Femmes sélectionnées	1 079	1 930
Refus	45	101
Entretiens réalisés	2 863	

---

(2) L'annuaire inversé permet d'obtenir les nom et adresse des abonnés à partir de leur numéro de téléphone. Cela n'est toutefois pas possible pour les ménages inscrits sur liste rouge, dont les coordonnées ne figurent pas dans l'annuaire, ni évidemment pour les numéros non attribués.

Un questionnaire filtre a en effet été utilisé dès le début de l'entretien pour répartir les femmes en deux strates. La première strate comprenait les femmes déclarant que leur dernière grossesse avait été non prévue ou qu'elles avaient eu recours à une IVG durant les cinq dernières années. Un des objectifs principaux de l'enquête Cocon étant d'étudier les échecs de contraception, ces femmes ont été surreprésentées, en les incluant systématiquement dans l'échantillon ($n = 1\,034$). Les autres femmes constituaient la seconde strate : on en a tiré au sort une fraction, égale à 19 % ($n = 1\,829$). Au total, l'échantillon 2000 de l'enquête Cocon comprend finalement 2 863 femmes.

Compte tenu des spécificités du plan de sondage, il est nécessaire d'utiliser des pondérations lors de l'exploitation des données. Une première pondération a été calculée, égale à l'inverse de la probabilité d'inclusion dans l'échantillon. La pondération finale a été obtenue après post-stratification, pour recaler la structure de l'échantillon sur celle de la population des femmes de 18 à 44 ans vivant en France métropolitaine en 2000. Les variables de post-stratification sont l'âge, la situation matrimoniale, le statut d'activité et le diplôme. Le rapport maximum obtenu entre poids extrêmes est de 38,7 ; le poids est le plus élevé quand la femme appartient à la fois à la seconde strate (poids 5) et à un ménage comprenant un grand nombre de femmes éligibles.

Tous les résultats des articles qui suivent présentent des pourcentages ainsi pondérés et les effectifs bruts de femmes interrogées ; les tests statistiques tiennent systématiquement compte du plan de sondage.

Le questionnaire auquel ont répondu les femmes en 2000 durait en moyenne 40 minutes. Il a été élaboré en s'appuyant sur les premiers résultats de l'enquête qualitative, afin de limiter autant que faire se peut la normativité des questions, notamment sur « l'injonction contraceptive » (Bajos, Ferrand et l'équipe GINE, 2002) et le recours à l'interruption volontaire de grossesse. Il portait sur les caractéristiques sociodémographiques, les circonstances du premier rapport sexuel, la biographie contraceptive et génésique, le dernier rapport sexuel, les effets sur la santé des méthodes de contraception et les antécédents médicaux et gynécologiques, ainsi que sur les opinions et connaissances dans le domaine de la contraception. Un module spécifique portait sur la description détaillée de la dernière grossesse et de l'accès au système de soins lors de la dernière IVG.

Les enquêtes de suivi (Cocon 2001 à 2004)

Les seconde, troisième et quatrième vagues de l'enquête Cocon, appelées aussi enquêtes de « suivi », ont respectivement eu lieu à l'automne des années 2001, 2002 et 2003, la cinquième et dernière étant prévue à l'automne 2004. L'objectif était à chaque fois de réinterroger l'ensemble des femmes de la vague précédente. Les questions posées étaient cette fois centrées sur les changements intervenus depuis la dernière interrogation, notamment en ce qui concerne la situation affective et professionnelle, la vie génésique, les contraceptions utilisées, ainsi que les raisons des éventuels changements. Les interviews ont duré une vingtaine de minutes en moyenne, soit moitié moins de temps que lors de la première vague.

Un dispositif a été mis en place pour réaliser de manière efficace l'opération de suivi des femmes. Ce suivi nécessitait l'approbation préalable de la femme : à la fin de chaque interview, l'enquêteur lui demandait si elle acceptait d'être interrogée l'année suivante. En cours de collecte, si la femme était injoignable au numéro de téléphone laissé un an auparavant, l'équipe appelait le numéro d'une personne proche, s'il avait été fourni lors de la vague précédente (jusqu'à 7 numéros pouvaient être utilisés pour joindre les femmes en 2002). En cas d'échec, on tentait encore de retrouver les coordonnées de la femme par l'annuaire téléphonique.

Entre deux vagues d'enquêtes, un effort important a été fourni pour tenir à jour le fichier d'adresses des femmes, notamment pour éviter de perdre celles qui changeaient d'adresse ou de numéro de téléphone dans l'intervalle. Ainsi, un *Journal Cocon*, reprenant certains résultats de l'enquête, est envoyé à toutes les femmes qui le souhaitent chaque été précédant la nouvelle interrogation. Ce journal comprend un coupon-réponse qui permet aux femmes ayant changé d'adresse ou de numéro de téléphone d'envoyer leurs nouvelles coordonnées à l'Inserm. Une lettre-annonce est aussi adressée aux femmes devant être réinterrogées quelques semaines avant les appels téléphoniques. Par ailleurs, un numéro vert (appel gratuit) est mis à leur disposition.

Les résultats présentés dans ce dossier

Cette enquête de cohorte, la première réalisée sur le sujet en France, par téléphone de surcroît, a nécessité un important travail méthodologique. Outre les étapes de test du questionnaire et d'optimisation des paramètres du plan de sondage, il fallait vérifier la faisabilité d'une procédure de suivi des femmes, tant au niveau de l'acceptation de principe à la fin du premier entretien qu'à celui de l'acceptation réelle lors de l'appel de l'enquêteur 12 mois plus tard. Les résultats de l'enquête pilote réalisée en 1998 avaient montré une très bonne acceptation de principe (7 % de refus) mais une difficulté à joindre l'ensemble des femmes 16 mois plus tard (20 % de « perdues de vue » et 13 % de femmes non contactées). Toutefois, si de tels résultats laissaient penser que le principe d'une cohorte pouvait être retenu, les effectifs étaient trop restreints ($n = 396$) pour permettre une analyse fine de l'attrition de la cohorte.

C'est sur la base des résultats des collectes effectuées en 2000, 2001 et 2002 que Nicolas Razafindratsima et Ngoy Kishimba peuvent étudier finement, pour la première fois, l'attrition d'une cohorte interrogée par téléphone, ses causes, les biais qu'elle peut entraîner et ses effets éventuels sur les analyses explicatives. Ils montrent que la déperdition a été principalement observée entre 2000 et 2001, qu'elle a été plus forte pour les femmes ayant certaines caractéristiques (les plus jeunes, les moins diplômées, celles vivant seules, etc.), mais qu'elle n'entraîne pas de biais majeurs dans les modélisations des variables les plus cruciales de l'enquête (recours à l'IVG ou pratiques contraceptives).

Par ailleurs, la sous-déclaration des IVG, qui est un problème habituel dans les enquêtes en population générale, a fait l'objet d'une attention particulière dans le cadre de l'enquête Cocon. En dépit d'un effort important consacré à la formulation des questions relatives à cet événement, l'enquête pilote a mis en évidence un taux de sous-déclaration élevé, de l'ordre de 50 % (Houzard *et al.*, 2000). Une deuxième enquête pilote, s'efforçant de limiter encore la normativité des questions et de diversifier les formulations en s'appuyant sur les discours recueillis dans l'enquête qualitative, a permis de réduire légèrement cette sous-déclaration (Goulard *et al.*, 2000). L'analyse proposée ici par Caroline Moreau *et al.* permet d'affiner les raisons de cette sous-déclaration : les termes employés dans le questionnaire et le contexte dans lequel les questions sont posées ne sont pas sans effet sur la façon dont les IVG sont déclarées par les femmes. Par ailleurs, l'analyse conduit à proposer une nouvelle hypothèse, celle de la non-spécificité de la sous-déclaration de l'acte médical qu'est l'IVG.

Les premières analyses des données de l'enquête Cocon montrent que le processus de médicalisation de la contraception entamé dès la légalisation de la pratique contraceptive s'est encore prolongé ces dernières années (tableau 2 et Leridon *et al.*, 2002), conduisant les Françaises à occuper la première place mondiale en ce qui concerne l'utilisation de méthodes médicales de contraception (pilule et stérilet). Les chiffres sont particulièrement frappants chez les plus jeunes : à 20-24 ans, plus de deux femmes sur trois utilisaient la pilule au moment de l'enquête (tableau 3 et Bajos *et al.*, 2003b). Ces données conduisent à s'interroger quant à l'impact de cette médicalisation sur les biographies contraceptives des femmes et aux inégalités d'accès à la contraception qu'elle est susceptible de générer.

L'article de Clémentine Rossier et Henri Leridon sur les biographies contraceptives montre que les données recueillies rétrospectivement dans l'enquête de 2000 sur les biographies contraceptives détaillées des femmes sont fiables et permettent de rendre compte des modifications intervenues au fil des générations, en particulier chez les jeunes spécialement concernées par l'épidémie de sida dans les années 1980 et par la nécessité d'utiliser des préservatifs.

L'article de Nathalie Bajos *et al.* sur les inégalités sociales d'accès à la contraception, orale en particulier, permet de rendre compte du déplacement de ces inégalités au cours du temps : compte tenu de la place prépondérante occupée maintenant par la pilule, il s'agit moins de différences

TABLEAU 2. – MÉTHODE CONTRACEPTIVE PRINCIPALE
UTILISÉE EN 1978, 1988, 1994 ET 2000

	Pour 100 femmes âgées de 20-44 ans :			
	Année d'enquête (*années de naissance*)			
	1978 (*1933-1957*)	1988 (*1943-1967*)	1994 (*1949-1973*)	2000 (*1956-1980*)
Utilisent une méthode actuellement	*67,6*	*67,8*	*67,7*	*74,6*
Dont :				
Pilule	28,3	33,8	40,2	45,4
Stérilet	8,6	18,9	15,8	17,3
Abstinence périodique	5,5	5,0	3,9	1,3
Préservatif	5,1	3,4	4,6	7,4
Retrait	18,0	4,8	2,4	2,3
Autre méthode[a]	2,1	1,8	0,8	0,9
Stérilisation (à but contraceptif)	*4,1*	*4,2*	*3,0*	*4,7*
– la femme	4,1	3,9	3,0	4,7*
– le partenaire (masculin)	0,0	0,3	0,0	0,0
N'utilisent pas de méthode	*28,5*	*28,2*	*29,4*	*20,7*
Dont :				
Stérilisées (but médical seulement)	3,2	1,8	1,5	0,0*
Stériles	1,4	2,8	2,6	1,3
Enceintes	4,8	5,4	5,1	4,0
Sans partenaire	9,1	9,9	11,3	8,2
Veulent encore un enfant[b]	6,3	6,6	6,4	5,4
Ne veulent plus d'enfant	3,7	1,7	2,6	1,8
Ensemble	100,0	100,0	100,0	100,0
Population féminine totale 20-44 ans (en milliers)	8 899	10 177	10 662	10 364

[a] Méthodes féminines locales ou méthode non précisée.
[b] Maintenant ou plus tard, y compris les réponses « Ne sait pas ».
* En 2000, parmi les femmes stérilisées nous ne pouvons distinguer les stérilisations à but contraceptif de celles à but médical.
Sources : Ined, enquête mondiale de fécondité 1978, enquête régulation des naissances 1988, enquête sur les situations familiales et l'emploi 1994, enquête Cocon 2000.

d'utilisation par grande catégorie de méthode (pilule, stérilet, autre) que d'inégalités nouvelles liées au type de pilule utilisée, en termes d'accès et de satisfaction pour les femmes. Une question importante réside dans le caractère remboursable ou non du produit utilisé.

D'autres analyses

Les données de l'enquête Cocon permettent aussi d'éclairer le paradoxe contraceptif français, à savoir la relative stabilité du recours à l'IVG dans un contexte de diffusion massive des méthodes médicalisées de contraception, dont l'efficacité pratique est plus élevée que celle des méthodes dites naturelles. On a ainsi montré que les échecs de contraception restent fréquents : 30 % des grossesses sont aujourd'hui encore non prévues, une sur deux environ donnant lieu à une IVG (Bajos *et al.*,

TABLEAU 3. – MÉTHODE CONTRACEPTIVE PRINCIPALE UTILISÉE EN 2000 (P. 100 FEMMES DE CHAQUE ÂGE)

	Âge au 1er janvier 2001 (années de naissance)						
	18-19 ans (1981-1982)	20-24 ans (1976-1980)	25-29 ans (1971-1975)	30-34 ans (1966-1970)	35-39 ans (1961-1965)	40-44 ans (1956-1960)	18-44 ans (1956-1982)	20-44 ans (1956-1980)
Utilisent une méthode								
Pilule	53,9	68,3	56,7	43,8	33,2	28,0	45,8	45,4
Stérilet (DIU)	0,0	0,9	7,5	18,3	27,6	29,6	16,1	17,3
Préservatif	9,2	8,6	7,7	8,0	6,2	6,7	7,5	7,4
Méthode féminine locale	0,2	0,0	0,1	0,4	0,5	0,9	0,4	0,4
Abstinence périodique	0,0	0,8	0,8	0,4	2,9	1,7	1,3	1,3
Retrait	0,0	0,2	3,2	1,4	3,5	2,6	2,1	2,3
Autre méthode, non-réponse	0,0	0,4	0,1	0,2	0,7	1,1	0,5	0,5
Stérilisation (tous motifs)	0,0	0,0	0,3	0,9	5,7	16,3	4,5	4,7
N'utilisent pas de méthode								
Stérile	0,0	0,0	0,6	0,5	1,7	4,2	1,4	1,3
Enceinte	1,5	1,8	7,1	6,9	3,3	0,4	3,8	4,0
Pas de relations sexuelles	33,3	17,1	6,6	8,4	6,5	3,4	10,0	8,2
Cherche à concevoir	0,0	1,4	7,0	6,9	4,5	1,9	4,1	4,4
Veut encore des enfants	1,5	0,2	1,6	1,7	1,6	0,0	1,1	1,0
Autre situation	0,4	0,2	0,7	2,3	2,1	3,1	1,6	1,8
Total	100,0	100,0	100,0	100,0	100,0	100,0	100,0	100,0
Toutes méthodes réversibles	63,3	79,2	76,1	72,5	74,6	70,6	73,7	74,6

En cas de réponses multiples, la hiérarchie suivante a été retenue : stérilisation, puis les méthodes réversibles dans l'ordre de présentation du tableau.
Source : Inserm-Ined, enquête Cocon 2000.

2003b). Près de deux grossesses non prévues sur trois surviennent chez des femmes qui déclarent utiliser une contraception au moment de la survenue de ladite grossesse. Ces données traduisent les difficultés que les femmes rencontrent dans la gestion quotidienne de leur pratique contraceptive. Difficultés que l'enquête qualitative permet d'éclairer en montrant que la pratique contraceptive, qu'il s'agisse du choix de la méthode ou de sa gestion au quotidien, s'inscrit au carrefour de plusieurs logiques normatives : ces logiques relèvent de la « normalité contraceptive », des rapports sociaux de sexe et du pouvoir médical, et sont parfois contradictoires entre elles. L'échec de contraception révèle les obstacles que les femmes peuvent rencontrer dans la résolution de ces contradictions (Bajos, Ferrand et l'équipe GINE, 2002).

Dans un tel contexte, le recours à la contraception d'urgence pourrait constituer une solution « de rattrapage » efficace ; il apparaît cependant encore limité aujourd'hui (Bajos *et al.*, 2003a ; Goulard *et al.*, 2003).

En cas d'échec de la contraception, une femme sur deux interrompt la grossesse. Les données montrent que les logiques décisionnelles sont très différentes selon les phases du cycle de vie (Sihvo *et al.*, 2003), mais que la stabilité du couple parental semble constituer presque toujours une dimension fondamentale (Donati *et al.*, 2002).

On ne disposait avant l'enquête Cocon d'aucune donnée sur les conditions d'accès à l'IVG du point de vue des principales intéressées. L'enquête Cocon a permis d'analyser les filières suivies par les femmes (Moreau *et al.*, 2004) et, grâce à une analyse conjointe des matériaux quantitatifs et qualitatifs, de saisir un certain nombre de dysfonctionnements et de souligner une certaine stigmatisation sociale dont fait encore l'objet l'IVG en France (Bajos *et al.*, 2004).

Les enquêtes successives (jusqu'en 2004) permettront de répondre à d'autres questions encore. On pourra en particulier étudier l'impact du recours à la contraception d'urgence et à l'avortement sur les biographies contraceptives des femmes, mieux mesurer l'efficacité pratique des méthodes de contraception, repérer les obstacles à l'utilisation de la contraception d'urgence et analyser plus complètement le processus global de recours à l'avortement. Il s'agira aussi, grâce au suivi des femmes, d'analyser en détail les effets de la contraception sur leur santé et les conséquences de ces effets sur les changements de méthode au cours du temps, changements qui s'accompagnent souvent de périodes sans contraception pendant lesquelles les femmes sont plus particulièrement exposées à une grossesse non prévue.

RÉFÉRENCES

Publications sur l'enquête Cocon

BAJOS N., GOULARD H., JOB-SPIRA N., and COCON Group, 2003a, « Emergency contraception: from accessibility to counselling », *Contraception*, 67, p. 39-40.

BAJOS N., LERIDON H., GOULARD H., OUSTRY P., JOB-SPIRA N., and COCON Group, 2003b, « Contraception: from accessibility to efficiency », *Human Reproduction*, 18(5), p. 994-998.

BAJOS N., MOREAU C., FERRAND M., BOUYER J., 2003, « Filières d'accès à l'interruption volontaire de grossesse en France : approches qualitative et quantitative », *Revue d'épidémiologie et de santé publique*, 51, p. 631-647.

GOULARD H., BAJOS N., JOB-SPIRA N. et l'équipe COCON, 2003, « Caractéristiques des utilisatrices de pilule du lendemain en France », *Gynécologie obstétrique et fertilité*, 31(9), p. 724-729.

GOULARD H., BAJOS N. et l'équipe COCON, 2000, « Impact de la formulation et de la structure du questionnaire sur la déclaration des interruptions volontaires de grossesses dans les enquêtes en population générale », *24e Congrès de l'Adelf*, octobre 2000.

HOUZARD S., BAJOS N., WARSZAWSKI J., de GUIBERT-LANTOINE C., KAMINSKI M., LERIDON H., LELONG N., DUCOT B., HASSOUN D., FERRAND M., 2000, « Analysis of the underestimation of induced abortions in a survey of the general population in France », *European Journal of Contraception and Reproductive Health Care*, vol. 5, p. 52-60.

LERIDON H., OUSTRY P., BAJOS N. et l'équipe COCON, 2002, « La médicalisation croissante de la contraception en France », *Population et sociétés*, n° 318.

MOREAU C., BAJOS N., BOUYER J., and COCON Group, 2004 (in press), « Access to health care for an abortion in France », *European Journal of Public Health*.

SIHVO S., BAJOS N., DUCOT B., KAMINSKI M., and the COCON Group, 2003, « Women's life cycle and abortion decision in unintended pregnancies », *Journal of Epidemiology and Community Health Care*, 57(8), p. 601-605.

Autres publications

BAJOS N., FERRAND M. et l'équipe GINE, 2002, *De la contraception à l'avortement. Sociologie des grossesses non prévues*, Éditions Inserm (collection Santé publique).

BAJOS N., SPIRA A., and the ACSF group, 1992, « What kind of advance letter increases the acceptance rate in a telephone survey on sexual behavior? », *Bulletin de méthodologie sociologique*, 35, p. 46-54.

BECK F., LEGLEYE S., PERETTI-WATEL P., 2004 (à paraître), « Le recours au téléphone dans les enquêtes en population générale dans le domaine des drogues », *Actes des Journées de méthodologie statistique de l'Insee 2004*.

DONATI P., CÈBE D., BAJOS N., 2002, « Interrompre ou poursuivre la grossesse ? » in Bajos N., Ferrand M. et l'équipe GINE, *De la contraception à l'avortement. Sociologie des grossesses non prévues*, Éditions Inserm (collection Santé publique).

GUIBERT-LANTOINE C. (de), LERIDON H., 1998, « La contraception en France : un bilan après 30 ans de libéralisation », *Population*, 53(4), p. 785-812.

LERIDON H., CHARBIT Y., COLLOMB P., SARDON J.-P., TOULEMON L., 1987, *La seconde révolution contraceptive : la régulation des naissances en France de 1950 à 1985*, Ined/Puf, (Coll. Travaux et documents, Cahier n° 117).

RIANDEY B., FIRDION J.-M., 1993, « Vie personnelle et enquête par téléphone : l'exemple de l'enquête ACSF », *Population*, 48(5), p. 1257-1280.

TOULEMON L., LERIDON H., 1992, « Maîtrise de la fécondité et appartenance sociale : contraception, grossesses accidentelles et avortements », *Population,* 47(1), p. 1-46.

La déperdition dans la cohorte Cocon entre 2000 et 2002

Nicolas RAZAFINDRATSIMA*, Ngoy KISHIMBA* et l'équipe COCON

> *L'enquête Cocon a été mise en place pour suivre pendant cinq années les pratiques contraceptives des femmes. Si les problèmes de mémoire se posent dans les approches rétrospectives, une approche prospective est soumise aux difficultés de suivi : de quelle nature est l'attrition sélective de l'échantillon représentatif de départ et quel effet a-t-elle au fil des ans sur les résultats obtenus ? En ouverture de ce dossier, l'article de Nicolas RAZAFINDRATSIMA, Ngoy KISHIMBA et de l'équipe COCON développe la question des biais éventuels dus à la sélection de l'échantillon, qui après deux années de suivi a perdu un tiers de son effectif. Leur analyse très fouillée permet d'évaluer la nature de la sélection, son impact sur la mesure des variables étudiées et légitime par là-même les résultats qui suivent.*

Afin de mieux connaître les pratiques contraceptives et le recours à l'interruption volontaire de grossesse (IVG) en France, une équipe composée de chercheurs de l'Inserm, de l'Ined et du CNRS a lancé, en 2000, une enquête dénommée enquête de COhorte sur la CONtraception (Cocon). La recherche vise en particulier à analyser les logiques sociales liées à la survenue d'une grossesse non prévue et à la demande d'IVG, à étudier les réponses du système de soins, ainsi que les effets des différentes méthodes de contraception sur la santé des femmes. La méthodologie de l'enquête, qui est détaillée en introduction de ce dossier, repose sur deux choix majeurs : d'une part, celui de procéder à une réinterrogation des femmes chaque année pendant cinq ans (de 2000 à 2004) et, d'autre part, celui de réaliser les interviews par l'intermédiaire du réseau téléphonique.

Toute enquête répétée dans le temps pose un problème d'attrition, ou encore de déperdition, c'est-à-dire celui de la perte d'une partie de l'échantillon d'une vague d'interrogation à l'autre. La mobilité de la population et les refus de réinterrogation font, en effet, qu'il est pratiquement impossible

---

* Institut national d'études démographiques.

d'atteindre, à chaque vague d'enquête, l'ensemble des personnes interrogées lors de la vague précédente. Or, les inégales probabilités de réinterrogation selon les caractéristiques individuelles peuvent engendrer des biais dans les analyses effectuées au niveau de la cohorte. Par ailleurs, la déperdition pose le problème de la baisse de précision des estimations réalisées, qui diminue avec la taille de l'échantillon.

La cohorte Cocon n'a pas échappé au phénomène de déperdition. Si la première vague d'interrogation (2000) a touché 2 863 femmes, seulement 2 218 ont pu être réinterrogées en 2001 et 1 912 en 2002, soit une diminution d'un tiers entre la première et la troisième vague. Il est dès lors important de comprendre les raisons de cette déperdition et d'en évaluer les conséquences pour les analyses. On s'attachera en particulier à tester si la déperdition a engendré des biais sur les variables d'intérêt de l'enquête. À travers cette évaluation, on s'interrogera sur la pertinence du mode de recueil téléphonique pour enquêter à intervalles réguliers sur un sujet plutôt sensible.

Après un exposé des données et des techniques utilisées, nous présenterons les résultats de l'analyse : premièrement, l'ampleur de la déperdition et ses facteurs explicatifs et, deuxièmement, l'analyse des biais.

I. Méthode d'analyse

Cette partie présente les données que nous utilisons pour caractériser les déperditions, ainsi que l'ensemble de notre démarche. Sauf mention contraire, toutes les variables introduites dans l'analyse portent sur les caractéristiques que les femmes ont déclarées lors de la première vague (2000).

Sauf mention contraire, nos analyses utilisent les données non pondérées. Nous avons, en effet, considéré l'échantillon de la première vague comme une population complète soumise à un phénomène d'attrition, ce qui nous a amené à attribuer le même poids à chacune de ses unités, indépendamment de la manière dont elle a été sélectionnée. Les résultats de l'analyse ont donné une justification supplémentaire, *a posteriori*, à ce choix puisque, comme nous allons le voir par la suite, la principale variable déterminant la pondération (la strate d'appartenance, fondée sur le fait d'avoir eu une grossesse imprévue ou une IVG) n'est pratiquement pas liée à la déperdition.

1. Analyse descriptive

L'analyse descriptive de la déperdition est effectuée essentiellement à partir des « fichiers contact », qui enregistrent l'historique de l'ensemble des appels réalisés pour entrer en contact avec les femmes. Les données renseignent notamment sur l'issue de chaque appel : refus, personne inconnue, absente, obtention d'un rendez-vous, etc.

À partir de ces « fichiers contact », nous avons défini, pour chaque femme qu'on cherche à réinterroger, les critères suivants :

— non-contact : lorsque la femme n'a jamais pu être jointe par téléphone jusqu'à la fin de la période de collecte (qu'on ait réussi à joindre quelqu'un d'autre dans le ménage ou non);

— les refus, qui sont de deux sortes : d'une part, ceux qui ont été exprimés à la fin de l'interview de l'année précédente (explicitement ou parce que la femme n'a pas souhaité laisser un numéro auquel on puisse la recontacter); d'autre part, ceux qui ont été prononcés après contact l'année du suivi. Ce dernier cas couvre les refus explicites, mais nous y avons également inclus les femmes ayant proposé des rendez-vous sans qu'ils aient abouti à l'issue de la période de collecte, qu'on peut assimiler à une forme déguisée de refus.

Dans la deuxième partie, nous donnerons la répartition de la déperdition selon ces différentes modalités et selon les caractéristiques des femmes.

2. *Analyse des biais*

Une présentation détaillée des méthodes statistiques d'analyse des biais dans les enquêtes répétées figure en encadré. Notre objectif ici est d'étudier si les biais dus à l'attrition dans l'enquête Cocon sont « ignorables » ou « non ignorables », au sens de la terminologie de Fitzgerald *et al.* (1998). Une sélection « ignorable » signifie que les modélisations des variables d'intérêt de l'enquête, effectuées sur l'échantillon des femmes réinterrogées, donnent des coefficients non biaisés. Au contraire, si la sélection est « non ignorable », une telle modélisation aboutit à des coefficients biaisés, qu'il importe de rectifier en pondérant les unités par un facteur correctif.

Nous avons fait l'hypothèse que nous sommes dans le contexte d'une sélection sur des variables observables, c'est-à-dire que les variables disponibles dans les différentes vagues de l'enquête Cocon sont suffisantes pour modéliser correctement à la fois le phénomène de déperdition et les variables d'intérêt de l'étude. Cette hypothèse peut, bien entendu, être discutée, voire remise en cause. Par exemple, si le fait de changer de contraception d'une année sur l'autre (non observé pour les femmes qui ne sont pas réinterrogées) est lié à la déperdition, cette hypothèse ne tient pas. Cependant, la prise en compte du maximum d'informations disponibles dans l'enquête permet de minimiser l'ampleur des biais dus à des facteurs non observables.

Les différents types de déperdition et les tests de biais pouvant être mis en œuvre

Nous reprenons ici les concepts exposés par Fitzgerald, Gottschalk et Moffitt (1998), repris par Alderman *et al.* (2001), et leurs notations. Cette approche diffère de celle usuellement utilisée dans la littérature sur l'échantillonnage (Little et Rubin, 1987)[1]. Nous nous contenterons d'expliciter les résultats et renvoyons le lecteur à l'article de Fitzgerald *et al.* (1998) pour les démonstrations mathématiques. Pour des développements et des applications de cette méthode, voir le numéro spécial du *Journal of Human Resources* (1998).

Les différents types de déperdition

Le problème central induit par l'attrition d'un panel est le biais, c'est-à-dire l'existence d'une distorsion lors des estimations, due au fait que la distribution de la probabilité de perdre les individus entre les différentes vagues de l'enquête n'est pas uniforme, mais dépend de caractéristiques individuelles.

On suppose que l'on observe un échantillon aux dates $1, ..., T$. La variable dépendante Y (variable d'intérêt) est supposée être expliquée par une série de variables indépendantes X. On s'intéresse à la densité de Y sachant X, c'est-à-dire à $f(y_t/x_t)$. On désigne l'attrition à chaque date $1, ..., T$ par une variable indicatrice A_t, valant 0 si l'unité a pu être interviewée et 1 dans le cas contraire. Y_t est donc observée si $A_t = 0$.

On a donc :

$$Y_t = \beta_0 + \beta_1 X_t + \varepsilon_t \qquad [1]$$

Y_t observée si $A_t = 0$.

On suppose que X_t est connue pour toutes les unités, réinterrogées comme perdues, par exemple s'il s'agit de caractéristiques invariables dans le temps ou de valeurs passées de Y.

L'équation [1] est estimable uniquement sur les unités réinterrogées. On connaît donc $f(y_t/x_t, A_t = 0)$. Pour connaître $f(y_t/x_t)$ pour l'ensemble de l'échantillon, il est nécessaire d'utiliser des informations sur la probabilité de ne pas être réinterrogé. On suppose que celle-ci est induite par une variable latente A^* :

$$A_t^* = (\delta_0 + \delta_1 X_t + \delta_2 Z_t + v_t) \qquad [2]$$

$A_t = 1$ si $A_t^* \geq 0$
$A_t = 0$ si $A_t^* < 0$

où Z_t est une série de variables observables pour toutes les unités, mais distincte de X_t. Par exemple, Z_t inclut des valeurs passées, des caractéristiques fixes du répondant ou des informations ne nécessitant pas la réalisation de l'interview, comme les caractéristiques de l'enquêteur.

On a alors les classifications suivantes :

— il y a une sélection sur des variables inobservables (*missing on unobservables*) lorsque

$$Pr(A_t = 0/y_t, x_t, z_t) \neq Pr(A_t = 0/x_t, z_t)$$

C'est-à-dire que la fonction de déperdition $Pr(A_t = 0/y_t, x_t, z_t)$ ne peut être réduite, ou encore que v_t n'est pas indépendante de ε_t/x_t. Cela signifie que des variables non observables (non incluses dans X et dans Z) agissent à la fois sur la variable Y et la probabilité d'échapper à la réinterrogation.

— il y a sélection sur les variables observables lorsque :

$$Pr(A_t = 0/y_t, x_t, z_t) = Pr(A_t = 0/x_t, z_t)$$

---

[1] Une synthèse des deux types d'approche peut être trouvée dans Rendtel (2002).

C'est-à-dire que, conditionnellement à x_t et z_t, la fonction de déperdition est indépendante de la variable dépendante (ou d'intérêt) y_t, et donc que la déperdition est indépendante des facteurs inobservables qui affectent le terme d'erreur ε_t de la relation [1].

On peut ensuite distinguer trois types de sélection sur les variables observables :

— sélection uniforme (*completely at random*) si $Pr(A_t = 0/y_t, x_t, z_t)$ peut être réduite à $Pr(A_t = 0)$: la probabilité d'attrition est constante pour toutes les unités, et ne dépend ni de y_t, ni de z_t, ni de x_t. Il s'agit d'un cas assez irréaliste en pratique, puisque la probabilité de sortir de l'échantillon varie la plupart du temps avec les caractéristiques individuelles ;

— sélection « ignorable » si une des deux conditions suivantes est remplie :

(a) y_t et z_t sont indépendantes conditionnellement à x_t et $A_t = 0$, c'est-à-dire que z_t et v_t sont indépendants de ε_t / x_t.

(b) la probabilité d'attrition $Pr(A_t = 0/y_t, x_t, z_t) = Pr(A_t = 0/x_t, z_t)$ peut être réduite à $Pr(A_t = 0/x_t)$, c'est-à-dire que la probabilité d'attrition est indépendante de la variable z_t, ou encore que $\delta_2 = 0$ dans l'équation [2].

— sélection « non ignorable » si aucune des conditions (a) ou (b) n'est remplie, c'est-à-dire que y_t et z_t sont toutes deux endogènes (expliquées par le même processus)[2].

Lorsque la déperdition est « ignorable », l'estimation de l'équation [1] $Y_t = \beta_0 + \beta_1 X_t + \varepsilon_t$ sur les seules unités non soumises à l'attrition donne des coefficients β_0 et β_1 non biaisés. Il est alors inutile de tenir compte de l'attrition. En revanche, lorsque la déperdition est « non ignorable », il est nécessaire d'adopter un facteur correctif pour tenir compte de l'attrition. Fitzgerald *et al.* (1998) montrent qu'on aboutit à une estimation sans biais des coefficients β_0 et β_1 en pondérant chaque unité non sujette à l'attrition par le poids suivant (les poids étant au préalable normalisés) :

$$w(z_t, x_t) = \frac{Pr(A_t = 0/x_t)}{Pr(A_t = 0/z_t, x_t)} = \left[\frac{Pr(A_t = 0/z_t, x_t)}{Pr(A_t = 0/x_t)}\right]^{-1}$$

Tests pouvant être mis en œuvre

Les biais dus à des variables non observables sont extrêmement difficiles à repérer, en raison de la difficulté à trouver des variables Z (appelées instruments) pertinentes. Fitzgerald, Gottschalk et Moffitt ont mis en œuvre des tentatives de tests en ce sens dans le cas de l'enquête américaine *Panel Study of Income Dynamics* (PSID)[3], en comparant les résultats du PSID avec ceux obtenus sur des données d'autres panels pour lesquels l'attrition est inexistante ou plus faible. Les auteurs soulignent toutefois les limites de leur démarche, notamment du fait qu'elle ne peut s'appliquer qu'aux données transversales fournies par le PSID ; elle ne constitue donc pas une solution générale à ce type de problème.

Les biais sont plus aisés à repérer dans le cas de sélection sur des variables observables. D'après la section précédente, deux conditions suffisent pour déduire que la sélection est « ignorable » : soit que z_t n'a pas d'effet sur A_t, soit que z_t est indépendant de y_t conditionnellement à x_t et $A_t = 0$. Dès lors, un test possible du biais est d'examiner si les variables Z « candidates » (par exemple les valeurs passées de Y) affectent significativement A. Une autre possibilité est d'effectuer un test proposé par Becketti, Gould, Lillard et Welch (1988), appelé test BGLW. Dans ce cadre, la valeur de y à la première vague (y_1) est régressée sur x_1 et sur A, qui est une indicatrice indiquant si l'unité est sujette à attrition à un moment t quelconque entre 2 et T. Un coefficient significativement différent de 0 pour A voudrait alors dire que l'attrition est « non ignorable ».

Le test BGLW est étroitement relié au test basé sur une régression de A sur x_1 et y_1 : Fitzgerald *et al.* (1998) ont montré que le test de BGLW est en réalité une estimation indirecte de l'équation d'attrition.

---

[2] Les termes « ignorable » et « non ignorable » ont été directement transposés du texte anglais.

[3] Le PSID est une enquête de l'université du Michigan, spécifiquement consacrée à l'activité et aux revenus. Réalisée pour la première fois en 1968, cette enquête se poursuit encore de nos jours.

Par ailleurs, comme le soulignent Alderman *et al.* (2001), le fait que les tests mis en œuvre ne détectent pas de biais ne signifie pas forcément que ces biais n'existent pas, mais que leur ampleur est trop faible pour être appréhendée par les procédures utilisées. Cette limite est inhérente aux tests statistiques en général, et non spécifiquement à ceux liés à l'étude des déperditions dans les enquêtes répétées dans le temps.

On peut distinguer deux groupes de variables : d'une part, les variables d'intérêt spécifiques à l'enquête et, d'autre part, les caractéristiques individuelles, qui serviront à modéliser ces variables d'intérêt.

Les variables d'intérêt

Nous avons porté notre attention sur deux sortes de variables d'intérêt :

— la première est la principale méthode de contraception utilisée lors de la première interview (la plus efficace l'emportant en cas d'usage simultané de plusieurs méthodes). Les non-utilisatrices sont ensuite réparties dans les catégories suivantes : stérilisées, stériles, enceintes, cherchant à concevoir, sans partenaire sexuel[4]. Par convention, les femmes classées dans ces dernières catégories seront dites « non concernées par la contraception », les autres étant « concernées par la contraception », c'est-à-dire susceptibles d'avoir une grossesse non désirée.

— la deuxième est une série de trois indicateurs liés à la vie génésique :

- avoir eu une grossesse non souhaitée (réponse à la question suivante, posée à toutes les femmes : « vous est-il arrivé d'avoir une grossesse accidentelle ? ») ;
- avoir eu une IVG ;
- souhaiter un (autre) enfant dans le futur (question posée aux femmes ayant eu au moins un rapport sexuel et non enceintes).

Les autres caractéristiques individuelles

Les variables explicatives utilisées dans les modélisations sont : l'âge (pris en compte par groupe quinquennal, sauf pour les 18-24 ans) ; le nombre d'enfants mis au monde (variant de 0 à 4 ou plus) ; le diplôme le plus élevé en 4 classes (inférieur au CAP, CAP-BEP, Bac à Bac + 2 ans, supérieur à Bac + 2 ans) ; la situation matrimoniale (en couple marié, en couple non marié, non en couple) ; la nationalité (française ou étrangère).

Dans certains des modèles estimés, nous avons également introduit l'importance accordée par la femme à la religion[5], ainsi que sa catégorie socioprofessionnelle (CSP). Pour cette dernière variable, certaines catégo-

---

[4] La répartition des femmes selon les différentes modalités de cette variable figure en introduction du dossier.

ries peu fréquentes, présentant de faibles variations des variables d'intérêt, ont dû être regroupées. Du fait de leur relative proximité dans l'échelle des revenus perçus (Cases *et al.*, 1996), les agricultrices ont ainsi été reclassées avec les ouvrières, tandis que les artisanes, commerçantes et chefs d'entreprises ont été regroupées avec les cadres et professions intellectuelles supérieures. Les autres CSP sont les professions intermédiaires, les employées et les inactives.

Tests mis en œuvre

Notre démarche s'apparente à celle d'Alderman *et al.* (2001). Trois séries de tests ont été réalisées :

1) La comparaison des moyennes des variables : afin de se faire une idée de l'ampleur de la déperdition que l'on tienne compte ou non du plan de sondage initial, on a calculé à la fois les moyennes non pondérées et pondérées (avec la pondération finale de l'enquête, exposée en introduction du dossier) de différentes variables selon le statut vis-à-vis de la déperdition. L'ampleur des différences entre les moyennes a été jugée par un test de Student ;

2) Une modélisation de la probabilité de ne pas être réinterrogée en 2002 : on s'intéresse ici au lien entre la déperdition et trois variables d'intérêt (la principale méthode contraceptive, le fait d'avoir eu une grossesse imprévue, le fait d'avoir eu une IVG). Pour chaque variable d'intérêt, on estime deux modèles logit : dans le premier, on introduit comme variable explicative uniquement la variable d'intérêt et la constante[6] ; dans le second, on ajoute parmi les variables explicatives les autres caractéristiques de la femme. Il s'agit donc d'une évaluation de l'impact de la variable d'intérêt sur la déperdition, toutes choses égales par ailleurs. Une déperdition peu liée à la variable d'intérêt devrait se traduire par une faible significativité de cette dernière dans ces modèles logit ;

3) Les tests de BGLW (Becketti *et al.*, 1988, voir encadré), qui consistent à spécifier un modèle explicatif de la variable d'intérêt à la première vague (2000), puis à comparer les coefficients des régressions d'un tel modèle entre les femmes toujours présentes dans l'échantillon à la dernière vague (2002) et les perdues de vue. L'égalité de tous les coefficients du modèle est testée par la méthode du rapport de vraisemblance. On a testé, d'une part, l'égalité des coefficients constante non comprise et, d'autre part, l'égalité des coefficients constante comprise[7]. Tester l'éga-

---

[5] Variable dichotomique, obtenue en réponse à la question : « Est-ce que la religion est importante dans votre vie ? ».

[6] Cette manière de faire revient à comparer les pourcentages de déperdition selon les modalités des variables explicatives.

[7] Les estimations multivariées ont été effectuées à l'aide de la procédure « logit » du logiciel STATA, à la suite de laquelle on peut procéder à divers tests sur les coefficients estimés. Gould (2002) donne des indications sur la mise en œuvre pratique de tests de comparaison de coefficients issus de deux échantillons avec ce logiciel.

TABLEAU 1. – RÉSUMÉ DES TESTS RÉALISÉS

Tests	Variables expliquées	Échantillon	Variables explicatives
Comparaison de moyennes	Méthode principale de contraception, histoire génésique, caractéristiques individuelles (en 2000).	Toutes les femmes, puis femmes « concernées par la contraception ».	–
Modélisation logit de la déperdition	Le fait de ne pas faire partie de l'échantillon 2002.	Toutes les femmes.	– Méthode principale de contraception ; – Méthode principale de contraception, âge, nombre d'enfants, désir d'un (autre) enfant, niveau de diplôme, situation matrimoniale, nationalité ; – Avoir eu une grossesse accidentelle ; – Avoir eu une grossesse accidentelle, âge, nombre d'enfants, niveau de diplôme, situation matrimoniale, nationalité ; – Avoir eu une IVG ; – Avoir eu une IVG, âge, nombre d'enfants, niveau de diplôme, situation matrimoniale, nationalité.
Tests de BGLW	– A été stérilisée ; – Désire un (autre) enfant ; – A eu une IVG ; – A eu une grossesse accidentelle.	Toutes les femmes, sauf pour « désire un (autre) enfant » : femmes ayant eu au moins un rapport sexuel et non enceintes.	– Âge, nombre d'enfants, niveau de diplôme, situation matrimoniale, nationalité. Pour la modélisation de la variable « a été stérilisée », on omet la nationalité et on regroupe les moins de 30 ans dans la modalité de référence relative à l'âge.
Tests de BGLW	Méthode de contraception principale : – Pilule ; – Stérilet ; – Méthode réversible autre que pilule, stérilet, préservatif ; – Aucune méthode.	Femmes « concernées par la contraception ».	Importance accordée à la religion, catégorie socioprofessionnelle, âge, nombre d'enfants, désir d'un (autre) enfant, niveau de diplôme, situation matrimoniale, nationalité.

Note : sauf mention contraire, les valeurs des variables introduites sont celles de la première vague de l'enquête Cocon (2000).

lité des coefficients en excluant la constante revient à juger s'il y a une modification des écarts logistiques entre les modalités introduites et la modalité de référence d'un échantillon à l'autre, sans se préoccuper des différences de niveau moyen entre les échantillons. Inclure la constante dans le test amène, en revanche, à tenir compte des différences de niveau moyen.

Une première série de tests de BGLW a d'abord été réalisée sur les variables d'intérêt suivantes, introduites sous forme dichotomique : « a été stérilisée », « désire un (autre) enfant », « a eu une IVG » et « a eu une grossesse non désirée ». On s'est ensuite intéressé plus spécifiquement à la principale méthode contraceptive utilisée, en se restreignant cette fois aux seules femmes « concernées par la contraception ». On a modélisé l'usage de la pilule, celui du stérilet, celui d'une méthode contraceptive autre que pilule, stérilet ou préservatif et, enfin, l'absence de recours à la contraception. Les modèles estimés sont des modèles logit, où chaque méthode est introduite sous forme de variable dichotomique. Outre les caractéristiques habituellement prises en compte dans les études sur la contraception (âge, nombre d'enfants, diplôme, nationalité), on a introduit parmi les variables explicatives la CSP et l'importance de la religion.

L'ensemble de notre démarche est résumé dans le tableau 1.

II. Ampleur de la déperdition et facteurs explicatifs

L'échantillon de la première vague de l'enquête Cocon était constitué de 2 863 femmes. 2 218 femmes ont pu être réinterrogées en 2001, et 1 912 en 2002. Ainsi, au bout de la troisième interrogation, la taille de l'échantillon a diminué d'un tiers. Le tableau 2 fait le bilan des collectes des deux enquêtes de suivi.

1. Une déperdition plutôt élevée la première année du suivi, mais qui baisse nettement l'année suivante

Le taux de déperdition entre 2000 et 2001 s'élève à 22,5 % (tableau 3). Ce taux est plus faible que ce qui a été observé lors de l'enquête pilote Cocon, effectuée entre 1998 et 1999 (33,8 %)[8], mais paraît néanmoins élevé au regard de ce que l'on observe dans d'autres enquêtes répétées. Dans une enquête française en population générale récente, en l'occurrence le Panel européen de ménages, le taux de déperdition entre la première et la deuxième vague (réalisées en 1994 et 1995) s'élevait par

---

[8] Soulignons toutefois que le délai séparant les deux vagues a été de 16 mois pour l'enquête pilote.

TABLEAU 2. – BILAN DES COLLECTES DES ENQUÊTES DE SUIVI

Bilan	Année du suivi			
	2001		2002	
	Effectif	%	Effectif	%
Base suivie l'année précédente	2 863	100,0	2 218	100,0
Refusent le suivi l'année suivante ou ne donnent pas d'adresse	165	5,8	71	3,2
Exclues du suivi (femmes ayant subi une hystérectomie)	29	1,0	18	0,8
Base à contacter l'année considérée	2 669	100,0	2 129	100,0
Jamais jointes par téléphone	253	9,5	98	4,6
Rendez-vous contact non suivi d'effet	25	0,9	17	0,8
Base contactée pendant la collecte	2 391	100,0	2 014	100,0
Refusent définitivement le suivi	128	5,4	78	3,9
Refusent cette année, mais acceptent l'année prochaine	45	1,9	24	1,2
Échantillon suivi	2 218		1 912	
Source : Inserm/Ined, enquête Cocon.				

TABLEAU 3. – MESURE DE LA DÉPERDITION DE LA COHORTE COCON ENTRE 2000 ET 2002

	Année		
	2000	2001	2002
Nombre de femmes interrogées	2 863	2 218	1 912
En référence à 2000 % de l'échantillon suivi Taux de déperdition (%)	100,0	77,5 22,5	66,8 33,2
En référence à 2001 % de l'échantillon suivi Taux de déperdition (%)		100,0	86,2 13,8
Source : Inserm/Ined, enquête Cocon.			

exemple à 9,4 % (Chambaz et Legendre, 1999). La méthodologie et l'objectif de ces deux enquêtes sont cependant très différents[9], ce qui rend la comparaison difficile.

Entre 2001 et 2002, le taux de déperdition dans Cocon est passé à 13,8 %, soit une forte diminution par rapport à la première année. Cette tendance à une moindre déperdition après la première réinterrogation est fréquente dans les enquêtes répétées : c'est également le cas dans le Panel européen où le taux d'attrition n'était plus que de 3,5 % entre les vagues 2 et 3 (Chambaz et Legendre, 1999) ; aux États-Unis, dans le *Panel Study of Income Dynamics* (PSID), la déperdition atteignait presque 11 % la première année, pour tomber à moins de 4 % les années suivantes (Fitzgerald et al., 1998). Il semblerait que les individus les plus mobiles et les plus

---

[9] L'enquête « Panel européen » de la France, réalisée par l'Insee, s'appuie sur une méthodologie commune à 14 pays de l'Union européenne. Il s'agit d'une enquête répétée, spécifiquement consacrée à l'emploi et aux revenus, dont la première unité de sondage est le ménage. Une fois le ménage sélectionné, sont enquêtés (et suivis) tous les individus de 17 ans ou plus. Les données sont recueillies en face-à-face (Breuil-Genier et Valdelièvre, 2001).

réticents à l'enquête soient « perdus » surtout la première année, mais que par la suite, l'échantillon ait tendance à se stabiliser.

2. Deux principaux facteurs de déperdition : le non-contact et les refus

L'équipe de recherche a décidé d'exclure du suivi les femmes ayant subi une hystérectomie qui, de ce fait, n'étaient plus concernées par la contraception[10]. Mises à part ces exclusions de la population cible, trois facteurs font que certaines femmes n'ont pas pu être réinterrogées :

1) Un refus de réinterrogation est exprimé par la femme à la fin de l'entretien de l'année précédente ;

2) Il est impossible de joindre la femme l'année du suivi ;

3) Un refus de réinterrogation est exprimé au moment du contact l'année du suivi.

L'importance relative de ces différents facteurs de déperdition, selon la période, est retracée dans le tableau 4.

TABLEAU 4.– PART DES DIFFÉRENTS FACTEURS DE DÉPERDITION (EN %)

Facteur de déperdition	Période		
	2000-2001	2001-2002	2000-2002
Refus exprimé à la dernière interrogation	26,8	24,7	26,1
Non-contact	45,1	39,9	43,5
Refus exprimé après contact	28,1	35,4	30,4
Total	100,0	100,0	100,0

Lecture : 24,7 % des femmes enquêtées en 2001 mais pas en 2002 le sont du fait d'un refus exprimé à la fin de leur dernière interrogation (*i.e.* en 2001).
Champ : femmes non exclues du suivi par l'équipe de recherche.
Source : Inserm/Ined, enquête Cocon.

Globalement, sur l'ensemble de la période 2000-2002, 44 % de la déperdition provient de l'impossibilité de joindre les femmes ; les refus exprimés à la fin de la dernière interview réalisée auprès de la femme ou en cours de suivi engendrent, pour leur part, 56 % de la déperdition. Le poids des déperditions dues au non-contact est donc très important, malgré les mesures mises en place pour tenir à jour les coordonnées des femmes et les joindre en cas de changement de numéro.

Les taux d'échec (non-contact et refus) sont en baisse au cours des deux vagues, comme l'indique le bilan comparé des différentes collectes (tableau 2). Le taux de non-contact a ainsi diminué de moitié entre 2001 et 2002, passant de 9,5 % à 4,6 %. Cela provient pour partie de l'élargissement de l'éventail de numéros de téléphone susceptibles de permettre de joindre la femme (coordonnées propres de la femme et numéros de per-

---
[10] Elles étaient au nombre de 29 en 2001 et 18 en 2002.

sonnes proches, ce qui représente jusqu'à 7 numéros possibles à la fin de la vague 2002)[11]. Mais cela peut aussi provenir de la moindre fréquence des changements des numéros de téléphone dans l'échantillon réinterrogé en 2001. Les taux de refus ont également baissé entre 2001 et 2002 : à la fin de l'interview en 2001, 5,8 % des femmes ont refusé de poursuivre l'enquête en 2002 ; en 2002, 3,2 % des femmes ont indiqué qu'elles ne voulaient pas être interrogées en 2003. Le taux de refus au moment du contact, lui, est passé de 7,3 % en 2001 à 5,1 % en 2002[12].

3. *Une forte sélection selon les caractéristiques sociodémographiques*

Le poids des divers facteurs de déperdition varie selon les caractéristiques sociodémographiques des femmes (tableau 5). L'impossibilité de joindre les femmes par téléphone est plus fréquente parmi les jeunes (moins de 29 ans) et celles qui ne vivent pas en couple. La plus forte difficulté à contacter les jeunes par téléphone filaire est un phénomène assez classique souligné dans d'autres études (Firdion, 1993). Les difficultés de contact lors de la vague 2001 s'observent aussi plus souvent parmi les femmes peu diplômées (de niveau inférieur au CAP) et celles de nationalité étrangère. Cependant, pour toutes les catégories de femmes, les taux de non-contact ont baissé entre 2001 et 2002. La diminution est particulièrement importante au sein des catégories qui étaient les plus difficiles à joindre en 2001 : par exemple, 20,4 % des femmes de nationalité étrangère n'ont pas pu être contactées en 2001, contre 6,5 % en 2002. De même, 12 % des 18-24 ans n'ont pas pu être jointes en 2001, contre 7 % en 2002.

Les facteurs explicatifs des refus sont, pour leur part, à rechercher non seulement du côté des caractéristiques sociodémographiques des femmes, mais aussi du côté de la sensibilité du sujet abordé, de la durée de passation du questionnaire ou des caractéristiques des enquêteurs (âge, sexe, expérience dans les enquêtes par téléphone, etc.). L'interaction enquêtée-enquêteur, la sensibilité du sujet abordé ou la durée du questionnaire, quand elle est jugée excessive, peuvent en effet conduire les femmes à refuser d'être réinterviewées.

Des croisements entre taux de refus et caractéristiques des enquêteurs ont montré un faible lien entre ces variables. En 2000 par exemple, 5,8 % des entretiens réalisés par un enquêteur ont donné lieu à un refus de

---

[11] Le numéro de contact en 2000, le numéro fourni à la fin de l'interview en 2000, le numéro d'une personne proche, le numéro récupéré auprès de cette personne et, éventuellement, le numéro renvoyé par la femme par coupon-réponse ou numéro vert. Une mise à jour des coordonnées téléphoniques, effectuée en 2002, a permis d'ajouter à la liste des numéros un nouveau numéro d'une personne proche et un numéro trouvé par recherche dans l'annuaire.

[12] 45 femmes de l'échantillon 2000 ont refusé d'être ré-interrogées en 2001, mais ont accepté pour 2002. En 2002, seulement une dizaine d'enquêtes auprès de ces femmes ont pu être achevées. Dans nos calculs, ces refus « momentanés » ont été regroupés avec les refus « définitifs ».

TABLEAU 5.– FRÉQUENCE DES DIFFÉRENTS FACTEURS DE DÉPERDITION SELON LES CARACTÉRISTIQUES DES FEMMES
(RÉSULTATS NON PONDÉRÉS)

Caractéristiques des femmes en 2000	Vague 2001							Vague 2002					
	Refus exprimé en 2000		Contact non établi en 2001		Refus lors du contact 2001		Refus exprimé en 2001		Contact non établi en 2002		Refus lors du contact 2002	
	%	Effectif	%	Effectif	%	Effectif	%	Effectif	%	Effectif	%	Effectif
Âge												
18-24 ans	3,2	434	12,1	420	6,9	363	4,7	338	7,2	321	5,1	293
25-29 ans	5,7	578	11,6	545	5,9	473	3,6	445	4,4	428	4,7	408
30-34 ans	4,6	629	9,6	597	6,3	536	3,6	502	5,6	484	5,3	454
35-39 ans	6,7	668	7,5	614	7,2	566	1,7	525	3,1	513	4,7	492
40-44 ans	7,9	554	7,3	493	9,9	453	2,9	408	3,4	383	5,7	367
Niveau de diplôme												
Aucun, CEP, BEPC	9,9	485	14,0	429	11,3	364	2,8	323	5,8	311	6,2	289
CAP, BEP	6,5	772	8,3	714	9,6	648	3,2	586	5,7	564	6,9	525
Bac à Bac + 2 ans	4,0	1066	9,2	1015	5,7	913	3,8	861	4,6	823	4,1	781
Supérieur à Bac + 2 ans	4,4	540	8,0	511	3,9	466	2,2	448	2,3	431	3,8	419
Situation matrimoniale												
En couple marié	6,4	1489	7,2	1378	7,8	1271	3,0	1172	3,6	1123	4,1	1074
En couple non marié	4,9	629	10,9	595	5,5	525	2,2	496	5,0	484	6,2	455
Non en couple	5,2	745	12,8	696	7,6	595	4,6	550	6,5	522	6,2	485
Nationalité												
Française	4,9	2694	8,9	2532	7,1	2283	3,2	2120	4,5	2036	4,9	1930
Étrangère	18,9	169	20,4	137	9,3	108	4,1	98	6,5	93	9,5	84
Durée de l'enquête en 2000												
Moins de 20 minutes	28,5	291	–	–	8,2	182	–	–	–	–	–	–
20-29 minutes	4,9	651	–	–	8,7	554	–	–	–	–	–	–
30-39 minutes	2,7	912	–	–	7,2	782	–	–	–	–	–	–
40-49 minutes	2,6	571	–	–	7,6	501	–	–	–	–	–	–
50 minutes et plus	2,3	438	–	–	4,3	372	–	–	–	–	–	–
Durée de l'enquête en 2001												
Moins de 12 minutes	–	–	–	–	–	–	8,7	447	–	–	6,7	389
13-17 minutes	–	–	–	–	–	–	2,0	1174	–	–	4,9	1079
18 minutes et plus	–	–	–	–	–	–	1,3	597	–	–	4,2	546
Total	5,8	2863	9,5	2669	7,2	2391	3,2	2218	4,6	2129	5,1	2014

Lecture : 3,2 % des 434 femmes de 18-24 ans ont, en 2000, exprimé un refus d'être réinterrogées en 2001.
Source : Inserm/Ined, enquête Cocon.

réinterrogation pour l'année suivante, contre 5,7 % de ceux réalisés par une enquêtrice. En 2001, ces pourcentages s'établissent respectivement à 2,9 % et 3,5 %. De même, le fait que la femme ait eu à répondre à des questions sensibles[13] ne semble pas engendrer un surcroît de refus. La durée de l'interview ne paraît pas non plus avoir d'effet sur les refus des femmes de poursuivre l'enquête Cocon. On note même plutôt des taux de refus plus faibles pour les entretiens longs : en 2000, 28,5 %[14] des femmes dont l'interview a duré moins de 20 minutes ont refusé d'être réinterrogées en 2001, contre seulement 2,3 % de celles pour lesquelles l'interview a duré plus de 50 minutes (tableau 5).

Finalement, les refus semblent plus liés aux caractéristiques sociodémographiques des femmes qu'aux caractéristiques des interviews. Les conséquences de ces différences de taux de déperdition sur la structure de l'échantillon final pourront être appréhendées par les comparaisons de moyennes exposées dans la partie suivante.

III. Résultats des modèles d'analyse des biais

Dans cette partie, nous évaluons en détail les biais induits par le caractère sélectif de la déperdition. On s'intéresse à la perte globale au bout de la seconde enquête de suivi : les « perdues de vue » sont définies comme les femmes ne faisant pas partie de l'échantillon de la dernière vague de l'enquête (2002), quelle qu'en soit la raison (exclusion par l'équipe de recherche, refus ou non-contact)[15]. On n'a donc pas cherché à distinguer le moment où une femme perdue de vue a quitté l'échantillon, se contentant d'agréger la perte à l'issue de la troisième vague.

1. Comparaison de moyennes

Pour les variables liées à la vie génésique, on observe peu de différences entre l'échantillon des femmes réinterrogées et celui des perdues de vue (tableau 6). La proportion de femmes ayant eu une grossesse accidentelle comme de celles ayant eu une IVG ne diffèrent pas significativement entre les échantillons. Seule la proportion de femmes désirant un enfant en

---

[13] Les questions sensibles testées ont été notamment : « Avez-vous déjà eu des rapports sexuels avec un homme ? », « La contraception a-t-elle un effet positif ou négatif sur le désir d'avoir des rapports sexuels ? », et « La contraception a-t-elle un effet positif ou négatif sur le plaisir au moment des rapports sexuels ? ».
[14] Ce pourcentage inclut 120 femmes qui ont abandonné l'entretien avant qu'on ait pu leur demander si elles accepteraient d'être réinterrogées en 2001. Si l'on exclut ces femmes, le taux de refus de réinterrogation pour les interviews de moins de 20 minutes, en 2000, est de 4,6 %.
[15] Les femmes exclues auraient pu être omises des calculs. Leur faible nombre ne devrait toutefois pas modifier en profondeur les résultats.

2000 varie de manière importante (35,1 % dans l'échantillon des femmes réinterrogées contre 30,3 % chez les perdues de vue). La différence n'est toutefois pas significative quand on utilise les données pondérées.

La répartition des femmes selon la principale méthode de contraception utilisée en 2000, en revanche, se modifie de manière importante d'un échantillon à l'autre. Pour l'ensemble des femmes, le pourcentage de femmes utilisant la pilule ou le stérilet est plus élevé parmi l'échantillon réinterrogé, contrairement aux femmes stérilisées dont la part est significativement plus faible. Il en est de même des femmes n'utilisant aucune contraception, qui représentent 2 % des femmes réinterrogées contre 4,5 % des femmes perdues de vue. Les différences perdurent si l'on se restreint à l'échantillon des femmes « concernées par la contraception » en 2000.

On note aussi une variation significative de la structure par âge, la part des femmes de 40-44 ans (en 2000) étant plus faible dans l'échantillon des femmes toujours suivies en 2002. La proportion de femmes âgées de 18 à 24 ans est également plus faible, mais la différence n'est pas significative. Cette moindre proportion des femmes situées aux âges extrêmes de l'échantillon est compensée par une proportion plus élevée de femmes de 30-39 ans parmi celles qui ont pu être réinterrogées. Le pourcentage de femmes de nationalité étrangère est aussi sensiblement moindre dans l'échantillon des femmes réinterrogées, puisque 9,8 % des femmes perdues de vue sont étrangères, contre 4 % des femmes suivies. Enfin, la répartition de l'échantillon par niveau de diplôme s'est significativement modifiée : les femmes peu diplômées ont davantage échappé à la réinterrogation, si bien que, par rapport à l'échantillon des femmes perdues de vue, celui des femmes suivies comprend une part plus élevée de titulaires du baccalauréat ou d'un diplôme du supérieur.

La taille du ménage d'appartenance est aussi une variable discriminante : les femmes qui, en 2000, vivaient seules sont plus nombreuses à ne pas figurer dans l'échantillon 2002. En corollaire, la proportion de femmes non en couple a diminué entre les deux vagues. La répartition selon le type de commune de résidence, pour sa part, ne s'est pas beaucoup modifiée : les femmes de l'agglomération parisienne semblent moins bien suivies, mais la baisse de leur proportion est faiblement significative, voire non significative après pondération. Toutefois, il convient de considérer ce résultat avec précaution du fait des valeurs manquantes en ce qui concerne la commune de résidence.

Ces constatations doivent être confirmées par des modèles qui tiennent compte des effets de structure. Tel est l'objet des modélisations logit sur la probabilité de sortir de l'échantillon, dont les résultats sont exposés dans la section suivante.

TABLEAU 6. – MOYENNES DES VARIABLES SELON L'ÉCHANTILLON

Caractéristiques en 2000	Moyennes non pondérées			Moyennes pondérées[a]		
	Suivies en 2002 (1)	Perdues en 2002 (2)	Différence (1) − (2)	Suivies en 2002 (1)	Perdues en 2002 (2)	Différence (1) − (2)
Variables liées à la vie génésique						
A eu une grossesse non souhaitée	0,392	0,359	0,034*	0,221	0,242	− 0,021
A eu une IVG	0,236	0,238	− 0,002	0,124	0,136	− 0,012
Désire un (autre) enfant	0,351	0,303	0,049***	0,340	0,323	0,017
Variables liées a la contraception						
Principale méthode de contraception (champ : toutes les femmes)						
Pilule	0,460	0,415	0,044**	0,483	0,416	0,068**
Stérilet	0,192	0,138	0,055***	0,183	0,124	0,059***
Préservatif	0,081	0,084	− 0,004	0,067	0,089	− 0,022
Autre méthode réversible	0,043	0,057	− 0,014	0,040	0,045	− 0,005
A eu une opération stérilisante	0,028	0,066	− 0,039***	0,030	0,071	− 0,041***
Stérile	0,016	0,019	− 0,003	0,014	0,013	0,000
Enceinte, pas de partenaire sexuel ou cherche à concevoir	0,160	0,176	− 0,016	0,168	0,196	− 0,029
N'utilise aucune méthode contraceptive	0,020	0,045	− 0,025***	0,016	0,046	− 0,030***
Principale méthode de contraception (champ : femmes « concernées par la contraception »)						
Pilule	0,578	0,562	0,016	0,612	0,578	0,035
Stérilet	0,242	0,186	0,055***	0,232	0,172	0,060**
Pilule ou stérilet	*0,819*	*0,748*	*0,071*** *	*0,844*	*0,750*	*0,095*** *
Préservatif	0,101	0,114	− 0,013	0,085	0,124	− 0,039*
Autre méthode réversible	0,054	0,077	− 0,023**	0,051	0,063	− 0,012
N'utilise aucune méthode contraceptive	0,026	0,061	− 0,036***	0,020	0,064	− 0,043***
Variables socio-économiques						
Âge						
18-24 ans	0,145	0,164	− 0,019	0,241	0,233	0,008
25-29 ans	0,203	0,199	0,005	0,174	0,196	− 0,023
30-34 ans	0,225	0,209	0,016	0,194	0,184	0,010
35-39 ans	0,245	0,209	0,036**	0,215	0,166	0,049**
40-44 ans	0,181	0,219	− 0,038**	0,177	0,220	− 0,044**

Caractéristiques en 2000	Moyennes non pondérées			Moyennes pondérées[a]		
	Suivies en 2002 (1)	Perdues en 2002 (2)	Différence (1) − (2)	Suivies en 2002 (1)	Perdues en 2002 (2)	Différence (1) − (2)
Niveau de diplôme						
Aucun, CEP, BEPC	0,142	0,225	− 0,083***	0,271	0,349	− 0,077***
CAP, BEP	0,256	0,298	− 0,042**	0,233	0,248	− 0,015
Bac à Bac + 2 ans	0,392	0,333	0,058***	0,361	0,320	0,042
Supérieur à Bac + 2 ans	0,211	0,144	0,067***	0,134	0,083	0,051***
Nationalité						
Française	0,960	0,902	0,058***	0,949	0,906	0,043***
Nombre de personnes du ménage						
1 personne	0,062	0,086	− 0,025**	0,065	0,094	− 0,028*
2 personnes	0,193	0,177	0,016	0,186	0,177	0,008
3 personnes	0,247	0,251	− 0,004	0,245	0,221	0,024
4 personnes	0,310	0,301	0,009	0,324	0,319	0,006
5 personnes ou plus	0,189	0,185	0,004	0,179	0,189	− 0,010
Nombre d'enfants						
0 enfant	0,291	0,306	− 0,015	0,373	0,413	− 0,040
1 enfant	0,213	0,221	− 0,008	0,181	0,175	0,006
2 enfants	0,311	0,273	0,037**	0,287	0,232	0,055**
3 enfants	0,142	0,144	− 0,002	0,122	0,126	− 0,004
4 enfants ou plus	0,043	0,056	− 0,013	0,036	0,053	− 0,016
Situation matrimoniale						
En couple marié	0,539	0,483	0,056***	0,453	0,412	0,041
En couple non marié	0,223	0,212	0,011	0,202	0,164	0,039**
Non en couple	0,238	0,305	− 0,067***	0,344	0,424	− 0,080***
Type de commune de résidence[b]						
Moins de 5000 habitants	0,245	0,251	− 0,006	0,245	0,249	− 0,004
5000-19999 habitants	0,168	0,145	0,024	0,167	0,140	0,027
20000-99999 habitants	0,132	0,130	0,002	0,129	0,127	0,003
100000 habitants ou plus	0,282	0,271	0,011	0,289	0,283	0,005
Agglomération parisienne	0,172	0,203	− 0,031*	0,171	0,201	− 0,030

[a] La pondération utilisée est exposée en introduction du dossier.
[b] Les valeurs manquantes ont été exclues des calculs correspondants.
Les ***, ** et * représentent les résultats d'un test de Student sur la différence de moyennes : *** significatif à 1 %; ** significatif à 5 %; * significatif à 10 %. Les autres différences sont non significatives.
Source : Inserm/Ined, enquête Cocon.

TABLEAU 7. – FACTEURS INFLUENÇANT LA PROBABILITÉ DE NE PAS ÊTRE RÉINTERROGÉE EN 2002
(COEFFICIENTS DES MODÈLES LOGIT)

Caractéristiques en 2000	Variable d'intérêt introduite parmi les variables explicatives					
	Principale méthode contraceptive		A eu une grossesse imprévue		A eu une IVG	
	[1]	[2]	[1]	[2]	[1]	[2]
Principale méthode de contraception utilisée						
Pilule	Réf.	Réf.	–	–	–	–
Stérilet	–0,233**	–0,199	–	–	–	–
Préservatif	0,145	0,176	–	–	–	–
Autre méthode réversible	0,382**	0,343*	–	–	–	–
Stérilisée	0,973***	0,915***	–	–	–	–
Stérile	0,256	0,301	–	–	–	–
Enceinte, pas de partenaire sexuel ou cherche à concevoir	0,194*	0,133	–	–	–	–
Aucune méthode	0,898***	0,782***	–	–	–	–
A eu une grossesse imprévue						
Non	–	–	Réf.	Réf.	–	–
Oui	–	–	–0,144*	–0,225**	–	–
A eu une IVG						
Non	–	–	–	–	Réf.	Réf.
Oui	–	–	–	–	0,010	–0,047
Âge						
18-24 ans	–	Réf.	–	Réf.	–	Réf.
25-29 ans	–	0,035	–	0,084	–	0,070
30-34 ans	–	–0,032	–	0,024	–	0,016
35-39 ans	–	–0,201	–	–0,100	–	–0,098
40-44 ans	–	0,058	–	0,251	–	0,253
Nombre d'enfants						
0 enfant	–	Réf.	–	Réf.	–	Réf.
1 enfant	–	–0,054	–	–0,006	–	–0,054
2 enfants	–	–0,233	–	–0,161	–	–0,232*
3 enfants	–	–0,254	–	–0,045	–	–0,140
4 enfants ou plus	–	–0,084	–	0,126	–	–0,009

Caractéristiques en 2000	Variable d'intérêt introduite parmi les variables explicatives					
	Principale méthode contraceptive		A eu une grossesse imprévue		A eu une IVG	
	[1]	[2]	[1]	[2]	[1]	[2]
Désir d'un (autre) enfant						
Non ou ne sait pas	–	Réf.	–	–	–	–
Oui	–	– 0,253**	–	–	–	–
Niveau de diplôme						
Aucun, CEP, BEPC	–	Réf.	–	Réf.	–	Réf.
CAP, BEP	–	– 0,175	–	– 0,229*	–	– 0,219*
Bac à Bac + 2 ans	–	– 0,552***	–	– 0,623***	–	– 0,614***
Supérieur à Bac + 2 ans	–	– 0,758***	–	– 0,817***	–	– 0,817***
Situation matrimoniale						
En couple marié	–	Réf.	–	Réf.	–	Réf.
En couple non marié	–	0,121	–	0,131	–	0,102
Non en couple	–	0,346***	–	0,413***	–	0,377***
Nationalité						
Étrangère	–	Réf.	–	Réf.	–	Réf.
Française	–	– 0,953***	–	– 0,962***	–	– 0,949***
Constante	– 0,800***	0,601**	– 0,644***	0,578**	– 0,701***	0,558**
Qualité de l'estimation						
Effectif	2863	2863	2863	2863	2863	2863
Chi2	52,51	159,47	3,07	119,54	0,01	113,45
Proba > chi2	0	0	0,080	0	0,912	0

Dans les modèles [1], seule la variable d'intérêt et la constante sont introduites parmi les variables explicatives. Dans les modèles [2], on ajoute parmi les variables explicatives d'autres caractéristiques socio-économiques figurant dans la première colonne. Les tirets signalent les variables non introduites dans les modèles.
Chi2 : statistique du Chi2 pour le test de nullité de tous les coefficients du modèle.
Réf. désigne la modalité de référence.
*** significatif à 1 % ; ** significatif à 5 % ; * significatif à 10 %.
Source : Inserm/Ined, enquête Cocon.

2. Résultats de la modélisation logit de la déperdition

La première variable d'intérêt avec laquelle nous avons tenté de modéliser la déperdition entre 2000 et 2002 est la principale méthode contraceptive utilisée en 2000. Introduite seule (modèle 1), cette variable fait ressortir des différences significatives : par rapport aux utilisatrices de la pilule, les femmes stérilisées ou employant une méthode réversible autre que pilule, stérilet ou préservatif ont une probabilité de sortir de l'échantillon plus importante (tableau 7, p. 436-437). Il en est de même pour les femmes n'utilisant aucune méthode. Par contre, les utilisatrices du stérilet ont plus fréquemment été réinterrogées.

Même lorsqu'on contrôle les autres caractéristiques des femmes (âge, nombre d'enfants, désir d'un autre enfant, diplôme, situation matrimoniale, nationalité), il continue d'y avoir des différences selon la principale méthode de contraception utilisée. Les écarts vont dans le même sens que dans le modèle précédent, mais ils sont plus faibles en valeur absolue. En outre, le coefficient correspondant aux utilisatrices du stérilet est devenu non significatif au seuil de 10 %.

Concernant les caractéristiques individuelles, on note l'absence d'écarts significatifs des taux de déperdition selon l'âge ou le nombre d'enfants. Par contre, la nationalité et la situation matrimoniale ressortent de manière significative : les étrangères et les femmes non en couple en 2000 sont plus fréquemment perdues de vue. Enfin, la probabilité d'être réinterrogée croît avec le diplôme, et elle est plus élevée chez les femmes souhaitant avoir un premier ou un autre enfant.

Le modèle logit incluant le fait d'avoir eu une grossesse imprévue comme seule variable explicative est à la limite de la significativité (le chi2 du test de nullité de l'ensemble des coefficients est faible, et l'on rejette sa significativité au seuil de 5 %). Le coefficient de la variable, qui est significatif au seuil de 10 %, indique que les femmes ayant eu une grossesse imprévue dans leur vie ont été plus souvent réinterrogées.

Le modèle reliant la déperdition avec le seul fait d'avoir eu une IVG, pour sa part, n'est pas significatif à 10 % par rapport à celui qui ne comporte que la constante. C'est seulement lorsqu'on introduit d'autres variables explicatives que le modèle devient pertinent (le test du chi2 sur l'adéquation du modèle est significatif à 1 %). Toutefois, le coefficient de la variable « a eu une IVG » ne ressort pas de manière significative. Ceci peut être interprété comme l'absence de lien entre la déperdition et le fait d'avoir eu une IVG par le passé.

3. Résultats des tests de BGLW

Rappelons que le test de Becketti, Gould, Lilliard et Welch (1998) ou BGLW consiste à comparer l'égalité des coefficients des régressions effectuées sur l'échantillon des personnes réinterrogées, d'une part, et celui des personnes perdues de vue, d'autre part. Dans cette partie, nous avons mené de tels tests, en les précédant chaque fois des résultats de régressions portant sur l'échantillon initial (2000) puis sur l'échantillon des femmes réinterrogées. Ce sont, en effet, ces échantillons qui seront le plus souvent mobilisés lors des analyses menées à partir de la cohorte Cocon.

Modélisation de variables liées à l'histoire génésique

Dans un premier temps, on a modélisé les quatre variables dépendantes suivantes : la stérilisation, le désir d'enfant, le fait d'avoir eu une IVG, et le fait d'avoir eu une grossesse non désirée (tableau 8). Les variables explicatives introduites sont l'âge, le nombre d'enfants, le diplôme, le statut matrimonial et la nationalité. Pour la modélisation de la stérilisation, on a exclu la variable « nationalité » des variables explicatives, car aucune étrangère réinterrogée n'a été stérilisée. De plus, on a regroupé les femmes de moins de 30 ans dans la modalité de référence, car aucune femme de moins de 25 ans n'a subi une opération stérilisante. Pour la modélisation du désir d'enfant, l'échantillon analysé comprend l'ensemble des femmes ayant eu un rapport sexuel et non enceintes en 2000, soit 2 671 femmes dont 1 788 étaient toujours suivies en 2002.

Les tests d'adéquation des modèles mis en œuvre ont toujours conduit à rejeter l'hypothèse de nullité de l'ensemble des coefficients au seuil de 1 %, ce qui laisse penser que les variables explicatives introduites sont pertinentes.

Les signes des coefficients obtenus sont globalement conformes à ce à quoi l'on peut s'attendre. Stérilisation, antécédent d'IVG ou de grossesse non désirée ont tendance à devenir plus fréquents avec l'âge et le nombre d'enfants[16]. À l'inverse, le désir d'enfant est plus faible chez les femmes les plus âgées et chez celles ayant eu de nombreux enfants. Le diplôme n'a qu'un faible impact sur l'IVG et la grossesse non désirée. Mais il est fortement relié au fait d'être stérilisée : cette caractéristique se retrouve plus souvent chez les moins diplômées.

Les coefficients obtenus suivent généralement les mêmes tendances, que l'estimation soit réalisée sur l'ensemble des femmes de l'échantillon 2000 ou sur les femmes présentes dans l'échantillon de 2002. Cependant, dans l'échantillon de départ, les Françaises ont eu moins fréquemment une IVG que les étrangères, alors que c'est l'inverse pour l'échantillon des femmes réinterrogées. La différence est toutefois non significative.

---

[16] Pour l'IVG, des résultats similaires ont été trouvés dans d'autres pays (Powell-Griner et Trent, 1987 ; Wilder, 2000).

TABLEAU 8. – FACTEURS INFLUENÇANT DIFFÉRENTES VARIABLES LIÉES À L'HISTOIRE GÉNÉSIQUE SELON L'ÉCHANTILLON
(COEFFICIENTS DES MODÈLES LOGIT)

Caractéristiques en 2000	Variable dépendante et échantillon d'appartenance							
	A été stérilisée		Désire un (autre) enfant		A eu une IVG		A eu une grossesse non désirée	
	Échantillon 2000	Suivies en 2002	Échantillon 2000	Suivies en 2002	Échantillon 2000	Suivies en 2002	Échantillon 2000	Suivies en 2002
Âge								
18-24 ans	Réf.	Réf.	Réf.	Réf.	Réf.	Réf.	Réf.	Réf.
25-29 ans	1,330**	0,256	0,326**	0,447**	0,807***	0,940***	0,443***	0,563***
30-34 ans	2,370***	1,496*	0,197	0,314	0,858***	1,004***	0,293*	0,459**
35-39 ans	2,370***	1,496*	−0,719***	−0,524**	0,876***	1,098***	0,135	0,369*
40-44 ans	3,295***	2,230***	−2,070***	−1,839***	0,824***	0,992***	0,105	0,224
Nombre d'enfants								
0 enfant	Réf.	Réf.	Réf.	Réf.	Réf.	Réf.	Réf.	Réf.
1 enfant	−0,549	−1,167	−0,810***	−0,776***	0,431***	0,248	1,172***	1,017***
2 enfants	0,363	0,991	−2,301***	−2,225***	0,695***	0,437**	1,657***	1,408***
3 enfants	1,423***	2,294***	−2,865***	−2,931***	0,774***	0,636***	2,199***	2,145***
4 enfants ou plus	0,901*	1,250	−2,554***	−2,769***	0,713***	0,277	2,962***	3,057***
Niveau de diplôme								
Aucun, CEP, BEPC	Réf.	Réf.	Réf.	Réf.	Réf.	Réf.	Réf.	Réf.
CAP, BEP	−0,211	−0,076	0,022	−0,151	−0,141	−0,030	−0,223*	−0,051
Bac à Bac + 2 ans	−0,701**	−0,923**	0,136	−0,030	0,001	0,048	−0,136	0,016
Supérieur à Bac + 2 ans	−0,792**	−1,030*	0,456**	0,452**	−0,004	−0,052	0,046	0,116
Situation matrimoniale								
En couple marié	Réf.	Réf.	Réf.	Réf.	Réf.	Réf.	Réf.	Réf.
En couple non marié	−0,163	−0,342	0,221*	0,357**	0,630***	0,649***	0,715***	0,766***
Non en couple	0,589**	0,271	−0,524***	−0,355*	0,958***	0,961***	0,924***	0,950**

Caractéristiques en 2000	Variable dépendante et échantillon d'appartenance								
	A été stérilisée		Désire un (autre) enfant		A eu une IVG		A eu une grossesse non désirée	
	Échantillon 2000	Suivies en 2002	Échantillon 2000	Suivies en 2002	Échantillon 2000	Suivies en 2002	Échantillon 2000	Suivies en 2002
Nationalité								
Étrangère	–	–	Réf.	Réf.	Réf.	Réf.	Réf.	Réf.
Française	–	–	– 0,298	– 0,340	– 0,425**	0,020	– 0,297*	– 0,200
Constante	– 5,630***	– 5,553***	1,232***	1,249***	– 2,341***	– 2,779***	– 1,970***	– 2,148***
Qualité de l'estimation								
Effectif	2863	1912	2671	1788	2863	1912	2863	1912
– 2 ln L	199,58	108,65	1015,17	688,61	115,86	68,66	355,01	225,9
Prob > chi2	0	0	0	0	0	0	0	0
Tests d'égalité de tous les coefficients sauf la constante[a]									
Chi2	13,33		15,130		17,160		20,450	
Prob > chi2	0,346		0,370		0,248		0,117	
Tests d'égalité de tous les coefficients, constante comprise[a]									
Chi2	26,97**		20,740		17,340		26,100**	
Prob > chi2	0,013		0,146		0,299		0,037	

[a] Tests comparant l'échantillon des femmes suivies en 2002 à celui des femmes perdues de vue.
Réf. désigne la modalité de référence.
*** significatif à 1 % ; ** significatif à 5 % ; * significatif à 10 % ; – variable non introduite dans la régression.
Source : Inserm/Ined, enquête Cocon.

TABLEAU 9. – FACTEURS INFLUENÇANT LA PRINCIPALE MÉTHODE DE CONTRACEPTION SELON L'ÉCHANTILLON
(COEFFICIENTS DES MODÈLES LOGIT)

Caractéristiques en 2000	Variable dépendante et échantillon d'appartenance							
	Pilule		Stérilet		Méthode réversible autre que pilule, stérilet, préservatif		Aucune méthode	
	Échantillon 2000	Suivies en 2002	Échantillon 2000	Suivies en 2002	Échantillon 2000	Suivies en 2002	Échantillon 2000	Suivies en 2002
Importance de la religion								
Pas du tout ou pas très importante	Réf.	Réf.	Réf.	Réf.	Réf.	Réf.	Réf.	Réf.
Importante ou très importante	0,097	0,264**	−0,257**	−0,304*	0,040	−0,092	0,202	−0,031
Catégorie socioprofessionnelle								
Employée	Réf.	Réf.	Réf.	Réf.	Réf.	Réf.	Réf.	Réf.
Cadre, profession indépendante[a]	0,012	0,131	−0,257	−0,604**	0,117	0,120	−0,164	0,309
Profession intermédiaire	−0,218*	−0,307**	0,089	0,162	0,005	−0,082	−0,015	−0,007
Ouvrière, agricultrice	0,344**	0,262	−0,409**	−0,202	−0,420	−0,463	0,345	0,082
Inactive	−0,047	−0,145	−0,465	−0,801*	0,206	−0,319	−0,040	0,677
Âge								
18-24 ans	Réf.	Réf.	Réf.	Réf.	Réf.	Réf.	Réf.	Réf.
25-29 ans	−0,716***	−0,708**	0,589	0,825	0,932**	1,457*	0,739	2,050*
30-34 ans	−1,067***	−0,945***	0,988**	1,180	0,857	1,142	0,804	1,854
35-39 ans	−1,282***	−1,217***	1,265***	1,519**	1,238**	1,532*	0,704	1,860
40-44 ans	−1,634***	−1,545***	1,452***	1,764**	1,487***	1,651*	0,527	1,059
Nombre d'enfants								
0 enfant	Réf.	Réf.	Réf.	Réf.	Réf.	Réf.	Réf.	Réf.
1 enfant	−0,557***	−0,757***	3,026***	3,658***	0,361	0,300	−0,002	−0,084
2 enfants	−0,989***	−1,369***	3,998***	4,648***	−0,304	−0,436	−0,812*	−0,184
3 enfants	−1,039***	−1,425***	3,797***	4,415***	0,166	0,301	−0,374	−0,217
4 enfants ou plus	−0,853***	−1,525***	3,709***	4,577***	0,088	0,210	−0,368	−0,279
Désire un (autre) enfant								
Non ou ne sait pas	Réf.	Réf.	Réf.	Réf.	Réf.	Réf.	Réf.	Réf.
Oui	0,217*	0,266*	−0,434**	−0,639***	−0,166	0,036	−0,056	0,223

Caractéristiques en 2000	Variable dépendante et échantillon d'appartenance							
	Pilule		Stérilet		Méthode réversible autre que pilule, stérilet, préservatif		Aucune méthode	
	Échantillon 2000	Suivies en 2002	Échantillon 2000	Suivies en 2002	Échantillon 2000	Suivies en 2002	Échantillon 2000	Suivies en 2002
Niveau de diplôme								
Aucun, CEP, BEPC	Réf.	Réf.	Réf.	Réf.	Réf.	Réf.	Réf.	Réf.
CAP, BEP	0,124	0,011	0,021	0,020	−0,078	−0,150	−0,829***	−0,405
Bac à Bac + 2 ans	−0,023	−0,065	0,196	0,200	−0,319	−0,578	−1,073***	−0,566
Supérieur à Bac + 2 ans	0,082	−0,075	−0,265	−0,179	−0,013	−0,153	−1,188***	−0,986
Situation matrimoniale								
En couple marié	Réf.	Réf.	Réf.	Réf.	Réf.	Réf.	Réf.	Réf.
En couple non marié	0,114	0,041	0,042	0,170	−0,047	−0,113	0,004	−0,437
Non en couple	−0,415***	−0,416**	0,166	0,309	−0,549*	−0,712*	−0,698*	−1,117*
Nationalité								
Étrangère	Réf.	Réf.	Réf.	Réf.	Réf.	Réf.	Réf.	Réf.
Française	0,214	0,202	0,295	0,408	−0,778***	−0,794**	−0,705**	−0,308
Constante	1,765***	2,103***	−5,803***	−6,742***	−2,810***	−2,986***	−2,105***	−4,290***
Qualité de l'estimation								
Effectif	2225	1522	2225	1522	2225	1522	2225	1522
−2 ln L	310,63	262,31	459,69	367,77	50,24	35,68	40,31	19,09
Prob > chi2	0	0	0	0	0,001	0,017	0,005	0,516
Tests d'égalité de tous les coefficients sauf la constante[b]								
Chi2	29,460*		26,570		11,730		17,100	
Prob > chi2	0,0791		0,1479		0,925		0,646	
Tests d'égalité de tous les coefficients, constante comprise[b]								
Chi2	30,850*		30,770*		15,400		24,600	
Prob > chi2	0,0761		0,0775		0,802		0,265	

[a] Les professions indépendantes regroupent les artisanes, commerçantes, chefs d'entreprise et les professions intellectuelles supérieures.
[b] Tests comparant l'échantillon des femmes suivies en 2002 à celui des femmes perdues de vue.
Réf. désigne la modalité de référence.
*** significatif à 1 % ; ** significatif à 5 % ; * significatif à 10 %.
Champ : femmes « concernées par la contraception » en 2000 (*i.e.* non stérilisées ou stériles, ayant un partenaire sexuel et ne cherchant pas à concevoir).
Source : Inserm/Ined, enquête Cocon.

Les tests d'égalité des coefficients n'incluant pas la constante amènent tous à rejeter l'hypothèse de modification des coefficients de régression entre l'échantillon des femmes toujours suivies et celui des femmes perdues de vue. Les tests d'égalité des coefficients incluant la constante amènent également à rejeter l'hypothèse de modification pour les variables dépendantes « désir d'un (autre) enfant » et « a eu une IVG ». En revanche, l'égalité de l'ensemble des coefficients est rejetée au seuil de 5 % pour les variables dépendantes « a été stérilisée » et « a eu une grossesse non désirée ».

Au total, les tests de BGLW réalisés pour les quatre variables d'intérêt analysées amènent à conclure à l'absence de biais d'attrition pour le désir d'un autre enfant et l'antécédent d'IVG. Pour le fait d'avoir été stérilisée ou celui d'avoir eu une grossesse non désirée, les tests montrent qu'il y a une variation significative des niveaux des variables d'un échantillon à l'autre. Cette variation de niveau ne modifie cependant pas les effets propres de chaque variable (représentés par les coefficients), c'est-à-dire les écarts logistiques entre modalités des variables explicatives d'un échantillon à l'autre.

Modélisation de la principale méthode contraceptive utilisée

Dans un deuxième temps, nous avons cherché à détecter l'existence de biais lorsqu'on étudie la contraception. Quatre variables dépendantes sont modélisées : l'usage de la pilule, l'usage du stérilet, l'usage d'une méthode réversible autre que la pilule, le stérilet ou le préservatif[17] et, enfin, le fait de n'utiliser aucune méthode de contraception (tableau 9, p. 442-443). La pilule et le stérilet sont les deux méthodes de contraception les plus répandues en France. En 2000, elles concernaient respectivement 46 % et 16 % de l'ensemble des femmes de 18-44 ans (tableau 3 en introduction de ce dossier et Bajos *et al.*, 2003).

Nous nous restreignons dans cette partie aux femmes « concernées par la contraception » (non stérilisées ou stériles, ayant un partenaire sexuel, et ne cherchant pas à concevoir). Les variables explicatives sont celles habituellement utilisées pour étudier la pratique contraceptive : l'âge, le nombre et le désir d'enfants, le diplôme, la situation matrimoniale (Toulemon et Leridon, 1991 et 1992). Deux autres caractéristiques pouvant être reliées à la contraception ont aussi été introduites : l'importance accordée à la religion et la catégorie socioprofessionnelle. De tels modèles ont été mis en œuvre récemment sur les données de l'enquête Cocon 2000 (Leridon *et al.*, 2002). Nous avons enfin introduit la nationalité de la femme parmi les variables explicatives, puisque cette caractéristique est très liée à la déperdition.

---

[17] Ces autres méthodes sont principalement l'abstinence périodique, le retrait, et dans une moindre mesure les méthodes locales comme le spermicide.

Pour toutes les régressions effectuées sur l'ensemble de l'échantillon initial, les tests d'adéquation (Chi2) sont significatifs à 1 %. Il en est de même pour la modélisation de l'utilisation de la pilule et du stérilet sur l'échantillon des femmes réinterrogées. Par contre, la significativité du modèle sur l'usage de méthodes contraceptives autres que pilule, stérilet ou préservatif appliqué à l'échantillon des femmes réinterrogées en 2002 est rejetée au seuil de 1 %, et n'est acceptée qu'au seuil de 5 %. Quant au fait de n'utiliser aucune contraception, le test du Chi2 amène à rejeter la validité du modèle pour l'échantillon 2002, même au seuil de 10 %. Le même modèle appliqué à l'échantillon initial a pourtant semblé de bonne qualité : cela montre que la déperdition a fragilisé la modélisation du fait de n'utiliser aucune méthode. Ce résultat découle pour une part de la faible fréquence du phénomène.

Les modèles montrent une forte différenciation des méthodes de contraception choisies par les femmes en fonction de leurs caractéristiques. L'usage de la pilule décroît avec l'âge, tandis que celui du stérilet augmente. De même, avoir plus d'enfants conduit à délaisser la pilule au profit du stérilet. Le fait d'accorder de l'importance à la religion joue positivement sur l'usage de la pilule, négativement sur celui du stérilet et n'a pas d'influence sur l'utilisation d'autres méthodes réversibles. La nationalité, elle, a un impact sur l'usage de méthodes contraceptives autres que la pilule, le stérilet ou le préservatif : toutes choses égales par ailleurs, ces dernières situations concernent davantage les femmes de nationalité étrangère. La non-utilisation, pour sa part, concerne surtout les femmes peu diplômées, ainsi que celles de nationalité étrangère. Globalement, ces différences d'utilisation des diverses méthodes contraceptives selon les caractéristiques individuelles s'observent de la même manière quel que soit l'échantillon (ensemble des femmes ou femmes réinterrogées seulement).

Le test de comparaison des coefficients de régression entre échantillons, qui compare l'échantillon des femmes suivies en 2002 à celui des femmes perdues de vue, amène à rejeter l'hypothèse de dissemblance pour les variables dépendantes « méthode réversible autre que pilule, stérilet, préservatif » et « aucune méthode ». Ainsi, pour ces variables, la déperdition ne crée pas de biais. Pour l'usage du stérilet, l'hypothèse d'égalité des coefficients est acceptée quand on ne tient pas compte de la constante, et rejetée au seuil de 10 % quand on en tient compte. Enfin, pour la pilule, l'hypothèse d'égalité est rejetée au seuil de 10 %, qu'on inclue la constante ou non. La différence des Log-vraisemblance est cependant faiblement significative : au seuil de 5 %, on continue d'accepter l'hypothèse d'égalité des coefficients de régression dans les deux cas.

Au total, pour les quatre méthodes contraceptives que nous avons étudiées, l'attrition de la cohorte entre 2000 et 2002 n'a pas engendré de biais majeur. Il n'est donc pas indispensable de tenir compte de la déperdition pour effectuer des analyses sur ces variables d'intérêt.

Conclusion

Cette étude avait pour objectif de décrire et d'analyser la déperdition dans l'enquête Cocon, dont l'échantillon a perdu un tiers de ses effectifs entre 2000 et 2002. Le taux de déperdition, élevé la première année, a considérablement diminué la seconde année, passant de 22,5 % à 13,8 %. Pour 44 % des femmes qui n'ont pas été réinterrogées, la raison en est l'impossibilité de les joindre par téléphone. Les changements de numéro de téléphone entre deux vagues d'enquête ont donc été un facteur important de déperdition, malgré les mesures mises en place pour tenir à jour les coordonnées des femmes. Le reste de la déperdition provient principalement des refus de réinterrogation. Ces derniers ne semblent toutefois pas liés à la sensibilité du sujet de l'enquête, à la durée de l'entretien téléphonique ou aux caractéristiques des enquêteurs.

La déperdition a été très sélective, touchant principalement les femmes peu diplômées, les jeunes et les plus âgées, les étrangères, ainsi que les personnes vivant seules ou non en couple. Malgré cette forte sélection selon les caractéristiques individuelles, la déperdition n'entraîne pas de biais majeurs dans les modélisations des variables d'intérêt de l'enquête, qu'il s'agisse de l'histoire génésique ou de l'utilisation de méthodes contraceptives. À part des différences de niveau pour les variables « être stérilisée » et « avoir eu une grossesse accidentelle », tous les tests réalisés ont conclu à une stabilité des coefficients des modèles multivariés, qu'on effectue l'estimation sur l'échantillon des femmes réinterrogées ou sur celui des perdues de vue. Ces conclusions rejoignent celles de Fitzgerald et *al.* (1998), d'Alderman et *al.* (2001), ou de Breuil-Genier et Valdelièvre (2001) et sont favorables à la mise en place d'enquêtes répétées malgré les problèmes de déperdition. Le mode de recueil téléphonique, en particulier, ne semble pas inadapté à la réalisation d'interrogations répétées, du moment que des mesures adéquates sont prises pour limiter les pertes dues aux changements de coordonnées téléphoniques d'une interrogation à l'autre.

Finalement, le seul vrai problème posé par l'attrition, dans le cas de l'enquête Cocon, est celui de la perte de précision due à la baisse des effectifs. En faisant l'hypothèse que le taux de déperdition observé entre la deuxième et la troisième vague d'interrogation se maintiendra au cours des vagues d'interrogation restantes, on évalue la taille finale de l'échantillon Cocon à environ 1 400 femmes, soit la moitié de l'échantillon initial. Une telle taille d'échantillon peut toutefois être insuffisante pour estimer avec la précision voulue certains indicateurs d'intérêt de l'étude.

RÉFÉRENCES

ALDERMAN Harold, BEHRMAN Jere R., KOHLER Hans-Peter, MALUCCIO John A., WATKINS Susan Cotts, 2001, « Attrition in longitudinal household survey data », *Demographic Research*, vol. 5, article 4, p. 78-123 (revue en ligne sur http://www.demographic-research.org).
BAJOS Nathalie, LERIDON Henri, GOULARD Hélène, OUSTRY Pascale, JOB-SPIRA Nadine and the COCON Group, 2003, « Contraception: from accessibility to efficiency », *Human Reproduction*, 18(5), p. 994-999.
BECKETTI Sean, GOULD William, LILLARD Lee, WELCH Finis, 1988, « The panel study of income dynamics after fourteen years: an evaluation », *Journal of Labor Economics*, 6(4), p. 472-492.
BREUIL-GENIER Pascale, VALDELIÈVRE Hélène, 2001, « Le panel européen : l'intérêt d'un panel d'individus », *Économie et statistique*, n° 394-350, p. 17-40.
CASES Chantal, HOURRIEZ Jean-Michel, LEGRIS Bernard, 1996, « Les revenus des ménages », in *Données sociales 1996*, Paris, Insee, p. 338-353.
CHAMBAZ Christine, LEGENDRE Nadine, 1999, « Calcul des pondérations dans le panel européen de ménages », Actes des Journées de méthodologie statistique, 17-18 mars 1998, *Insee Méthodes,* n° 84-85-86, p. 101-129.
FIRDION Jean-Marie, 1993, « Effet du rang d'appel et de la présence du conjoint dans une enquête téléphonique », *Population*, 48(5), p. 1281-1314.
FITZGERALD John, GOTTSCHALK Peter, MOFFITT Robert, 1998, « An analysis of sample attrition in panel data: the panel study of income dynamics », *Journal of Human Resources*, 33(2), p. 251-299.
GOULD William, 2002, « Can you explain Chow tests? », *Stata FAQs (*en ligne sur http://www.stata.com/support/faqs/).
Journal of Human Resources, 1998, 33(2), numéro spécial sur les déperditions dans les enquêtes longitudinales.
LERIDON Henri, OUSTRY Pascale, BAJOS Nathalie et l'Équipe COCON, 2002, « La médicalisation croissante de la contraception en France », *Population et Sociétés,* n° 381, 4 p.
LITTLE Roderick J.A., RUBIN Donald, 1987, *Statistical analysis with missing data*, New York, John Wiley and Sons (Wiley Series in Probability and Mathematical Statistics), 278 p.
POWELL-GRINER Eve, TRENT Katherine, 1987, « Socioeconomic determinants of abortion in the United States », *Demography*, 24(4), p. 553-561.
RENDTEL Ulrich, 2002, « Attrition in household panels : a survey », Chintex working paper n° 4, (en ligne sur http://www.destatis.de/chintex/download/paper4.pdf).
TOULEMON Laurent, LERIDON Henri, 1991, « Vingt années de contraception en France : 1968-1988 », *Population*, 46(4), p. 777-812.
TOULEMON Laurent, LERIDON Henri, 1992, « Maîtrise de la fécondité et appartenance sociale : contraception, grossesses accidentelles et avortements », *Population*, 47(1), p. 1-45.
WILDER Esther I., 2000, « Socioeconomic and cultural determinants of abortion among Jewish women in Israel », *European Journal of Population*, 16(2), p. 133-162.

RAZAFINDRATSIMA Nicolas, KISHIMBA Ngoy et l'équipe COCON.– **La déperdition dans la cohorte Cocon entre 2000 et 2002**

L'enquête Cohorte Contraception (Cocon), consacrée à la contraception, aux grossesses non prévues et à l'interruption volontaire de grossesse en France, a visé à interroger par téléphone un échantillon représentatif de femmes de 18 à 44 ans, puis à les suivre annuellement pendant cinq ans. Entre 2000 et 2002, l'échantillon de l'enquête s'est réduit d'un tiers, passant de 2 863 à 1 912 femmes. L'article décrit cette déperdition et évalue les biais qu'elle engendre sur les analyses.

La déperdition découle de deux facteurs, qui y contribuent chacun pour près de moitié : d'une part, de l'impossibilité de recontacter les femmes et, d'autre part, des refus de réinterrogation. Très sélective, elle a surtout concerné les femmes étrangères, peu diplômées, jeunes et non en couple, ce qui a modifié la structure de l'échantillon suivi et les moyennes de plusieurs variables d'intérêt de l'enquête. Toutefois, la déperdition n'a guère d'impact sur les analyses multivariées. Finalement, les conséquences de la déperdition dans Cocon sont limitées quant aux biais engendrés, et se situent essentiellement au niveau de la baisse de la précision des estimations due à la diminution de la taille de l'échantillon.

RAZAFINDRATSIMA Nicolas, KISHIMBA Ngoy and the COCON Group.– **Attrition in the COCON cohort between 2000 and 2002**

The COCON (COhorte CONtraception) survey on contraception, unplanned pregnancy and induced abortion in France, was set up to interview by telephone a representative sample of women aged 18-44, and to follow them up annually over five years. Between 2000 and 2002, the survey sample fell in size by one third, from 2,863 to 1,912 women. This article describes this attrition process and evaluates the biases that it causes in the analyses.

The attrition is due, in roughly equal proportions, to two factors: first, an inability to re-contact the women; second, refusals to be re-interviewed. It is highly selective, concerning primarily foreign women, of low educational level, young and living alone, and was responsible for modifying the structure of the sample followed up and the means for several survey variables of interest. However, the attrition has little impact on the multivariate analyses. Finally, the implications of attrition in COCON are limited as regards the biases caused, and are seen mainly as the loss of precision in the estimates due to the reduction in sample size.

RAZAFINDRATSIMA Nicolas, KISHIMBA Ngoy y el equipo COCON.– **La pérdida de efectivos de la cohorte Cocon entre el 2000 y el 2002**

La encuesta Cohorte Anticoncepción (Cocon), consagrada a la anticoncepción, a los embarazos no planificados y a la interrupción voluntaria del embarazo en Francia, tenía como objetivo interrogar por teléfono a una muestra representativa de mujeres de 18 a 44 años y de seguirlas anualmente durante cinco años. Entre el 2000 y el 2002, la muestra de la encuesta se redujo en un tercio, pasando de 2,863 a 1,912 mujeres. Este artículo describe tal pérdida de efectivos y evalúa el sesgo que supone para los análisis.

La pérdida de efectivos se debe a dos factores de importancia similar: la imposibilidad de volver a ponerse en contacto con las mujeres y el rechazo de éstas a ser interrogadas de nuevo. Puesto que tal pérdida ha sido altamente selectiva y ha afectado principalmente a las mujeres extranjeras, con bajo nivel educativo, jóvenes y sin pareja, la estructura de la muestra y por consiguiente los valores medios de diferentes variables de interés se han modificado. Sin embargo, los sesgos derivados de la pérdida de efectivos no son importantes y afectan esencialmente el nivel de precisión de las estimaciones debido a la disminución del tamaño de la muestra.

Nicolas RAZAFINDRATSIMA, Institut national d'études démographiques, 133 bd Davout, 75980 Paris Cedex 20, tél : 33 (0)1 56 06 20 76, fax : 33 (0)1 56 06 21 99, courriel : razafind@ined.fr

Pilule et préservatif, substitution ou association ?
Une analyse des biographies contraceptives des jeunes femmes en France de 1978 à 2000

Clémentine ROSSIER*, Henri LERIDON*
et l'équipe COCON

> *En France, dans les années 1990, le préservatif est devenu la méthode presque universelle de protection des premiers rapports sexuels. Ces progrès spectaculaires, liés aux campagnes de prévention du sida, ont-ils freiné ou fait reculer l'usage de la pilule contraceptive ? Dans cet article, fondé sur les biographies contraceptives de femmes de 18 à 44 ans, recueillies dans l'enquête Cocon,* Clémentine ROSSIER *et* Henri LERIDON *montrent qu'il n'en est rien. La diffusion du préservatif a tout d'abord fait baisser la proportion de premiers rapports sexuels non protégés à un niveau très bas. S'il est vrai que le recours à la pilule tend à être légèrement retardé, il est devenu en revanche plus fréquent que dans les années 1980. Le préservatif en tout début de vie sexuelle ne protège pas seulement du sida : il ouvre la voie à d'autres formes de contraception.*

La légalisation des méthodes médicales de prévention des grossesses en 1967 a marqué en France le début d'une révolution contraceptive. La diffusion de ces nouvelles méthodes a pu être suivie de près grâce à une série d'enquêtes conduites par l'Ined en association avec l'Insee ou l'Inserm depuis trente ans. La première enquête nationale sur échantillon aléatoire, auprès de femmes d'âge reproductif, a été réalisée par l'Ined en 1971; elle a été suivie par l'enquête mondiale sur la fécondité (EMF) en 1978, l'enquête Régulation des naissances (ERN) en 1988, et l'enquête Situations familiales et Emploi (ESFE) en 1994. En 2000, l'Inserm et l'Ined ont lancé une étude de cohorte auprès d'un échantillon de femmes sur l'usage de la contraception, ses échecs et le recours à l'interruption

---

* Institut national d'études démographiques et Institut national de la santé et de la recherche médicale (U569, IFR69), Paris.

volontaire de grossesse (enquête de COhorte sur la CONtraception, Cocon), la première interrogation ayant eu lieu fin 2000. Les analyses des données « transversales » de ces enquêtes sur les pratiques contraceptives à la date de l'interrogation (Collomb, 1979 ; Toulemon et Leridon, 1991, 1992 ; de Guibert-Lantoine et Leridon, 1998 ; Leridon et al., 2002) ont montré le déclin des méthodes liées à l'acte sexuel (préservatif, retrait, abstinence périodique, etc.) et la diffusion rapide des méthodes médicales (pilule et stérilet), caractéristiques des trente dernières années. Ainsi, la pilule et le stérilet étaient utilisés par 36,9 % des femmes âgées de 20 à 44 ans en 1978, et par 62,7 % d'entre elles en 2000. Plusieurs auteurs (Bajos et Bozon, 1999 ; Giami, 2000 ; Leridon et al., 2002) ont relié cette « révolution contraceptive » à la médicalisation de la sexualité, qui doit elle-même être rattachée à une conception de plus en plus médicalisée des comportements humains dans les sociétés modernes (Giami, 2000).

Un événement majeur est venu interférer avec ce processus à la fin des années 1980 : l'irruption du sida. Cette maladie sexuellement transmissible, et mortelle, a soudainement remis en cause la liberté sexuelle qui s'était installée à l'abri des méthodes efficaces de contraception, le risque de grossesse non voulue s'étant fortement réduit avec le recours à ces méthodes. Or, ni la pilule ni le stérilet ne protègent contre le sida. De larges campagnes de sensibilisation ont été développées à partir de 1987 en France, incitant essentiellement à l'usage du préservatif, seule méthode protégeant efficacement contre les infections sexuellement transmissibles (IST). Le message s'adressait en particulier aux plus jeunes. Comment cette incitation allait-elle interférer avec la diffusion de la pilule dans cette catégorie de la population ? Dans certains pays confrontés au même problème, comme aux Pays-Bas, on a rapidement préconisé l'emploi simultané de la pilule et du préservatif – le « double-Dutch » – (Bulletin médical de l'IPPF, 2000), ce qui n'a pas été le cas en France.

Les enquêtes précitées ne peuvent répondre qu'imparfaitement à cette question car elles s'adressaient à des femmes âgées d'au moins 18 ou 20 ans, selon le cas, et seulement à des femmes mariées pour l'enquête de 1971. L'enquête de 2000, toutefois, comportait une partie rétrospective, permettant de reconstituer les comportements des personnes interrogées plusieurs années auparavant, donc notamment au début de leur vie sexuelle (tout comme l'enquête de 1978). Nous allons donc ici tenter de tirer le meilleur parti possible à la fois des données « transversales », des données rétrospectives, et de quelques autres sources, en nous concentrant sur les femmes de 15 à 29 ans.

*L'augmentation de l'usage du préservatif
  dans le contexte de l'épidémie de VIH-Sida*

Nous avons rassemblé dans les figures 1A et 1B les données issues de cinq enquêtes effectuées en population générale et comportant des informations sur l'usage du préservatif lors du premier rapport sexuel. Il s'agit de l'enquête Analyse des comportements sexuels des jeunes (ACSJ), réalisée en 1994 sur un échantillon de jeunes âgés de 15 à 18 ans (Lagrange et Lhomond, 1997), de l'enquête ESFE déjà mentionnée (Toulemon et Leridon, 1995), du Baromètre Santé 2000 commandité par le Comité français d'éducation pour la santé (CFES) (Guilbert *et al.*, 2001), de l'enquête Connaissances, attitudes, croyances et comportements face au VIH/Sida (KABP, 2001) réalisée par l'Observatoire régional de santé d'Île-de-France (ORS, 2001) et enfin de l'enquête Cocon. Dans chacune de ces sources, la proportion de répondants déclarant avoir utilisé le préservatif lors du premier rapport a été calculée selon l'année de ce rapport, puis lissée sur 3 ans (par la méthode des moyennes mobiles en appliquant des pondérations égales à 0,25, 0,50 et 0,25), pour les années permettant une observation non tronquée dans chaque source. La figure 1A montre les résultats d'après les réponses faites par les femmes, et la figure 1B retrace la moyenne des réponses des hommes et des femmes quand les deux sexes étaient interrogés.

La cohérence des réponses est remarquable, et la montée de l'utilisation du préservatif entre 1985 et 1996 est spectaculaire : on passe, en une dizaine d'années, de 10 % à 85 % d'utilisation au premier rapport ! Seules les données de l'enquête ACSJ sont en décalage, mais l'écart résulte principalement du fait que seuls les 15-18 ans étaient interrogés. À l'évidence, les campagnes antisida lancées à partir de 1987 ont porté leurs fruits. Les diverses sources confirment aussi un arrêt de la hausse après 1996, voire une légère régression.

Des enquêtes spécifiques sur les connaissances à l'égard du sida, les pratiques sexuelles et les modes de protection ont aussi été réalisées à cette époque, notamment les enquêtes dites KABP. Comparant deux enquêtes de ce type conduites en 1994 et 1998, Bajos *et al.* (2001) constataient que l'utilisation de la contraception au cours des 12 mois précédant l'enquête (toutes méthodes, y compris le préservatif s'il était utilisé à des fins contraceptives) avait diminué significativement entre les deux dates chez les femmes les plus jeunes ayant eu plusieurs partenaires. Ce résultat posait la question de l'impact de la diffusion du préservatif et, plus généralement, des campagnes de prévention du VIH sur les stratégies individuelles de prévention des grossesses, une question aux implications importantes en matière de politique de santé. On a ainsi constaté que le nombre de conceptions chez les adolescentes, s'il était en baisse au cours des années 1980 (20 710 conceptions survenues chez des mineures en 1980, 13 674 en 1990), a stagné au cours des années 1990 (13 192 conceptions en 1997). La stagnation du taux de conceptions chez les adolescentes, conjuguée à une hausse de la proportion de grossesses interrompues, s'est traduite par une augmentation du nombre d'interruptions volontaires de grossesse au cours des années 1990 chez les mineures (Kafé et Brouard, 2000).

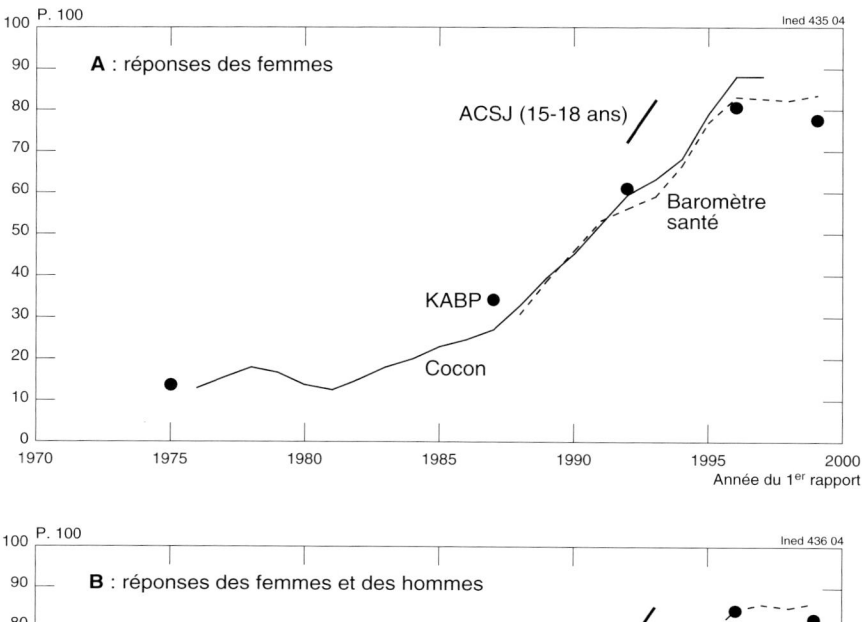

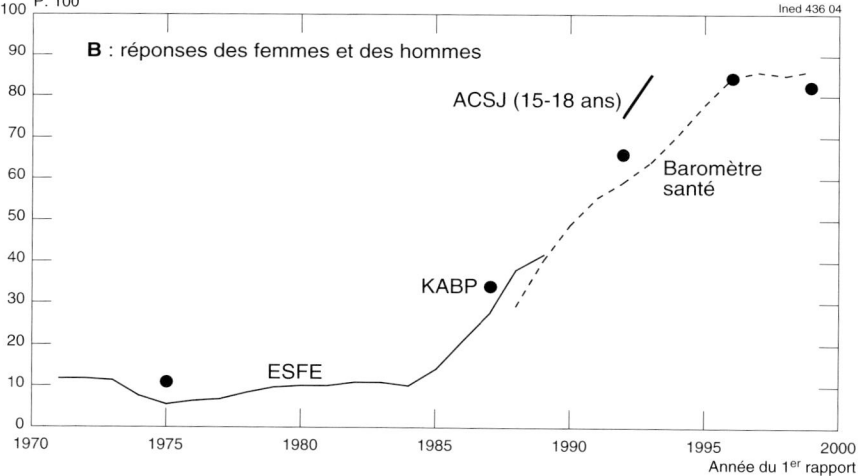

Figure 1.— L'utilisation du préservatif au premier rapport sexuel
(France, 1970-2000, en %)

Sources : ACSJ : Lagrange et Lhomond (1997) ; Baromètre santé : Guilbert et al. (2001) ;
ESFE : de Guibert-Lantoine et Leridon (1998) ; KABP : ORS Île-de-France (2001) ;
Cocon : Inserm/Ined, enquête Cocon 2000.

Les perceptions individuelles du risque de grossesse peuvent avoir évolué durant cette période, comme le suggèrent Bajos et Ferrand (2002, p. 38) :

> « La socialisation sexuelle sous le risque du sida a pu déjà conduire certaines femmes à reléguer au second plan le risque de grossesse, perçu, à juste titre, comme beaucoup moins grave que le risque d'infection à VIH. »

Les individus les plus exposés au risque d'infection par le VIH, et moins concernés par le risque de grossesse, comme ceux qui s'engagent dans des relations répétées de courte durée, peuvent en particulier donner la priorité au préservatif et repousser à plus tard l'emploi de la pilule. Il semble en effet que, dans le contexte nouveau du sida, les couples aient adopté une stratégie séquentielle : en début de vie sexuelle et affective, ils utilisent le préservatif, parfois en association avec la pilule, et passent ensuite à la pilule, éventuellement à la pilule seule (Spira et Bajos, 1993 ; Lagrange et Lhomond, 1997 ; Beltzer et Grémy, 2000).

Ce recours accru au préservatif n'a cependant pas empêché une forte diffusion de la pilule chez les plus jeunes femmes durant les années 1990. La comparaison des comportements contraceptifs féminins relevés dans les enquêtes de 1988 (ERN), 1994 (ESFE) et 2000 (Cocon) montre que la proportion d'utilisatrices de la pilule a augmenté au cours des années 1990 dans toutes les catégories d'âges jeunes, malgré l'arrivée en force du préservatif (Toulemon et Leridon, 1995 ; Leridon *et al.*, 2002).

Pourquoi les jeunes femmes ont-elles continué à utiliser de plus en plus la pilule au cours des années 1990 ?

Les méthodes naturelles (abstinence périodique, retrait) n'étaient plus guère utilisées à la fin des années 1980 : on ne peut donc imputer la hausse continue des méthodes médicales dans les années 1990 (essentiellement la pilule chez les plus jeunes) à un effet de substitution. Pour expliquer cette évolution, dans un contexte d'utilisation croissante du préservatif, nous analysons d'abord les données « transversales » des quatre enquêtes successives (1978, 1988, 1994 et 2000), aux âges observables dans ces enquêtes (18 ans ou plus). Nous testons ensuite la qualité des biographies contraceptives complètes obtenues en 2000 en les comparant aux données des enquêtes transversales. Nous utilisons enfin ces données pour décrire plus en détail les étapes de l'entrée dans la sexualité et de l'usage des diverses méthodes contraceptives dans les générations qui ont connu les changements majeurs des années 1980 et 1990.

I. Les données des enquêtes transversales : un besoin croissant de protection contraceptive chez les plus jeunes

Notre analyse des données transversales porte sur les femmes âgées de 18 à 29 ans. La limite inférieure est imposée par la structure des échantillons des enquêtes de 1978, 1988, 1994 et 2000. La limite supérieure correspond à la fin de la période de transition entre le début de la sexualité et l'entrée dans une relation stable ouvrant la phase de la constitution de la descendance. En effet, à 18-24 ans, 30 % des femmes vivent en couple, contre 65 % à 25-29 ans et 76 % à 30-34 ans ; mais avant 30 ans, moins d'une union sur deux est consacrée par les liens du mariage (Cassan *et al.*, 2001). L'âge moyen des femmes à leur premier mariage était de 28 ans en 2000, et leur âge à la naissance du premier enfant approchait 29 ans la même année (Beaumel *et al.*, 2002).

Les proportions de femmes utilisant une méthode de contraception dans chaque groupe d'âges (prévalence contraceptive) sont disponibles dans les quatre enquêtes mentionnées, à partir de 20 ans en 1978 et 1994 et de 18 ans en 1988 et 2000. L'enquête de 1971 n'est pas utilisée parce qu'elle ne concernait que des femmes mariées.

1. L'importance du mode de questionnement et la hiérarchisation des méthodes

Des analyses spécifiques réalisées sur l'enquête de 1978 (Sardon, 1986) avaient montré la nécessité qu'un mode de questionnement ouvert sur la contraception, du type « Vous-même, ou votre partenaire, utilisez-vous actuellement une méthode pour éviter une grossesse ? », soit complété par une série de questions de contrôle en cas de réponse négative, pour éviter en particulier une mauvaise déclaration des méthodes « naturelles » qui ne sont pas toujours perçues comme des « méthodes contraceptives » par leurs utilisatrices. Il faut aussi tenir compte de l'utilisation simultanée de plusieurs méthodes. Pour aboutir à un classement simple, nous définissons dans ce cas une « méthode principale », essentiellement sur la base de son efficacité théorique. La hiérarchie adoptée dans les enquêtes de 1978 à 1994 était la suivante, par ordre décroissant : stérilisation, pilule, stérilet, abstinence périodique, préservatif, retrait, autre ou non précisée (Sardon, 1986). La position respective de la pilule et du stérilet dans ce classement est sans importance, car quasiment aucune femme n'utilise les deux méthodes simultanément. Pour comparer les résultats de l'enquête 2000 à ceux des années antérieures, nous utilisons la même classification. Mais pour présenter les résultats détaillés de l'enquête 2000, nous employons une hiérarchie un peu différente, qui inclut l'usage simultané de la pilule et du préservatif et admet une meilleure efficacité pour ce dernier : stérilisation, pilule et préservatif (simultanément), pilule (seule), stérilet, préservatif, abstinence périodique, retrait, autres.

La place de la stérilisation a été étudiée plus en détail dans l'enquête de 1994. Bien que 22 % des femmes âgées de 45 à 49 ans aient subi une opération stérilisante, dont 12 % à des fins principalement contraceptives, seules 4,5 % de l'ensemble des femmes âgées de 20 à 45 ans au moment de l'enquête avaient déjà été stérilisées (3 % pour des raisons contraceptives), proportions qui semblaient stables depuis 1978 (de Guibert-Lantoine et Leridon, 1998). Chez les moins de 25 ans, les taux étaient proches de zéro.

Parmi les femmes n'utilisant aucune méthode contraceptive, nous distinguons d'abord celles qui ne sont pas soumises au risque de concevoir, qu'elles soient stérilisées, se sachant définitivement stériles, enceintes, n'ayant pas de relations sexuelles (ou de partenaire) actuellement – toujours par ordre de priorité décroissante. Quant aux autres, elles étaient réparties en deux groupes en 1978 et 1988 selon qu'elles voulaient encore avoir des enfants ou non ; depuis 1994, on distingue celles qui cherchent actuellement à concevoir de celles qui souhaitent un enfant plus tard.

Les résultats d'ensemble des diverses enquêtes ont été présentés dans l'article introductif à ce dossier. Nous nous limitons ici aux comportements des femmes les plus jeunes.

2. Les 18-19 ans : une meilleure protection contraceptive

Les années 1990 ont été marquées par une augmentation substantielle (12 points entre 1988 et 2000) de la prévalence contraceptive chez les 18-19 ans, qui est passée de 51,6 % à 63,3 % (tableau 1). La variation se décompose en 10 points de hausse pour la pilule, 7 points pour le préservatif (en tant que méthode contraceptive principale, rappelons-le) et 5 points de baisse pour les méthodes féminines locales (diaphragme, ovules, gelées, etc.) et les méthodes naturelles. On voit donc que l'augmentation de l'emploi de la pilule dépasse largement le recul de ces dernières méthodes.

Pourquoi l'utilisation de la contraception a-t-elle augmenté chez les femmes de 18-19 ans au cours de cette période ? On peut d'abord remarquer que les grossesses sont rares dans ce groupe d'âges pendant toute la période : on passe de 0,8 % à 1,5 % de femmes enceintes au moment de l'enquête, et les données d'état civil confirment que la fécondité à ces âges est restée stable au cours de la décennie 1990 (Toulemon et Mazuy, 2001). Ce n'est donc pas une évolution de la fécondité qui peut expliquer la hausse de la prévalence contraceptive. Celle-ci pourrait plutôt résulter de l'accroissement de la proportion d'adolescentes sexuellement actives : en 2000, 33 % des 18-19 ans n'utilisaient pas de contraception et

TABLEAU 1. – MÉTHODE CONTRACEPTIVE PRINCIPALE UTILISÉE
PAR LES FEMMES DE 18-19 ANS EN 1988 ET 2000 (EN %)

	Année de l'enquête (années de naissance)	
	1988 (1968-1969)	2000 (1981-1982)
Proportion de femmes		
Utilisant une méthode	51,6	63,3
dont :		
Pilule	44,1	53,9
Stérilet (DIU)	0,0	0,0
Abstinence périodique	2,9	0,0
Préservatif	2,1	9,2
Retrait	1,3	0,0
Autre méthode, non-réponse	1,2	0,2
N'utilisant pas de méthode	48,2	36,7
dont :		
Stérile	0,0	0,0
Enceinte	0,8	1,5
Pas de relations sexuelles	40,2	33,3
Cherche à concevoir	n.d.	0,0
Souhaite encore des enfants	7,2	1,5
Autre situation	0,0	0,4
Ensemble	100,0	100,0
Effectif	188	98

Sources : Ined, enquête Régulation des naissances, 1988 (Toulemon et Leridon, 1991); Inserm/Ined, enquête Cocon, 2000.

n'avaient pas d'activité sexuelle, contre 40 % en 1988. Cependant, on ne peut écarter un éventuel biais de déclaration : dans le nouveau contexte du sida et de l'incitation à se protéger, certaines femmes pourraient déclarer être sexuellement actives au moment de l'enquête (et se protéger contre les IST) alors qu'elles n'ont que des relations très épisodiques. Une autre explication réside dans la diminution de la proportion de femmes n'utilisant aucune méthode bien qu'elles soient soumises au risque de grossesse : 7 % des femmes de 18-19 ans étaient dans ce cas en 1988, moins de 2 % en 2000.

3. *Les femmes de 20-24 ans diffèrent de plus en plus leurs grossesses*

La hausse de la pratique contraceptive est encore plus marquée chez les femmes de 20-24 ans que chez les plus jeunes : l'augmentation atteint 20 points entre 1978 et 2000 (tableau 2). En décomposant l'évolution par méthode employée, on observe que l'utilisation de la pilule a augmenté linéairement au cours des années 1980 et 1990. Il en est de même pour le préservatif, mais seulement depuis la fin des années 1980, ce qui doit clairement être relié au début des campagnes de prévention du sida ; la hausse est, cependant, modeste. L'usage des méthodes naturelles décroît fortement jusqu'au début des années 1990 et se stabilise ensuite à un niveau peu élevé. Globalement, on assiste bien au remplacement des méthodes non médicales par des méthodes médicales (en l'occurrence la pilule) dans ce groupe d'âges au cours des années 1980 ; dans la décennie suivante, cependant, l'accroissement de l'usage de la pilule ne correspond plus à une substitution.

TABLEAU 2.– MÉTHODE CONTRACEPTIVE PRINCIPALE UTILISÉE
PAR LES FEMMES DE 20-24 ANS EN 1978, 1988, 1994 ET 2000 (EN %)

	Année de l'enquête (années de naissance)			
	1978 (1953-1957)	1988 (1963-1967)	1994 (1969-1973)	2000 (1976-1980)
Proportion de femmes				
Utilisant une méthode	59,2	61,2	68,8	79,3
dont :				
Pilule	38,3	50,9	58,6	68,3
Stérilet (DIU)	2,0	2,8	2,9	0,9
Abstinence périodique	3,5	2,2	2,3	2,3
Préservatif	3,5	1,9	4,0	7,1
Retrait	11,6	1,9	0,7	0,2
Autre méthode, non-réponse	0,3	1,5	0,3	0,5
N'utilisant pas de méthode	40,8	38,8	31,2	20,7
dont :				
Stérilisée	0,6	0,2	0,6	0,0
Stérile	0,3	0,0	0,4	0,0
Enceinte	9,6	8,3	3,6	1,8
Pas de relations sexuelles	18,0	20,3	21,3	17,1
Cherche à concevoir	n. d.	n. d.	2,9	1,4
Souhaite encore des enfants	9,9	9,9	1,7	0,2
Autre situation	2,4	0,2	0,8	0,2
Ensemble	100,0	100,0	100,0	100,0
Effectif	694	530	496	336

Sources : Ined, enquête mondiale de fécondité, 1978, enquête Régulation des naissances, 1988 (Toulemon et Leridon, 1991) et enquête sur les situations familiales et l'emploi, 1994 (de Guibert-Lantoine et Leridon, 1998) ; Inserm/Ined, enquête Cocon, 2000.

Comment peut-on expliquer cette hausse de la prévalence contraceptive, toutes méthodes confondues, dans la dernière décennie chez les 20-24 ans ? En premier lieu, par une exposition plus fréquente au risque de grossesse. En effet, la proportion de femmes enceintes au moment de l'enquête ou cherchant à concevoir chute fortement (de 8 % en 1988 à 3 % en 2000) ; cette évolution reflète celle de la fécondité générale au même âge (Toulemon et Mazuy, 2001). Par ailleurs, la proportion de femmes n'ayant pas de relations sexuelles au moment de l'enquête a peu varié au cours des deux décennies (18 % en 1978 et 17 % en 2000).

4. Les femmes de 25-29 ans : la pilule au détriment du stérilet et des méthodes naturelles

Au cours des années 1990, les comportements contraceptifs des femmes de 25-29 ans ont évolué comme ceux des plus jeunes (20-24 ans) (tableau 3) : elles ont retardé leurs grossesses et recouru de plus en plus à la pilule et au préservatif, l'accroissement de l'usage de celui-ci étant surtout perceptible en fin de période (4 % en 1988, 5,3 % en 1994 et 7,3 % en 2000). Par ailleurs, l'usage du préservatif varie selon les générations. C'est au milieu des années 1990 que les femmes qui avaient commencé à avoir des relations sexuelles au moment de l'apparition du sida ont atteint 25-29 ans, et c'est précisément à ce moment que l'usage du préservatif s'est accru dans ce groupe d'âges.

TABLEAU 3.– MÉTHODE CONTRACEPTIVE PRINCIPALE UTILISÉE
PAR LES FEMMES DE 25-29 ANS EN 1978, 1988, 1994 ET 2000 (EN %)

	Année de l'enquête (années de naissance)			
	1978 (1948-1952)	1988 (1958-1962)	1994 (1964-1968)	2000 (1971-1975)
Proportion de femmes				
Utilisant une méthode	71,3	69,2	67,9	76,1
dont :				
Pilule	35,2	41,4	50,3	56,7
Stérilet (DIU)	10,9	14,8	7,7	7,5
Abstinence périodique	4,4	3,8	2,1	1,3
Préservatif	4,6	4,0	5,3	7,3
Retrait	13,7	3,5	2,4	3,2
Autre méthode, non-réponse	2,5	1,7	0,1	0,1
N'utilisant pas de méthode	28,7	30,7	32,2	23,9
dont :				
Stérilisée	1,3	0,2	0,5	0,3
Stérile	0,1	1,1	0,7	0,6
Enceinte	6,0	10,3	11,4	7,1
Pas de relations sexuelles	9,7	8,2	7,6	6,6
Cherche à concevoir	n. d.	n. d.	8,5	7,0
Souhaite encore des enfants	8,7	10,2	3,4	1,6
Autre situation	3,0	0,7	0,1	0,7
Ensemble	100,0	100,0	100,0	100,0
Effectif	878	550	519	578

Sources : Ined, enquête mondiale de fécondité, 1978, enquête Régulation des naissances, 1988 (Toulemon et Leridon, 1991) et enquête sur les situations familiales et l'emploi, 1994 (de Guibert-Lantoine et Leridon, 1998); Inserm/Ined, enquête Cocon, 2000.

On peut cependant noter deux autres caractéristiques du comportement de ces femmes au début des années 1990. Jusqu'en 1994, les méthodes médicales de contraception (pilule et stérilet : 46 % d'utilisatrices en 1978, 56 % en 1988, 58 % en 1994) remplacent les méthodes naturelles et locales (21 % en 1978, 9 % en 1988, 4,6 % en 1994); la proportion d'utilisatrices de ces dernières méthodes se stabilise ensuite (encore 4,6 % en 2000). La fin de cette substitution est donc intervenue par étapes : chaque génération successive de jeunes femmes adoptant en plus grand nombre une méthode médicale, la fin de la diffusion de ces méthodes a été effectuée plus tardivement chez les plus âgées. On observe par ailleurs un remplacement du stérilet par la pilule. On peut y voir plusieurs causes. Tout d'abord, le report des naissances joue au détriment du stérilet, que les médecins tendent à ne prescrire qu'aux femmes ayant eu au moins un, voire deux enfants. Le DIU a pu souffrir aussi de la concurrence des nouvelles pilules « micro-dosées » ; on peut constater, de fait, une utilisation croissante de la pilule même chez les femmes de parité élevée (Leridon *et al.*, 2002).

5. *Conclusion sur les données transversales*

Les changements survenus dans les pratiques contraceptives des jeunes femmes au cours des années 1990 résultent de quatre facteurs indépendants mais imbriqués. Tout d'abord, si la fécondité est restée stable chez les 18-19 ans, elle a diminué à 20-24 ans et dans une moindre mesure à 25-29 ans, en raison de l'élévation continue de l'âge à la première naissance. En second lieu, ce report des premières naissances n'a pas été accompagné d'une élévation de l'âge aux premiers rapports : on observe plutôt une tendance inverse, comme on le verra plus loin, même s'il est possible que la déclaration de l'activité sexuelle dans les enquêtes ait évolué. En troisième lieu, le mouvement de remplacement des méthodes naturelles par les méthodes médicales de contraception a touché à sa fin au cours des années 1990, d'abord chez les plus jeunes puis chez les autres femmes, avec la quasi-disparition des méthodes naturelles. Enfin, on mesure clairement l'impact des campagnes de prévention du sida à partir de la fin des années 1980, avec l'augmentation de l'usage du préservatif. Cette augmentation concerne au premier chef les moins de 25 ans, parce que le préservatif est surtout utilisé au début de nouvelles relations, lesquelles sont plus fréquentes aux âges jeunes. Cet effet se double d'un effet de génération, la diffusion du préservatif s'étant d'abord faite parmi les femmes les plus jeunes au moment de l'irruption du sida.

Nous avons aussi observé une diminution de l'exposition au risque de grossesse non souhaitée chez les 18-19 ans ainsi qu'un recours accru à la pilule. Ces deux résultats sont encourageants pour les politiques de santé publique, mais ils laissent néanmoins subsister quelques incertitudes. En effet, si l'on comprend bien l'association entre une plus grande utilisation de la pilule entre 20 et 30 ans et le report des premières naissances, les données de ces enquêtes transversales ne nous expliquent pas pourquoi l'augmentation du recours à la pilule a aussi concerné les plus jeunes. Nous avons vu que les moins de 20 ans ont peut-être commencé plus tôt leur vie sexuelle tout en s'exposant plus rarement au risque de grossesse imprévue ; mais nous ignorons la chronologie précise de l'accès aux diverses méthodes contraceptives, en particulier la pilule : existe-t-il une période moins bien protégée entre le premier usage du préservatif et le début du recours à la pilule ? L'utilisation du préservatif dès le premier rapport avance-t-elle ou retarde-t-elle l'accès à la pilule ? Seules les données biographiques peuvent permettre de répondre à ces questions.

II. La qualité des données biographiques : comparaison avec les enquêtes transversales

Les questions qui ont permis de recueillir les biographies contraceptives complètes des femmes dans l'enquête Cocon réalisée en 2000 sont décrites en détail dans l'encadré. Comme pour toute donnée biographique, il nous faut d'abord nous interroger sur leur fiabilité.

La reconstitution des biographies contraceptives complètes dans l'enquête Cocon

Les questions détaillées sur la biographie contraceptive n'ont été posées qu'à une fraction (1 693/2 863, soit 59 %) des femmes de 18-44 ans interrogées lors de l'enquête Cocon. Ces femmes ont été sélectionnées aléatoirement, celles qui n'avaient jamais eu de rapport sexuel étant exclues d'office. Les questions sur la contraception étaient articulées par rapport à la biographie génésique obtenue antérieurement ; 17 femmes pour lesquelles ces biographies étaient incomplètes (année manquante pour la naissance d'un enfant, par exemple, ou informations manquant totalement pour une grossesse) ont été exclues de l'analyse.

Les femmes n'ayant jamais mené une grossesse à terme ont été interrogées sur leurs épisodes contraceptifs depuis leur premier rapport jusqu'à la date de l'enquête : nous appelons l'ensemble de cette période *l'intervalle reproductif*. Les femmes ayant mené au moins une grossesse à terme ont été interrogées sur leurs épisodes contraceptifs entre le premier rapport et le début de la première grossesse, puis entre la première et la seconde grossesse, et ainsi de suite jusqu'à l'intervalle entre la dernière grossesse et l'enquête. Chacun de ces intervalles constitue un *intervalle reproductif*. Pour toutes les femmes ayant été enceintes au moins une fois, il y avait donc au moins 2 intervalles reproductifs, sauf pour celles qui étaient enceintes pour la première fois au moment de l'enquête pour lesquelles il n'y en avait qu'un. Le nombre maximum d'intervalles s'établit à 13 (ce qui correspond à 12 grossesses).

Pour chacun de ces intervalles, on posait la question suivante : « De... (*âge en début d'intervalle*) à... (*âge en fin d'intervalle*), c'est-à-dire pendant... années (*durée de l'intervalle*), entre votre... (*événement constituant le début d'intervalle*) et votre... (*événement marquant la fin de l'intervalle*), quelles sont TOUTES les méthodes de contraception que vous avez utilisées ? Pour chacune, pendant combien de temps ? N'oubliez pas les éventuelles périodes sans contraception ». L'enquêteur devait noter la première méthode mentionnée, et demander si d'autres méthodes avaient été utilisées simultanément (en combinaison). La femme pouvait déclarer n'avoir utilisé aucune méthode pendant cette période. La durée de chaque *épisode contraceptif* était demandée en années et mois. Les femmes qui n'avaient jamais été enceintes pouvaient déclarer jusqu'à 10 épisodes pour couvrir leur vie entière (en pratique, le maximum a été de 8). Les femmes ayant eu des grossesses pouvaient déclarer jusqu'à 5 épisodes dans chaque intervalle reproductif ; le nombre maximum d'épisodes déclarés s'établit à 19.

> Les réponses ont été enregistrées directement au moyen du logiciel d'interrogation CATI (*Computer Assisted Telephone Interview*). C'est celui-ci qui affichait les âges en début et fin d'intervalle reproductif et calculait la durée de l'intervalle (par simple différence des années d'âge). Les enquêteurs devaient, avec l'aide des personnes interrogées, s'efforcer de faire coïncider la somme des durées d'épisodes contraceptifs déclarés au sein d'un intervalle avec la durée totale de cet intervalle ; mais il n'y avait pas de procédure automatique de contrôle. L'ajustement n'était pas toujours facile car les durées des épisodes contraceptifs, bien que déclarées en années et mois, étaient souvent arrondies en années ou demi-années. On constate donc, *ex post*, que la durée totale des épisodes peut ne pas être égale à celle de l'intervalle reproductif. Pour rétablir la cohérence, on a corrigé les durées déclarées pour les divers épisodes proportionnellement à la durée totale de l'intervalle reproductif. La durée (ajustée) des épisodes varie de 1 mois à 26 ans.
>
> La liste des méthodes possibles comportait 14 items (y compris l'absence de méthode, que les enquêteurs devaient bien vérifier et spécifier), et les répondantes ont déclaré jusqu'à 5 méthodes simultanées. En cas d'absence de contraception (en dehors des périodes de grossesse), nous ne savons pas si la femme avait ou non des rapports sexuels, si elle cherchait à concevoir, si elle se savait (ou se pensait) stérile, ou bien si elle était effectivement exposée au risque de grossesse accidentelle.
>
> Nous avons ensuite recodé chaque épisode contraceptif dans une nomenclature simplifiée, reposant sur un classement hiérarchique des méthodes ou combinaisons de méthodes (par ordre d'efficacité décroissante) :
>
> 1) Stérilisation ;
> 2) Pilule + préservatif ;
> 3) Pilule (sans préservatif) ;
> 4) Stérilet ;
> 5) Préservatif ;
> 6) Autres méthodes (méthodes féminines locales, abstinence périodique, retrait, non spécifiée) ;
> 7) Aucune méthode.
>
> Dans les cinq premiers groupes, la méthode mentionnée est considérée comme « dominante » : d'autres méthodes moins efficaces peuvent être utilisées simultanément (une méthode naturelle, par exemple). Les catégories 2 et 3 ont parfois été regroupées.
>
> Nous avons aussi comparé la première méthode déclarée dans la biographie contraceptive (qui commence au premier rapport) avec les réponses aux questions portant spécifiquement sur la situation contraceptive lors du premier rapport. Dans 29 cas, on ne disposait pas de cette seconde information. Parmi les 1 647 cas restants, il y avait accord entre les deux déclarations deux fois sur trois exactement (67 %). En cas de discordance, on constate que 53 % des femmes ont déclaré ne pas avoir utilisé de méthode lors du premier rapport alors qu'elles ont fait commencer leur biographie contraceptive par un épisode de contraception. Nous avons donné la priorité à la question spécifique sur le premier rapport et, en cas de discordance, ajouté à la biographie contraceptive un épisode d'un mois contenant la méthode (ou l'absence de méthode) déclarée au premier rapport, tout en réajustant les durées des épisodes sur celle de l'intervalle reproductif complet. Au total, notre échantillon de 1 647 biographies comporte 8 695 épisodes contraceptifs.

1. Les biais pouvant affecter les données rétrospectives sur la contraception

L'échantillon interrogé en 2000 est représentatif de la population féminine résidant en France à cette date. Mais il ne l'est pas forcément des femmes présentes en France en 1988, par exemple, ce qui peut poser un problème de comparabilité avec l'échantillon interrogé en 1988 : outre la troncature des âges (les femmes de 18-44 ans en 2000 avaient 6-32 ans en 1988), dont il est facile de tenir compte, un processus de sélection a pu être à l'œuvre. Passons sur la sélection par la mortalité (certaines femmes présentes en 1988 peuvent être décédées en 2000) : les risques de décès sont très faibles à ces âges et ils sont encore plus faiblement liés à la pratique contraceptive. Les migrations pourraient avoir un effet plus important : la population présente en 2000 inclut des immigrées entrées en France depuis 1988 et, inversement, certaines femmes présentes en 1988 ont pu quitter le territoire avant 2000. Les données sur les mouvements migratoires au cours des dernières décennies montrent que le premier mouvement l'a constamment emporté, en France, sur le second, puisque tous les recensements ont donné un solde migratoire intercensitaire positif. On pourrait imaginer que ce solde positif masque un *turn-over* important, les migrants ne restant que peu de temps sur le territoire et étant ensuite remplacés par d'autres, plus nombreux. En fait, X. Thierry (2001) a montré que le taux de départ après l'entrée sur le territoire ne dépassait pas 35 % la première année, et l'on peut penser qu'il diminue ensuite. Néanmoins, certaines des femmes interrogées en 2000 rapportent donc une situation, pour 1988, qui était la leur alors qu'elles ne résidaient pas encore en France, et qu'elles ne pouvaient donc pas faire partie du champ couvert par l'enquête ERN. Les pratiques contraceptives étant en général sensiblement moins fréquentes dans leurs pays d'origine, ces femmes devraient donc déclarer moins souvent avoir eu recours à des méthodes contraceptives, ce qui devrait conduire à sous-estimer, dans les biographies, la pratique passée. On verra que nos résultats vont en sens inverse.

Par ailleurs, les biographies contraceptives sont composées d'une succession complexe d'épisodes d'utilisation et de non-utilisation de la contraception dépendant des comportements sexuels et reproductifs des femmes. On peut craindre des biais de mémoire ou de déclaration, en particulier pour les épisodes les plus anciens ou les plus brefs. À cet égard, une option possible pour la collecte est de distinguer entre les périodes d'utilisation « régulière » d'une méthode (au moins 6 mois d'usage continu, par exemple) et celles pendant lesquelles des méthodes ont pu être utilisées de façon sporadique (Toulemon et Leridon, 1991). Une option fréquente consiste aussi à ne recueillir que des biographies tronquées, limitées aux 5 dernières années par exemple. Dans l'enquête Cocon 2000, nous avons tenté de reconstruire tous les épisodes contraceptifs, quelles qu'en aient été la durée et l'ancienneté. Y sommes-nous parvenus ? Pouvons-nous détecter d'éventuels biais ? Quelles analyses ces données permettront-elles ? Nous allons tenter de répondre à ces questions.

Rappelons enfin que la biographie contraceptive n'a été recueillie que pour les femmes ayant eu des rapports sexuels : l'échantillon analysé n'est donc pas complètement représentatif pour les années récentes aux âges où une proportion significative des femmes n'ont pas encore eu de rapport. En pratique, étant donné que plus de 98 % des femmes de plus de 30 ans ont eu un premier rapport, on peut considérer que les estimations rétrospectives dérivées des biographies des femmes ayant au moins cet âge en 2000 sont quasiment sans biais. Et comme 96 % à 97 % des femmes ont eu un premier rapport avant 25 ans, le biais pour celles qui étaient âgées de 25-29 ans en 2000 serait au maximum de 3 % à 4 %, en supposant que toutes celles qui n'ont pas eu de rapport n'ont jamais utilisé de méthode contraceptive. Par exemple, pour les taux d'utilisation à 20-24 ans présentés ci-après, les données biographiques peuvent être utilisées sans crainte pour toutes les années antérieures à 1992, et ne risquent vraiment d'être biaisées que pour les années 1997-1999.

2. La comparaison des données biographiques avec celles des enquêtes transversales

Nous considérons que les données sur les comportements déclarés à la date de chacune des enquêtes « transversales » sont fiables. Leur qualité a d'ailleurs été vérifiée en 1978, 1988 et 1994 en confrontant l'utilisation déclarée pour la pilule et le stérilet avec celle résultant des statistiques de ventes (de Guibert-Lantoine et Leridon, 1998). Nous pouvons donc comparer les proportions d'utilisatrices, à chaque âge, observées dans chacune de ces trois enquêtes avec les valeurs obtenues pour les mêmes années dans les biographies collectées lors de l'enquête Cocon 2000[1]; en cas de décalage entre les données tirées des enquêtes transversales et celles issues des biographies, nous considérons que ces dernières surestiment ou sous-estiment l'emploi des différentes méthodes.

Comme on peut le voir sur la figure 2, qui présente les données relatives aux femmes de 20-24 ans, la prévalence globale (utilisation d'une méthode médicale ou traditionnelle quelconque) est toujours surestimée dans les données biographiques rétrospectives, pour toutes les années où la comparaison est possible. Le biais semble d'autant plus important que l'on remonte plus loin en arrière. Les répondantes ont donc soit raccourci des périodes de non-utilisation, soit – plus probablement – omis certaines de ces périodes, en particulier les plus courtes.

Venons-en maintenant aux reconstructions spécifiques par méthode. Nous distinguerons ici la pilule, le stérilet, le préservatif et les méthodes naturelles ou locales. On voit que les femmes surestiment l'utilisation de la pilule dans le passé, d'autant plus que l'on remonte plus loin. Si l'on fait la même comparaison pour les femmes de 25-29 ans et de 30-34 ans (données non présentées ici), on constate également une surestimation de l'utilisation de la pilule par le passé dans les biographies (mais moindre qu'aux âges plus jeunes). Il en est de même pour le stérilet, surtout au-delà de 30 ans. Au contraire, le recours aux méthodes naturelles est

---
[1] Les prévalences sont toujours estimées en milieu d'année, c'est-à-dire pour le mois de juin de chaque année.

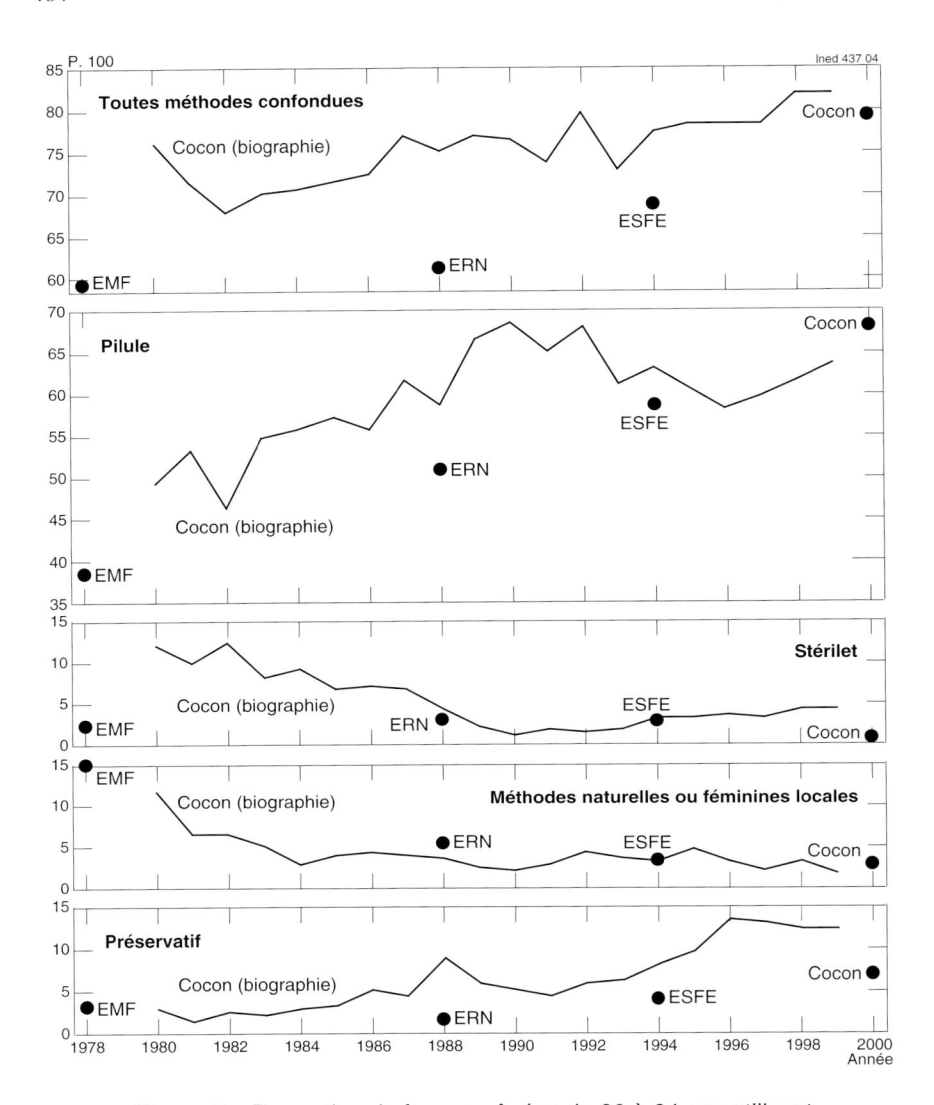

Figure 2.– Proportion de femmes âgées de 20 à 24 ans utilisant
diverses méthodes de contraception (pilule, stérilet, méthodes naturelles
ou féminines locales, préservatif) en 1978, 1988, 1994 et 2000,
d'après les enquêtes transversales et selon les biographies collectées
dans l'enquête Cocon 2000 (en %)

Lecture : parmi les femmes interrogées lors de l'enquête Cocon sur leur biographie contraceptive qui avaient 20-24 ans en 1994 (26-30 ans en 2000), 77,5 % ont déclaré avoir utilisé une méthode de contraception à ces âges ; lors de l'enquête sur les situations familiales et l'emploi réalisée en 1994, 68,8 % des femmes de 20-24 ans avaient déclaré utiliser une méthode de contraception.
Sources : Ined, enquête mondiale de fécondité, 1978, enquête Régulation des naissances, 1988 (Toulemon et Leridon, 1991) et enquête sur les situations familiales et l'emploi, 1994 (de Guibert-Lantoine et Leridon, 1998) ; Inserm/Ined, enquête Cocon, 2000.

légèrement sous-estimé dans la rétrospective. Quant au préservatif, son usage n'est surestimé que pour le passé récent, depuis la fin des années 1980 pour les 18-24 ans, depuis le début des années 1990 pour les 25-29 ans et à la fin des années 1990 pour les 30-34 ans. La surdéclaration se manifeste donc après les campagnes contre le sida, et l'écart se maintient avec la progression de l'usage du préservatif, ce qui suggère que les biais de mémoire ne résultent pas seulement d'omissions d'épisodes d'emploi courts (qui peuvent particulièrement concerner les méthodes non médicales), ou du type de méthode (les méthodes « naturelles » pourraient être plus facilement oubliées), mais aussi des normes en vigueur : l'utilisation du préservatif en début de relation sexuelle n'est socialement valorisée et donc attendue que dans les générations qui ont été tout spécialement concernées par les campagnes de prévention.

3. Conclusion sur la qualité des données biographiques

Dans leurs déclarations rétrospectives, les personnes interrogées tendent à sous-estimer les périodes de non-contraception et d'utilisation de méthodes naturelles, probablement en omettant de déclarer les plus courts de ces épisodes. Il en résulte une surestimation des périodes d'utilisation de méthodes médicales (qui incluent *de facto* certains des épisodes précédents) et une surestimation globale du recours à la contraception. Dans leur analyse de données comparables collectées en 1988, Toulemon et Leridon (1991) étaient arrivés à des conclusions identiques. Pour le préservatif, la surestimation constatée est sans doute fortement liée à des attitudes normatives qui se sont développées à la suite des campagnes de protection contre le VIH.

Pourtant, malgré ces divergences de détail, les données issues des biographies rétrospectives reflètent de façon remarquable les évolutions et la place relative des diverses méthodes, si l'on admet que les données des enquêtes transversales constituent une référence exacte. Il faut à cet égard rappeler que les « biais de sélection » éventuels, résultant du fait que les femmes récemment immigrées ne pouvaient pas être représentées dans les échantillons des enquêtes plus anciennes, auraient plutôt dû conduire à une sous-estimation de la pratique contraceptive dans les biographies au lieu de la surestimation observée. Il est probable que le poids de ces femmes dans l'échantillon 2000 (compte tenu de la difficulté à interroger des femmes très récemment immigrées, pour des raisons de langue ou de non-accès au téléphone) est en fait trop faible pour modifier fortement les résultats obtenus.

Ceci nous incite maintenant à utiliser les données rétrospectives pour reconstituer les pratiques des très jeunes femmes (entre 15 et 18 ans) au cours des années 1980 et 1990, puisqu'elles n'ont pas pu être directement observées dans les enquêtes transversales. Les niveaux de pratique seront peut-être un peu biaisés, mais on peut espérer mettre au jour des tendances réelles et le poids relatif des diverses méthodes.

III. L'analyse des données biographiques : l'entrée dans la vie sexuelle et contraceptive au cours des années 1990

Le déclin continu de la fécondité avant 30 ans ainsi que, dans une moindre mesure, le remplacement progressif des méthodes naturelles par les méthodes médicales qui s'achève à cette époque expliquent bien l'augmentation continue de la prévalence de la pilule au cours des années 1990 chez les femmes de 20 à 29 ans. Cette interprétation ne peut cependant pas s'appliquer aux moins de 20 ans, dont la fécondité était déjà très faible à la fin des années 1980, et qui n'utilisaient plus de méthodes naturelles à cette époque.

1. L'âge et la contraception aux premiers rapports

Les femmes de 18-19 ans déclarent une activité sexuelle plus importante en 2000 qu'en 1988 : cette évolution expliquerait-elle une partie de l'augmentation de l'emploi de la pilule ? Ce n'est pas forcément que, dans les générations successives, le premier rapport ait été plus précoce (tableau 4) : l'âge médian au premier rapport (qui marque, par définition, le début de la biographie contraceptive) ne montre qu'une très légère tendance à la baisse entre les générations 1956 et 1980. Ces données sont en accord avec celles de l'enquête ACSF (cf. figure 3), qui montrent que la baisse a été marquée jusqu'aux générations nées vers 1956-1960 et que l'âge médian s'est ensuite stabilisé autour de 18 ans. L'analyse des données selon l'année du premier rapport (première ligne du tableau 6) donne aussi une image de grande stabilité au cours des vingt-cinq dernières années, avec un âge médian dépassant légèrement 18 ans.

TABLEAU 4.– ÂGE MÉDIAN AU PREMIER RAPPORT SEXUEL PAR GÉNÉRATION, 1956-1982 (EN ANNÉES)

	Âge au 1er janvier 2001 (années de naissance)						
	40-44 ans (1956-1960)	35-39 ans (1961-1965)	30-34 ans (1966-1970)	25-29 ans (1971-1975)	20-24 ans (1976-1980)	18-19 ans (1981-1982)	Ensemble (1956-1982)
Âge médian au 1er rapport	18,4	17,9	18,1	18,3	17,9	17,6	18,1
Effectif	554	668	629	578	336	98	2 863
Champ : ensemble des femmes interrogées à l'enquête Cocon, âgées de 18 à 44 ans en 2000. Source : Inserm/Ined, enquête Cocon 2000.							

En revanche, le tableau 5 indique que la nature du premier épisode contraceptif (qui commence donc avec le premier rapport) a très fortement évolué au cours des trois dernières décennies. Alors que près de la moitié des répondantes qui avaient eu leur premier rapport avant 1980 n'avaient

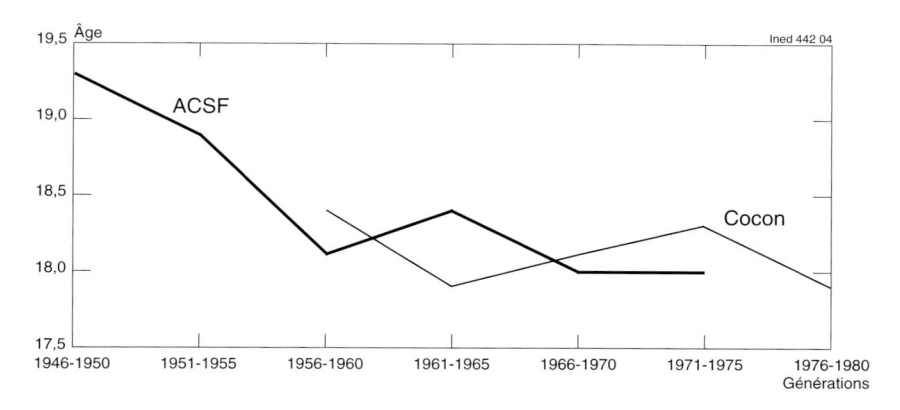

Figure 3. – Âge médian des femmes au premier rapport sexuel par génération
Sources : Inserm/Ined, enquête Cocon 2000 ; ACSF : Spira *et al.* (1993)
(calculs spécifiques des auteurs).

Tableau 5. – Méthode contraceptive utilisée au premier rapport, 1968-2000 (en %)

	Année du premier rapport						
	1968-1974	1975-1979	1980-1984	1985-1989	1990-1994	1995-2000	Ensemble
Proportion de femmes utilisant une méthode au 1ᵉʳ rapport	52,8	51,9	69,3	73,4	80,9	95,7	72,1
dont :							
Pilule et préservatif	0,0	3,2	2,6	4,6	9,8	22,9	7,5
Pilule (sans préservatif)	14,5	27,6	46,8	40,0	21,0	8,5	28,4
Stérilet (DIU)	0,0	0,1	0,2	0,0	0,0	0,0	0,1
Préservatif	23,2	10,4	15,1	23,1	48,2	62,7	30,5
Autre méthode	15,1	10,6	4,6	5,7	1,9	1,6	5,6
N'utilisant pas de méthode	47,2	48,1	30,7	26,6	19,1	4,3	27,9
Ensemble	100,0	100,0	100,0	100,0	100,0	100,0	100,0
Effectif	90	309	396	351	345	156	1 647

Champ : femmes nées entre 1956 et 1982, âgées de 18 à 44 ans en 2000 et sélectionnées au hasard parmi toutes les répondantes à l'enquête Cocon pour répondre à la biographie contraceptive (*n* = 1 647) ; l'unique condition du tirage était d'avoir déjà eu des rapports sexuels.
Source : Inserm/Ined, enquête Cocon 2000.

pas utilisé de contraceptif (47 % en 1968-1974 et 48 % en 1975-1979), la pilule s'est imposée comme méthode principale au cours des années 1980 (47 % en 1980-1984, 40 % en 1985-1989). À la fin des années 1980, néanmoins, plus d'une femme sur quatre ne se protégeait toujours pas contre une grossesse imprévue lors de son premier rapport : 31 % en 1980-1984 et 27 % en 1985-1989. Par la suite, c'est le préservatif qui est devenu la méthode favorite au premier rapport, avec 48 % d'utilisatrices en 1990-1994 et 63 % (près de deux femmes sur trois) en 1995-2000, tandis que la pilule – employée seule – tombait à moins de 10 % en 1995-2000. La chute est plus limitée si l'on considère l'emploi simultané des deux méthodes, qui était le fait de 10 % des femmes à leur premier rapport en 1990-1994 et de 23 % en 1995-2000. Les premiers rapports sans protection sont en même temps devenus rares : 19 % en 1990-1994 et moins de 5 % en 1995-2000. Ce dernier résultat traduit sans aucun doute le succès des politiques mises en œuvre pour sensibiliser les jeunes aux risques du VIH.

2. La contraception après le premier rapport

L'étude des deux premiers épisodes de la biographie contraceptive va nous aider à mieux comprendre l'accroissement simultané de l'utilisation de la pilule et du préservatif chez les plus jeunes femmes.

Le tableau 6 nous montre d'abord comment la généralisation de l'utilisation du préservatif au premier rapport dans les années 1990 a repoussé à plus tard la première utilisation de la pilule. Nous avons calculé les pourcentages de femmes ayant eu recours à la pilule dès le premier rapport ou dans les 12 mois suivant ce rapport, les durées médianes ou moyennes avant utilisation de la méthode ne pouvant pas être calculées pour les femmes ayant eu leur premier rapport peu de temps avant l'enquête. Parmi les femmes ayant eu leur premier rapport en 1980-1984, près de 80 % avaient utilisé la pilule dans les 12 mois suivants, et 18 % le préservatif ; pour celles qui ont eu un premier rapport en 1995-2000, les proportions passent respectivement à 53 % et 65 % – avec un âge au premier rapport quasi identique. Les cas d'utilisation conjointe des deux méthodes dans les 12 mois suivant le premier rapport progressent aussi tout au long des vingt dernières années, passant de 4 % pour les premiers rapports entre 1980 et 1984 à 31 % pour les premiers rapports entre 1995 et 2000. En d'autres termes, en raison d'un recours de plus en plus fré-

TABLEAU 6.– ÂGE MÉDIAN AU PREMIER RAPPORT, ET PROPORTION DE FEMMES COMMENÇANT D'UTILISER LA PILULE OU LE PRÉSERVATIF DANS LES 12 MOIS SUIVANT CE RAPPORT, PAR ANNÉE DU PREMIER RAPPORT (1975-2000)

	Année du premier rapport				
	1975-1979	1980-1984	1985-1989	1990-1994	1995-2000
Âge médian au 1er rapport	18,2	18,1	18,3	18,0	18,0
Utilisation de la pilule dans les 12 mois suivant le 1er rapport (%)	66	79	70	51	53
Utilisation du préservatif dans les 12 mois suivant le 1er rapport (%)	15	18	32	58	65
Utilisation conjointe de la pilule et du préservatif dans les 12 mois suivant le 1er rapport (%)	5	4	18	19	31
Effectif	309	396	351	345	156

Champ : femmes nées entre 1956 et 1982, âgées de 18 à 44 ans en 2000 et sélectionnées au hasard parmi toutes les répondantes de l'enquête Cocon pour répondre à la biographie contraceptive (n = 1647) ; l'unique condition du tirage était d'avoir déjà eu des rapports sexuels.
Source : Inserm/Ined, enquête Cocon 2000.

quent au préservatif comme première méthode de contraception, les jeunes femmes repoussent le recours à la pilule : celle-ci est utilisée pour la première fois plus tard.

Mais comment s'articulent dans le détail les utilisations successives ou simultanées du préservatif et de la pilule ? Pour simplifier la présentation, nous comparons deux périodes : le début des années 1980 et la fin des années 1990. Nous nous limitons aussi à trois situations : l'usage de la pilule (seule ou avec le préservatif), du préservatif seul, et les autres situations (y compris l'absence de méthode qui en constitue le groupe principal). Étant donné que dans la construction des biographies, le passage de l'utilisation de la pilule seule à l'emploi simultané de la pilule et du préservatif (ou l'inverse) entraîne l'ouverture d'un nouvel épisode, nous pourrons retrouver dans les parcours décrits ici deux épisodes successifs portant le même libellé « pilule seule ou pilule avec préservatif », par exemple, correspondant en fait à ce type de changement. Pour chacune des périodes, nous avons calculé les durées moyennes de chacun des deux épisodes (tableau 7), puis la répartition des secondes méthodes selon la première, et les différents parcours d'entrée dans la contraception (tableau 8).

On voit tout d'abord (tableau 7) que les méthodes liées à l'acte sexuel sont utilisées pendant des durées plus courtes que les méthodes médicalisées de contraception : les épisodes d'utilisation de la pilule (ou de la pilule avec le préservatif) sont plus longs que les épisodes d'utilisation du préservatif ou d'une autre méthode (ou aucune), quels que soient la pé-

TABLEAU 7.– DURÉE MOYENNE (EN ANNÉES) DES PREMIER ET DEUXIÈME ÉPISODES CONTRACEPTIFS SELON LA MÉTHODE UTILISÉE ET L'ANNÉE DU PREMIER RAPPORT SEXUEL

	Premier rapport en 1980-1984	Premier rapport en 1995-2000
Premier épisode contraceptif		
Pilule (seule ou avec préservatif)	5,1	3,6
Préservatif	2,6	1,5
Rien ou autre méthode	2,1	4,0
Ensemble	2,9	1,9
Effectif	396	156
Deuxième épisode contraceptif		
Pilule (seule ou avec préservatif)	4,8	6,4
Préservatif	3,5	5,4
Rien ou autre méthode	1,9	1,6
Ensemble	3,5	5,9
Effectif	391	131

Méthode : les durées ont été calculées au moyen de tables de survie pour tenir compte des périodes en cours au moment de l'enquête. Pour la période la plus récente, les données tronquées ont été complétées par des valeurs identiques à celles observées dans la période plus ancienne.
Champ : femmes sélectionnées au hasard parmi toutes les répondantes à l'enquête Cocon pour répondre à la biographie contraceptive (l'unique condition du tirage était d'avoir déjà eu des rapports sexuels) et ayant eu leur premier rapport entre 1980 et 1984 ($n = 396$) ou entre 1995 et 2000 ($n = 156$).
Source : Inserm/Ined, enquête Cocon 2000.

riode considérée et le rang de l'épisode (à l'exception des premiers épisodes contraceptifs pour les femmes ayant eu un premier rapport en 1995-2000). Ces durées peuvent être, rappelons-le, légèrement surestimées, les épisodes les plus courts ayant pu être omis. Comparant les femmes entrées en vie sexuelle au début des années 1980 avec celles qui y sont entrées à la fin des années 1990, on voit que le premier épisode contraceptif s'est raccourci (2,9 ans en moyenne contre 1,9 an) et que le deuxième épisode s'est allongé (3,5 ans au lieu de 5,9 ans), une conséquence de la généralisation de l'usage du préservatif comme première méthode, et du report de l'adoption de la pilule en tant que deuxième méthode.

La durée moyenne de l'utilisation du préservatif comme première méthode reste toutefois relativement longue dans les années 1990 : les jeunes ayant eu leur premier rapport entre 1995 et 2000, dont 62,5 % ont utilisé le préservatif comme première méthode, l'ont utilisé pendant 1,5 an en moyenne. Ce résultat est assez surprenant : les études permettant de suivre l'histoire des relations sexuelles et affectives ont montré que la plupart des couples abandonnent le préservatif en faveur de la pilule après quelques mois seulement, le test du sida pouvant devenir une nouvelle étape dans la construction des relations (Lagrange et Lhomond, 1997). Outre le fait que notre instrument de collecte, la biographie rétrospective, manque de finesse pour capter les allers et retours rapides entre méthodes, nos résultats peuvent indiquer que les relations en tout début de vie sexuelle sont souvent courtes. Les jeunes femmes utiliseraient ainsi le préservatif durant une période assez longue caractérisée par des relations courtes, et ne passeraient (rapidement) à la pilule qu'une fois entrées dans une relation plus stable.

Examinons maintenant le contenu des deux premiers épisodes contraceptifs (tableaux 8A et 8B). Environ la moitié des femmes ayant eu leur premier rapport entre 1980 et 1984 (49,4 %) commencent par utiliser la pilule (comme on l'a vu au tableau 5) ; parmi elles, 60 % ont ensuite abandonné toute contraception (ou ont recouru à une méthode naturelle). 35,5 % des femmes ayant commencé leur vie sexuelle à la même époque n'ont d'abord utilisé aucune méthode (ou seulement une méthode naturelle) ; près des trois quarts d'entre elles sont ensuite passées à la pilule. Les deux parcours les plus fréquents en début de vie sexuelle, dans les années 1980-1984, étaient donc soit de commencer par la pilule puis d'interrompre toute méthode, soit symétriquement de n'utiliser aucune méthode pendant 2 ans puis la pilule pendant 5 ans (en moyenne) ; ensemble, ces deux parcours regroupent près de 56 % des femmes. Quant aux autres, 13,7 % ont déclaré deux épisodes successifs de pilule (l'un des deux étant avec préservatif), et seulement 16,8 % n'ont utilisé la pilule ni au cours du premier ni au cours du second épisode. En tout, 47,7 % des femmes utilisent la pilule au cours de leur deuxième épisode contraceptif, en moyenne après 2,9 ans de vie sexuelle.

TABLEAU 8A. – CONTENU DES DEUX PREMIERS ÉPISODES CONTRACEPTIFS POUR LES FEMMES AYANT EU LEUR PREMIER RAPPORT ENTRE 1980 ET 1984

	Premier rapport entre 1980 et 1984				
	Premier épisode contraceptif (%)	Deuxième épisode contraceptif (%)	Distribution du deuxième épisode conditionnellement au premier (%)		Distribution des parcours (%)
Pilule ou pilule et préservatif	49,4	47,7	Pilule ou pilule et préservatif	27,8	13,7
			Préservatif	12,0	5,9
			Rien ou autre	60,2	29,7
Préservatif	15,1	9,2	Pilule ou pilule et préservatif	53,3	8,1
			Préservatif	3,1	0,5
			Rien ou autre	43,6	6,6
Rien ou autre méthode	35,5	43,2	Pilule ou pilule et préservatif	72,8	25,9
			Préservatif	7,9	2,8
			Rien ou autre	19,3	6,9
Effectif	396	391		391	391

Champ : femmes sélectionnées au hasard parmi toutes les répondantes de l'enquête Cocon pour répondre à la biographie contraceptive (l'unique condition du tirage était d'avoir déjà eu des rapports sexuels) et ayant eu leur premier rapport entre 1980 et 1984 ($n = 396$).
Source : Inserm/Ined, enquête Cocon 2000.

TABLEAU 8B. – CONTENU DES DEUX PREMIERS ÉPISODES CONTRACEPTIFS POUR LES FEMMES AYANT EU LEUR PREMIER RAPPORT ENTRE 1995 ET 2000

	Premier rapport entre 1995 et 2000				
	Premier épisode contraceptif (%)	Deuxième épisode contraceptif (%)	Distribution du deuxième épisode conditionnellement au premier (%)		Distribution des parcours (%)
Pilule ou pilule et préservatif	31,4	78,7	Pilule ou pilule et préservatif	75,7	23,8
			Préservatif	7,9	2,5
			Rien ou autre	16,4	5,1
Préservatif	62,7	7,0	Pilule ou pilule et préservatif	84,5	53,0
			Préservatif	1,1	0,7
			Rien ou autre	14,4	9,0
Rien ou autre méthode	5,9	14,3	Pilule ou pilule et préservatif	31,8	1,9
			Préservatif	64,2	3,8
			Rien ou autre	4,0	0,2
Effectif	156	131		131	131

Champ : femmes sélectionnées au hasard parmi toutes les répondantes de l'enquête Cocon pour répondre à la biographie contraceptive (l'unique condition du tirage était d'avoir déjà eu des rapports sexuels) et ayant eu leur premier rapport entre 1995 et 2000 ($n = 156$).
Source : Inserm/Ined, enquête Cocon 2000.

Quinze ans plus tard, pour les premiers rapports en 1995-2000, le tableau est très différent. Dans près de deux cas sur trois (62,7 %), le préservatif est utilisé en premier ; dans la très grande majorité des cas (84,5 %), il laisse ensuite la place à la pilule. Ce parcours est le fait de 53 % des femmes. C'est donc maintenant le préservatif qui est la méthode la plus souvent employée en premier, au lieu de la pilule au début des années 1980. Toutefois, près d'une femme sur quatre (23,8 %) a déclaré deux épisodes successifs de pilule, le plus souvent parce que le premier épisode était une association de pilule et de préservatif. Et finalement, on constate à nouveau que moins d'une femme sur cinq n'a utilisé la pilule durant aucun des deux premiers épisodes contraceptifs (13,7 %). En tout, 78,7 % des femmes utilisent la pilule au cours de leur deuxième épisode contraceptif, en moyenne après 1,9 an de vie sexuelle.

La proportion d'utilisatrices de la pilule chez les mineures a donc logiquement baissé avec l'accès du préservatif au rang de première méthode de contraception. Mais le préservatif a aussi remplacé à la fin des années 1990 l'absence de contraception en début de vie sexuelle, qui était encore fréquente (et durait longtemps) au début des années 1980 ; les femmes qui commencent leur vie sexuelle avec le préservatif à la fin des années 1990 adoptent plus rapidement et plus systématiquement la pilule que les femmes qui commençaient leur vie sexuelle sans méthode de contraception ou avec le préservatif au début des années 1980. Ce phénomène explique que les adolescentes accèdent *en moyenne* plus rapidement à la pilule dans les années 1990 que dans les années 1980 (et donc qu'une proportion plus importante des 18-19 ans utilisent la pilule), même si l'accès à la pilule est plus souvent précédé d'une période d'utilisation du préservatif seul (et donc qu'une proportion moins importante de mineures utilisent la pilule). Une interprétation possible de ce phénomène est que le préservatif facilite le passage à la pilule : il imprimerait une logique de prévention aux actes sexuels qui conduirait les jeunes à mieux prendre en compte les risques de grossesse non prévue, et donc à adopter plus souvent une méthode médicale de contraception. Il est également possible que la logique de diffusion des méthodes médicales se soit poursuivie durant cette période aux âges jeunes, se traduisant par une couverture contraceptive toujours plus étendue (moins de rapports non protégés), sans que l'émergence du sida et la diffusion du préservatif n'aient interféré durablement avec ce processus.

3. *La contraception au cours des brèves relations affectives*

On peut se demander si le passage du préservatif à la pilule est moins fréquent quand les jeunes femmes n'ont que de brèves relations avec leurs partenaires. Nous avons sélectionné des femmes dont la première relation avait duré moins d'un an, en comparant celles qui avaient respectivement eu un premier rapport en 1980-1984 et en 1995-2000. Parmi les femmes ayant débuté leur vie sexuelle entre 1980 et 1984, la première relation a duré moins de 12 mois dans 38,4 % des cas ; parmi celles qui ont débuté leur vie sexuelle quinze ans plus tard, cette proportion atteint 51 % (il peut s'agir ici d'une première relation de moins de 12 mois qui est en cours au moment de l'enquête).

Il y a vingt ans, les femmes débutant par une relation de courte durée avaient plus souvent un premier rapport sans protection que l'ensemble des femmes (46 % au lieu de 35 %) et elles utilisaient moins souvent la pilule (36 % contre 49 %) (tableaux 10A et 8A). La transition vers le second épisode ne dépendait cependant pas de la durée de la première relation, même si l'on observe une plus grande propension à arrêter toute méthode après l'usage du préservatif et une moindre propension à arrêter la contraception après un premier épisode de pilule parmi les femmes ayant eu une première relation courte. Pour ces femmes, les durées d'utilisation du préservatif et d'absence de méthode sont aussi plus brèves que pour les autres femmes (tableaux 7 et 9).

Pour les relations commencées à la fin des années 1990, les différences sont moins marquées selon la durée de la première relation. Les utilisations de la pilule ou du préservatif au premier rapport sont indépendantes de la durée de la première relation, comme la fréquence des transitions du préservatif à la pilule (tableaux 10B et 8B). La seule différence notable s'observe dans la durée des rares cas où aucune méthode

TABLEAU 9. – DURÉE MOYENNE (EN ANNÉES) DES PREMIER ET DEUXIÈME ÉPISODES CONTRACEPTIFS SELON LA MÉTHODE UTILISÉE ET L'ANNÉE DU PREMIER RAPPORT SEXUEL : FEMMES DONT LA PREMIÈRE RELATION A DURÉ MOINS DE 12 MOIS

	Premier rapport en 1980-1984	Premier rapport en 1995-2000
Premier épisode contraceptif		
Pilule (seule ou avec préservatif)	5,0	4,2
Préservatif	1,7	2,0
Rien ou autre méthode	0,8	0,6
Ensemble	3,4	1,4
Effectif	152	78
Deuxième épisode contraceptif		
Pilule (seule ou avec préservatif)	5,0	6,3
Préservatif	1,7	7,1
Rien ou autre méthode	0,8	2,2
Ensemble	4,3	4,8
Effectif	150	61

Méthode : les durées ont été calculées au moyen de tables de survie pour tenir compte des périodes en cours au moment de l'enquête.
Champ : femmes sélectionnées au hasard parmi toutes les répondantes de l'enquête Cocon pour répondre à la biographie contraceptive (l'unique condition du tirage était d'avoir déjà eu des rapports sexuels) dont la première relation a duré moins de 12 mois, et ayant eu leur premier rapport entre 1980 et 1984 ($n = 152$) ou entre 1995 et 2000 ($n = 78$).
Source : Inserm/Ined, enquête Cocon 2000.

TABLEAU 10A. – CONTENU DES DEUX PREMIERS ÉPISODES CONTRACEPTIFS DES FEMMES AYANT EU LEUR PREMIER RAPPORT ENTRE 1980 ET 1984 ET DONT LA PREMIÈRE RELATION A DURÉ MOINS DE 12 MOIS

	Premier rapport entre 1980 et 1984				
	Premier épisode contraceptif (%)	Deuxième épisode contraceptif (%)	Distribution du deuxième épisode conditionnellement au premier (%)		Distribution des parcours (%)
Pilule ou pilule et préservatif	36,4	55,0	Pilule ou pilule et préservatif	34,6	12,6
			Préservatif	13,6	4,9
			Rien ou autre	51,8	18,9
Préservatif	17,3	10,3	Pilule ou pilule et préservatif	42,1	7,3
			Préservatif	0,8	0,1
			Rien ou autre	57,1	9,9
Rien ou autre méthode	46,3	34,7	Pilule ou pilule et préservatif	75,9	35,1
			Préservatif	11,4	5,3
			Rien ou autre	12,7	5,9
Effectif	152	150		150	150

Champ : femmes sélectionnées au hasard parmi toutes les répondantes de l'enquête Cocon pour répondre à la biographie contraceptive (l'unique condition du tirage était d'avoir déjà eu des rapports sexuels) dont la première relation a duré moins de 12 mois, et ayant eu leur premier rapport entre 1980 et 1984 ($n = 152$).
Source : Inserm/Ined, enquête Cocon 2000.

TABLEAU 10B. – CONTENU DES DEUX PREMIERS ÉPISODES CONTRACEPTIFS DES FEMMES AYANT EU LEUR PREMIER RAPPORT ENTRE 1995 ET 2000 ET DONT LA PREMIÈRE RELATION A DURÉ MOINS DE 12 MOIS

	Premier rapport entre 1995 et 2000				
	Premier épisode contraceptif (%)	Deuxième épisode contraceptif (%)	Distribution du deuxième épisode conditionnellement au premier (%)		Distribution des parcours (%)
Pilule ou pilule et préservatif	31,6	80,2	Pilule ou pilule et préservatif	90,4	28,6
			Préservatif	0,0	0,0
			Rien ou autre	9,6	3,0
Préservatif	62,5	5,5	Pilule ou pilule et préservatif	79,8	49,9
			Préservatif	2,1	1,3
			Rien ou autre	18,1	11,3
Rien ou autre méthode	5,9	14,3	Pilule ou pilule et préservatif	29,3	1,7
			Préservatif	70,7	4,2
			Rien ou autre	0,0	0,0
Effectif	78	61		61	61

Champ : femmes sélectionnées au hasard parmi toutes les répondantes de l'enquête Cocon pour répondre à la biographie contraceptive (l'unique condition du tirage était d'avoir déjà eu des rapports sexuels) dont la première relation a duré moins de 12 mois, et ayant eu leur premier rapport entre 1995 et 2000 ($n = 78$).
Source : Inserm/Ined, enquête Cocon 2000.

n'était employée en début de relation : l'épisode est alors nettement plus court avant que les femmes ne passent à la pilule ou au préservatif (tableaux 9 et 7).

Conclusion

On collecte assez rarement des biographies contraceptives complètes parce qu'on les croit *a priori* peu fiables. Nous avons montré que la qualité des données rétrospectives collectées dans l'enquête Cocon permet une analyse convenable de la hiérarchie des différentes méthodes à chaque date et de leur évolution dans le temps. Comme les enquêtes transversales sur l'usage de la contraception effectuées à intervalles réguliers en France ne contenaient pas d'information sur les comportements des femmes de moins de 18 ou 20 ans, nous avons tiré parti des biographies collectées en 2000 pour étudier les premières étapes de la pratique contraceptive et les effets de l'émergence du sida sur cette pratique.

Les enquêtes transversales montrent un fort accroissement de l'usage du préservatif dans les années 1990, en réponse aux campagnes de prévention du VIH. C'est particulièrement vrai entre 18 et 30 ans, âges auxquels l'utilisation de la pilule et la couverture contraceptive globale augmentent également ; chez les 18-19 ans, on constate aussi une diminution des rapports sexuels non protégés.

La diffusion continue de la pilule chez les femmes de 20-29 ans au cours de la décennie 1990-1999 s'explique pour partie par un recul des méthodes traditionnelles ; mais depuis le milieu des années 1990, ces dernières ont pratiquement disparu. L'autre explication réside dans le retard croissant du calendrier des naissances : les femmes de moins de 30 ans interrompent moins souvent la prise de pilule pour chercher à concevoir (et donc ensuite pendant la grossesse). La naissance de leur premier enfant étant retardée, elles passent aussi moins vite au stérilet, celui-ci étant rarement prescrit à des femmes sans enfant. Mais même à parité égale, on a montré ailleurs que la pilule tendait à supplanter le stérilet.

Nos données rétrospectives montrent que le préservatif a progressivement remplacé la pilule lors du premier rapport à partir des années 1990. La substitution n'a cependant été que partielle, car de plus en plus de femmes ont utilisé les deux méthodes simultanément. Le préservatif a aussi permis d'avoir des premiers rapports qui, autrement, n'auraient pas été protégés, et de favoriser l'installation de comportements de protection : les biographies montrent qu'un premier épisode avec préservatif à la fin des années 1990 est suivi d'un épisode avec pilule plus fréquemment qu'un premier épisode sans contraception au début des années 1980 n'était suivi d'une utilisation de la pilule. Au début de la décennie 1980, les jeunes femmes dont la première relation était brève (moins d'un an) commençaient plus souvent que les autres leur vie sexuelle sans contraception ; la diffusion du préservatif a ensuite effacé les différences selon la durée de la première relation. Nous pouvons donc conclure, comme Beltzer et Grémy (2000, p. 83) :

> « La généralité des messages de prévention, basés sur le tout préservatif, s'intègre au niveau du comportement individuel en se transformant en une maîtrise spécifique des différentes stratégies, tenant compte de la situation relationnelle. »

Les individus qui ont été touchés par les messages de promotion du préservatif dans le but de prévenir les maladies sexuellement transmissibles les ont pris en compte dans toutes les formes de leurs relations sexuelles, et n'ont pas oublié pour autant la protection strictement contraceptive, comme l'atteste la fréquence du recours simultané à la pilule et au préservatif.

Remerciements. L'enquête Cocon a été réalisée avec le soutien financier de l'Inserm, de l'Ined et du laboratoire Wyeth-Lederlé.

RÉFÉRENCES

Bajos N., Bozon M., 1999, « La sexualité à l'épreuve de la médicalisation : le Viagra », *Actes de la recherche en sciences sociales*, n° 128, p. 34-37.

Bajos N., Warszawski J., Gremy I., Ducot B., 2001, « Aids and contraception: Unanticipated effects of aids prevention campaigns », *European Journal of Public Health*, 11(3), p. 257-263.

Bajos N., Ferrand M. et le Groupe GINE, 2002, *De la contraception à l'avortement : sociologie des grossesses non prévues*, Paris, Inserm.

Beaumel C., Doisneau L., Vatan M., 2002, *La situation démographique en 2000*, Paris, Insee (Insee Résultats Société n° 10).

Beltzer N., Grémy I. et le Groupe NEM Europe, 2000, *Histoire sexuelle d'une relation entre deux partenaires : comment est géré le risque du VIH – Enquête KABP 1998*, Paris, Observatoire régional de la santé d'Île-de-France.

Bulletin médical de l'IPPF, 2000, « Déclaration de l'IMAP sur la double protection contre la grossesse non désirée et les infections sexuellement transmissibles, dont l'infection par le VIH », 34(4).

Cassan F., Mazuy M., Clanché F., 2001, « Refaire sa vie de couple est plus fréquent pour les hommes », *Insee première* n° 797.

Collomb P., 1979, « La diffusion des méthodes contraceptives modernes en France de 1971 à 1978 », *Population*, 34(6), p. 1045-1066.

Giami A., 2000, « Médicalisation de la société et médicalisation de la sexualité », *in* Jardi A., Queneau P., Giuliano F. (éd.), *Progrès thérapeutiques : la médicalisation de la sexualité en question*, Paris, John Libbey Eurotext, p. 121-130.

Guibert-Lantoine C. (de), Leridon H., 1998, « La contraception en France : un bilan après 30 ans de libéralisation », *Population*, 53(4), p. 785-812.

Guilbert P., Baudier F., Gautier A. (éd.), 2001, *Baromètre Santé 2000. Résultats*, Paris, Éditions CFES.

Kafé H., Brouard N., 2000, « Comment ont évolué les grossesses chez les adolescentes depuis 20 ans ? », *Population et Sociétés*, n° 361.

Lagrange H., Lhomond B. (éd.), 1997, *L'entrée dans la sexualité. Le comportement des jeunes dans le contexte du sida*, Paris, Éditions de La Découverte.

Leridon H., Oustry P., Bajos N. et le Groupe Cocon, 2002, « La médicalisation croissante de la contraception en France », *Population et Sociétés*, n° 381.

OBSERVATOIRE RÉGIONAL DE LA SANTÉ D'ÎLE-DE-FRANCE, 2001, *Les connaissances, attitudes, croyances et comportements face au VIH/Sida en France. Évolutions 1992, 1994, 1998, 2001*, Paris, ORS.

SARDON J.-P., 1986, « La collecte des données sur les pratiques contraceptives : les enseignements de l'enquête Ined-Insee de 1978 », *Population*, 41(1), p. 73-92.

SPIRA A., BAJOS N. et le Groupe ACSF, 1993, *Les comportements sexuels en France*, Paris, La Documentation française.

THIERRY X., 2001, « La fréquence de renouvellement des premiers titres de séjour », *Population*, 56(3), p. 451-468.

TOULEMON L., LERIDON H., 1991, « Vingt années de contraception en France : 1968-1988 », *Population*, 46(4), p. 777-812.

TOULEMON L., LERIDON H., 1992, « Maîtrise de la fécondité et appartenance sociale : contraception, grossesses accidentelles et avortements », *Population*, 47(1), p. 1-46.

TOULEMON L., LERIDON H., 1995, « La diffusion des préservatifs : contraception et prévention », *Population et Sociétés*, n° 301.

TOULEMON L., MAZUY M., 2001, « Les naissances sont retardées mais la fécondité est stable », *Population*, 56(4), p. 571-610.

Rossier Clémentine, Leridon Henri et le groupe Cocon.– **Pilule et préservatif, substitution ou association ? Une analyse des biographies contraceptives des jeunes femmes en France de 1978 à 2000**

La pratique contraceptive des jeunes (15-29 ans) a connu deux évolutions importantes au cours des dernières décennies en France. Tout d'abord, et dès la fin des années 1960, l'utilisation de la pilule s'est généralisée dans cette classe d'âges. Sa diffusion n'était cependant pas terminée lorsque surgit l'épidémie du sida, à la fin des années 1980. À la suite des campagnes de prévention du VIH, les jeunes ont massivement adopté le préservatif comme première méthode contraceptive, avec deux conséquences : une extension de la couverture contraceptive (à la fin des années 1990, presque tous les premiers rapports étaient protégés), et un report de l'âge à la première utilisation de la pilule. Dans ce contexte, on peut penser que l'introduction du préservatif a pu détourner une partie des jeunes de la pilule. En utilisant à la fois les données transversales des quatre dernières enquêtes nationales sur la contraception (Ined-Inserm), et les biographies contraceptives complètes collectées dans la dernière d'entre elles (Cocon), nous montrons que la proportion d'utilisatrices de la pilule n'a diminué – au milieu des années 1980 – qu'au premier rapport, et que l'utilisation beaucoup plus fréquente du préservatif au moment de ce rapport a finalement conduit les jeunes à utiliser ensuite rapidement la pilule.

Rossier Clémentine, Leridon Henri and the COCON group.– **The Pill and the Condom, Substitution or Association? An Analysis of the Contraceptive Histories of Young Women in France, 1978-2000**

The contraceptive practices of young women (aged 15-29) underwent two important evolutions during recent decades in France. First of all, beginning in the late 1960s, the use of the pill became general in this age group. However, its diffusion was not yet complete when the AIDS epidemic appeared suddenly in the late 1980s. As a result of HIV prevention campaigns, the young adopted the condom massively as their principal contraceptive method. This had two consequences: an expansion of contraceptive coverage (by the late 1990s, nearly all first relations were protected), and a postponement of the age at first use of the pill. Within this context, it may be suggested that the introduction of the condom turned some young people away from the pill. By simultaneously using period data from the last four national surveys on contraception (INED-INSERM), and complete contraceptive histories collected during the most recent of these surveys (COCON), we show that the proportion of users of the pill decreased —in the mid-1980s— only at the very onset of sexual life, and that the much more frequent use of the condom at these first relations finally led young women to turn rapidly to the pill.

Rossier Clémentine, Leridon Henri y el grupo Cocon.– **¿Píldora y preservativo, substitución o asociación? Un análisis de las biografías anticonceptivas de las jóvenes en Francia entre 1978 y el 2000**

La práctica anticonceptiva de las jóvenes (15-29 años) ha experimentado dos evoluciones importantes a lo largo de las últimas décadas en Francia. Para empezar, el uso de la píldora a estas edades se generalizó a finales de los años sesenta. Sin embargo, su uso no estaba plenamente difundido cuando apareció la epidemia del SIDA, a finales de los años ochenta. Como consecuencia de las campañas de prevención del VIH, los jóvenes adoptaron masivamente el preservativo como método principal de anticoncepción, con dos consecuencias: una extensión de la cobertura anticonceptiva (a finales de los noventa, el uso de protección durante el primer contacto era prácticamente general) y un retraso de la edad al primer uso de la píldora. En tal contexto, se podría pensar que la introducción del preservativo disuadió a algunas jóvenes de usar la píldora. En base a datos transversales de las cuatro últimas encuestas nacionales sobre la anticoncepción (Ined-Inserm) y a las biografías anticonceptivas completas recogidas en la última de estas encuestas (Cocon), mostramos que la proporción de usuarias de la píldora sólo disminuyó –a mediados de los ochenta- durante la primera relación, pero que el uso más frecuente del preservativo durante esta primera relación favoreció el uso de la píldora rápidamente.

Clémentine Rossier, Institut national d'études démographiques, 133 bd Davout, 75980 Paris Cedex 20, tél : 33 (0)1 56 06 21 09, fax : 33 (0)1 56 06 21 99, courriel : clementine.rossier@ined.fr

Les inégalités sociales d'accès à la contraception en France

Nathalie BAJOS*, Pascale OUSTRY*, Henri LERIDON*,
Jean BOUYER*, Nadine JOB-SPIRA*, Danielle HASSOUN*
et l'équipe COCON

> *Certaines innovations techniques tendent à se diffuser à un rythme inégal dans les différents groupes sociaux ou culturels, avant de connaître un usage généralisé. La contraception médicalisée, et hormonale en particulier, se trouve dans ce cas. Peu après la légalisation des produits contraceptifs en France, une enquête de l'Ined réalisée en 1971 auprès d'un échantillon de femmes mariées de 20-44 ans montrait déjà que seulement 7 % des femmes n'ayant pas dépassé le certificat d'études primaires utilisaient la pilule, contre 23 % des titulaires du baccalauréat ou d'un diplôme supérieur. Depuis, la généralisation de la contraception orale a pratiquement effacé ce type de différences.*
>
> *En analysant ici l'emploi de la pilule dite de troisième génération apparue dans les années 1980, les auteurs examinent les mécanismes qui sont à l'origine de nouvelles inégalités. Le renouvellement continu des produits contraceptifs – contraception d'urgence, préservatif féminin, implants contraceptifs améliorés, nouveaux modèles de stérilet... – donne tout son intérêt à l'analyse ici présentée.*

Depuis la légalisation de la contraception en 1967, le recours à la contraception médicalisée ne cesse d'augmenter et le taux d'utilisation de ces méthodes par les Françaises est l'un des plus élevés au monde (Leridon et Toulemon, 2003). C'est, plus précisément, l'évolution de l'utilisation de la pilule qui les conduit aujourd'hui à cette place, le recours au stérilet s'étant stabilisé depuis 1988 après une période de forte croissance (voir tableau 2 de l'article introductif). Ainsi, sur 100 femmes ayant une activité sexuelle et ne souhaitant pas être enceintes, 40 déclaraient utiliser la pilule en 1978 ; elles étaient 50 en 1988 et 60 en 2000, ce qui représente environ 5 millions d'utilisatrices aujourd'hui. Cette modification du paysage

---

* Institut national de la santé et de la recherche médicale et Institut national d'études démographiques (U569 – IFR69), Paris.

contraceptif dans le sens d'une très forte médicalisation de la contraception a pu générer, à l'instar de ce que l'on observe dans d'autres champs de la santé (Leclerc *et al.*, 2000), de nouvelles formes d'inégalités. En outre, cette diffusion massive de la contraception orale s'est déroulée dans un contexte de profonde modification de l'offre de produits. Alors qu'en 1967 un seul type de pilule existait, les « pilules normodosées de première génération », de nouveaux produits sont arrivés sur le marché en 1974 : les « pilules de deuxième génération », moins fortement dosées en œstrogène (cf. encadré). Puis sont apparues en 1982 les pilules « de troisième génération », non remboursées par la Sécurité sociale, avec le même dosage en œstrogène que les précédentes mais contenant un nouveau progestatif ayant moins d'effets androgéniques (prise de poids, pilosité, acné) ; depuis, de nouveaux produits ont été régulièrement mis sur le marché, moins fortement dosés en œstrogène. Ces pilules de troisième génération, de plus en plus prescrites et non remboursables par la Sécurité sociale, sont supposées être mieux tolérées par les femmes, parce que le type de progestatif qui les compose a moins d'effets androgéniques et que le dosage en œstrogène de certaines d'entre elles est moindre (Spira, 1993).

En nous appuyant sur les données de l'enquête Cocon (Bajos *et al.*, 2003), qui est présentée en introduction du dossier, nous nous attacherons d'abord à repérer d'éventuelles évolutions dans les inégalités sociales d'accès aux différentes méthodes de contraception. Puis nous analyserons plus précisément le recours à la contraception orale selon l'appartenance sociale afin de mettre à jour et de comprendre les logiques de production d'éventuelles inégalités sociales d'accès aux pilules de troisième génération. Si de telles inégalités sociales existent, sachant que ces nouvelles pilules sont censées être mieux tolérées, il importe d'analyser si les femmes qui les utilisent en sont effectivement plus satisfaites, ce qui sera l'objet de la dernière partie.

I. Méthodologie

1. Évolution des inégalités

Pour étudier l'évolution des inégalités sociales d'accès à la contraception, nous partirons des résultats établis par Toulemon et Leridon pour la période 1978-1988 (Toulemon et Leridon, 1992, 1995), en appliquant ensuite les mêmes modèles d'analyse multivariée aux données de l'enquête Cocon de 2000. Il s'agit de régressions logistiques qui permettent d'apprécier le rôle spécifique d'une variable pour rendre compte d'une pratique donnée, en comparant (à l'aide du test du rapport de vraisemblance pour les enquêtes de 1978 et 1988 et du test de Wald, en raison du plan de sondage complexe, pour les données de Cocon) un modèle comprenant la variable considérée avec un autre modèle excluant cette variable.

Les différents types de pilules œstro-progestatives

Les produits hormonaux ayant reçu en France une autorisation de mise sur le marché en tant que contraceptifs associent le plus souvent un œstrogène à un progestatif. Ces produits empêchent la grossesse en bloquant l'ovulation, en ayant un effet anti-nidatoire et en modifiant la glaire cervicale. Ils peuvent être classés de plusieurs façons :

1) Selon la dose d'œstrogène (qui est toujours de l'éthinylestradiol : EE) contenue dans les comprimés :
 — pilules normodosées : 50μg d'EE ;
 — pilules minidosées : 15 à 40μg d'EE.

Les pilules de troisième génération et les autres nouvelles pilules (Diane 35, Jasmine) sont toutes minidosées.

2) Selon le type de progestatif contenu :
 — un progestatif de première génération (norgestriénone, acétate de noréthistérone, etc.) ;
 — un progestatif de deuxième génération (lévonorgestrel, etc.) ;
 — un progestatif de troisième génération (gestodène, désogestrel, norgestimate, etc.) ;
 — un autre type de progestatif (acétate de cyprotérone, drospirone, etc.).

3) Selon qu'elles sont ou non remboursables par la Sécurité sociale : c'est le cas de la plupart des pilules de première et de deuxième génération, alors qu'aucune pilule de troisième génération ou d'un autre type n'est remboursée.

Il existe par ailleurs des pilules uniquement progestatives. Ces pilules sont le plus souvent réservées aux femmes pour lesquelles il existe une contre-indication à l'utilisation d'œstrogènes (hypercholestérolémie, hyperlipidémie, hypertension, allaitement, migraine). Selon la dose en progestatif, on distingue les micro et les macroprogestatifs. Alors que les pilules microprogestatives ont une indication uniquement contraceptive, les pilules macroprogestatives ont aussi des indications à visée thérapeutique, surtout en période de périménopause (endométriose, mastopathies bénignes, troubles du cycle menstruel).

Ces produits empêchent la grossesse en ayant un effet sur l'endomètre qui devient impropre à la nidation, en modifiant la glaire cervicale, la rendant imperméable aux spermatozoïdes, et en bloquant partiellement ou complètement l'ovulation selon la dose et le type de progestatif. Ces pilules sont souvent mal tolérées, du fait des troubles du cycle qu'elles génèrent (saignements, irrégularités du cycle, aménorrhée, kystes fonctionnels de l'ovaire, etc.).

.../...

2. *Constitution de groupes d'utilisatrices*

L'analyse des inégalités d'accès à la pilule selon qu'il s'agit d'une marque remboursée ou non par la Sécurité sociale nous a conduits à exclure les femmes suivantes de l'analyse :

— les utilisatrices de pilules exclusivement progestatives ($n = 117$) : certaines de ces pilules sont remboursées tandis que d'autres ne le sont pas et les motifs de prescription peuvent ne pas être seulement contraceptifs ;

— les femmes utilisant Diane 35 ($n = 68$), une pilule composée d'un progestatif particulier ayant pour indication principale l'acné et l'hyperpilosité, et qui n'a pas d'autorisation de mise sur le marché en tant que produit contraceptif ;

.../...

Principaux produits utilisés en France

	Dose d'éthinylestradiol (µg)	Progestatif (mg)	Remboursement Sécurité sociale
Pilules de 1re et 2e génération			
Normodosées :			
Monophasiques :			
Planor (1967-2002)	50	Norgestriénone 2	Non
Stédiril (1973)	50	Norgestrel 0,5	Oui
Minidosées :			
Monophasiques			
Minidril (1974), Ludéal gé	30	Levonorgestrel 0,15	Oui
Orthonovum	35	Noréthistérone 1	Non
Biphasiques			
Adepal (1975)	30/40	Levonorgestrel 0,15/0,20	Oui
Miniphase (1976)	30/40	Norgestriénone 1/2	Oui
Triphasiques			
Trinordiol, Daily gé	30/40/30	Levonorgestrel 0,05/0,075/0,125	Oui
Triella	35/35/35	Noréthistérone 0,05/0,075/0,125	Oui
Pilules de 3e génération			
Monophasiques			
Varnoline (1982), Cycléane 30, Varnoline continu	30	Désogestrel 0,15	Non
Moneva, Minulet	30	Gestodène 0,075	Non
Mercilon, Cycléane 20 (1988)	20	Desogestrel 0,15	Non
Méliane, Harmonet	20	Gestodène 0,075	Non
Cilest, Effiprev	30	Norgestimate 0,25	Non
Mélodia, Minesse	15	Gestodène 0,06	Non
Triphasiques			
Phaeva, Triminulet	30/40/30	Gestodène 0,05/0,07/0,1	Non
Triafemi (2003), Tricilest	35/35/35	Norgestimate 0,180/0,215/0,250	Non
Autres types de pilules			
Diane 35 (1987), Holgyème, Minerva	35	Acétate de cyprotérone, 2	Non
Jasmine (2002)	30	Drospirone, 3	Non

— les 21 femmes pour lesquelles la marque précise de la pilule utilisée n'a pu être identifiée (non-réponse ou marque inconnue).

L'analyse des inégalités d'accès aux pilules de troisième génération non remboursées porte ainsi sur 1 041 femmes utilisatrices d'une pilule œstro-progestative.

Pour l'analyse de la satisfaction, trois groupes d'utilisatrices ont été distingués selon la composition chimique des pilules. Le groupe A comprend les pilules de première ou deuxième génération contenant entre 30 et 40 µg d'éthinylestradiol ($n = 592$), qui sont toutes remboursables. Le groupe B comprend les pilules de troisième génération contenant également entre 30 et 40 μg d'éthinylestradiol ($n = 184$); elles ne sont pas remboursables. Le groupe C est constitué des pilules de troisième génération moins fortement dosées en œstrogène (entre 15 et 20 μg d'éthinylestradiol) que les précédentes ($n = 206$); elles sont également non remboursables. Les femmes ayant déclaré utiliser la marque Cycléane sans autre précision ($n = 59$) ont dû être exclues, le dosage en éthinylestradiol pouvant être de 20 ou 30 μg. L'analyse de la satisfaction porte ainsi sur 982 femmes.

3. Méthodes d'analyse

Nous avons procédé à des analyses univariées (en utilisant des tests du chi2) et à des analyses multivariées à partir de modèles de régression logistique.

Les inégalités sociales d'accès aux différentes pilules

Afin d'étudier les inégalités sociales d'accès aux différentes pilules, nous comparons les caractéristiques sociales et démographiques des femmes selon qu'elles utilisent une pilule remboursée (première ou deuxième génération) ou une pilule non remboursée (troisième génération). Les variables intégrées dans le modèle de régression logistique sont celles qui sont significatives au seuil de 10 % dans l'analyse univariée.

La satisfaction

L'analyse porte sur la satisfaction que les femmes éprouvent à l'égard de leur méthode de contraception, à partir des réponses à la question : « Est-ce que cette contraception vous convient ? ». Les réponses pouvaient être : « Tout à fait/plutôt/plutôt pas/pas du tout ». Les femmes ayant répondu que leur contraception leur convenait « tout à fait » ont par la suite été codées « très satisfaites ».

On a cherché à déterminer si le type de pilule utilisée a un effet spécifique, « toutes choses étant égales par ailleurs », sur la satisfaction exprimée. Compte tenu du statut différent des diverses variables liées à la satisfaction, trois modèles intermédiaires d'analyse multivariée ont été élaborés pour aboutir à un modèle final qui est le seul présenté ici.

Un premier modèle intégrait *diverses caractéristiques des femmes* :
— l'âge ;
— la situation matrimoniale : mariée, en couple non marié, non en couple ;
— le nombre d'enfants ;
— le fait d'avoir déjà eu une grossesse non prévue ;

— la catégorie socioprofessionnelle ;
— l'affiliation à une mutuelle ou une assurance complémentaire.

Un second modèle intégrait les variables liées au *contexte de prescription* :

— le suivi gynécologique : assuré par un gynécologue, un généraliste, pas de médecin habituel ;
— l'accord de la femme pour utiliser cette méthode : oui (oui tout à fait, oui plutôt ou à sa propre initiative), non (non pas vraiment, non pas du tout, ne sait pas, non-réponse) ;
— la possibilité de parler facilement lors des consultations : oui (oui tout à fait), non (oui plutôt, non pas vraiment, non pas du tout, non-réponse, pas de médecin habituel).

Un troisième modèle intégrait les *caractéristiques liées à la relation avec le partenaire* :

— la méthode convient au partenaire : oui (oui tout à fait), non (oui plutôt, non pas vraiment, non pas du tout, ne s'est pas posé la question, pas de partenaire en ce moment, ne sait pas, non-réponse) ;
— la vie affective et sexuelle avec le partenaire : très satisfaisante, autre (plutôt pas satisfaisante, pas du tout satisfaisante, ne sait pas, autre, non-réponse) ;
— le désir d'avoir un enfant : oui (oui tout de suite ou d'ici un an), oui (oui plus tard), non (non pas vraiment, non pas du tout, autre).

Le modèle final intègre les variables significativement liées à la satisfaction dans au moins un des trois modèles précédents. Les interactions entre le type de pilule et les variables d'analyse précitées ont aussi été testées.

II. Les inégalités d'accès à la contraception se déplacent

En 1978, l'accès à la contraception en général, et à la contraception médicalisée en particulier, était caractérisé par des différences socialement très marquées (tableau 1) : les femmes les plus âgées, les moins diplômées, les agricultrices et les ouvrières non qualifiées utilisaient sensiblement moins souvent la contraception que les autres et elles recouraient en particulier moins fréquemment à la pilule ou au stérilet (Toulemon et Leridon, 1992). Dix ans plus tard, si des inégalités sociales d'accès global à la contraception persistent (selon le diplôme et la catégorie socioprofessionnelle, les femmes les moins favorisées utilisant le moins la contraception), elles ne concernent plus guère l'usage de la pilule qui s'est répandu dans tous les groupes sociaux ; l'âge de la femme, sa

TABLEAU 1.– VARIABLES SOCIALES ET DÉMOGRAPHIQUES ASSOCIÉES À LA PRATIQUE CONTRACEPTIVE EN 1978, 1988 ET 2000
(RÉSULTATS DES TESTS DES RAPPORTS DE VRAISEMBLANCE APPLIQUÉS AUX RÉGRESSIONS LOGISTIQUES)

Variables	Modèles testés	Utilisent une méthode contraceptive			Utilisent la pilule			Utilisent le stérilet			Utilisent le préservatif		
		1978	1988	2000	1978	1988	2000	1978	1988	2000	1978	1988	2000
A) Situation matrimoniale	ABCD vs BCD	*	***	–	***	**	***	–	–	–	–	*	***
B) Nombre d'enfants	ABCD vs ACD	**	–	–	**	**	***	***	***	***	–	–	**
C) Âge	ABCD vs ABD	***	–	**	***	***	***	***	***	***	–	**	**
D) Désir d'enfants	ABCD vs ABC	*	–	–	*	–	–	–	–	–	*	–	–
E) PCS de la femme	ABCDE vs ABCD	***	***	–	***	–	*	***	**	**	–	–	*
F) Diplôme de la femme	ABCDF vs ABCD	***	***	–	***	–	–	***	***	–	–	*	***
G) Importance de la religion	ABCDG vs ABCD	–	–	–	***	–	*	–	–	–	–	–	–
H) Taille de l'agglomération	ABCDH vs ABCD	***	–	–	**	–	***	***	–	*	–	–	***

Lecture : la première ligne du tableau teste le modèle comprenant les variables ABCD par rapport au modèle incluant les variables BCD, ce qui permet d'apprécier l'effet spécifique de la situation matrimoniale (variable A) sur les pratiques contraceptives, en tenant compte des variables BCD déjà incluses dans le second modèle (nombre d'enfants, âge de la femme et désir d'enfant). Par exemple, en 1978, la situation matrimoniale des femmes était liée au fait d'utiliser une méthode contraceptive et ce, indépendamment du nombre d'enfants, de l'âge de la femme et du désir d'enfant ; cette liaison est significative au seuil de 10 %
– non significatif à 10 % ; * significatif à 5 % ; ** significatif à 1 % ; *** significatif à 1 ‰.
Sources : Ined, enquête mondiale de fécondité de 1978 et enquête Régulation des naissances de 1988 (données publiées dans Toulemon et Leridon, 1992) ; Inserm/Ined, enquête Cocon, 2000.

situation conjugale et le nombre d'enfants restent cependant discriminants (moindre utilisation chez les plus âgées, chez les femmes mariées et chez celles qui ont le plus d'enfants). En revanche, le stérilet n'est pas encore banalisé : en particulier, les ouvrières et les femmes les moins diplômées restent de faibles utilisatrices (Toulemon et Leridon, 1992).

Le paysage contraceptif du début du troisième millénaire s'est quelque peu modifié du point de vue des inégalités contraceptives (tableau 1). Pour la première fois, l'accès global à la contraception n'est plus socialement déterminé, si l'on excepte le fait que les femmes de plus de 25 ans utilisent un peu moins la contraception que les autres. Cet effet de l'âge, qui avait disparu en 1988, résulte sans doute d'une forte augmentation de la couverture contraceptive médicalisée, en l'occurrence par la pilule, des plus jeunes : 69 % des 20-24 ans déclarent utiliser une méthode médicalisée en 2000 (tableau 2 de l'article de Clémentine Rossier et Henri Leridon dans ce numéro), contre 40 % en 1978. L'utilisation de la pilule a augmenté à tous les âges, même si elle reste aujourd'hui moins souvent utilisée par les femmes les plus âgées ainsi que par les femmes mariées. Ces données reflètent sans doute l'augmentation de la durée moyenne d'utilisation de la pilule et le recours de plus en plus fréquent à des pilules, uniquement progestatives, réservées aux femmes plus âgées et en particulier à celles qui fument ou qui présentent des contre-indications médicales aux œstrogènes.

Toutefois, la diffusion de la contraception hormonale ne s'est pas faite de façon homogène sur le territoire : les femmes vivant dans l'agglomération parisienne l'ont plus souvent adoptée que celles qui résident dans des villes de moindre importance ou en zone rurale (Leridon *et al.*, 2002). Ce constat renvoie peut-être à un effet d'offre contraceptive, et plus précisément à une répartition inégale de la population des médecins gynécologues sur le territoire, les spécialistes étant plus enclins – comme on le verra – à prescrire les nouveaux produits contraceptifs. Quant au stérilet, son utilisation n'a guère évolué quantitativement depuis les années 1990 (cf. tableau 2 de l'article introductif). Cette méthode apparaît de plus en plus réservée aux femmes de plus de 40 ans et à celles qui ont déjà atteint le nombre d'enfants souhaité. Tout se passe comme si les normes médicales de prescription pour le stérilet s'étaient renforcées au cours de la dernière décennie, excluant les femmes n'ayant pas d'enfant par crainte du risque infectieux et de ses conséquences possibles (la stérilité), et le réservant aux femmes pour lesquelles une éventuelle stérilité secondaire serait « acceptable ». Pourtant, ce risque existe surtout en cas d'infections sexuellement transmissibles (IST) ; celles-ci sont, certes, plus fréquentes chez les jeunes femmes car elles ont en moyenne plus de partenaires sexuels, mais elles ne les affectent pas toutes, loin s'en faut.

En 2000, si l'on n'enregistre plus aucun effet de sélection lié au diplôme de la femme, les ouvrières restent de moindres utilisatrices du dispositif intra-utérin. Cette catégorie sociale apparaît donc aujourd'hui comme étant en retrait du mouvement global de médicalisation de la contraception.

Enfin, des disparités sont enregistrées en 2000 dans le recours au préservatif. En 1978 comme aujourd'hui, le pourcentage de femmes déclarant utiliser cette méthode à des fins contraceptives est faible (8 % en 1978 et 7 % en 2000). L'effet des campagnes de prévention de l'infection par le VIH paraît toutefois avoir joué : ce sont surtout les jeunes et les femmes non en couple qui l'utilisent aujourd'hui, alors qu'il n'y avait pas de différences notables parmi les femmes en 1978 (Toulemon et Leridon, 1992). En outre, les écarts selon le niveau de diplôme se sont accrus et les catégories les plus favorisées socialement, qui ont été les plus réceptives aux campagnes de promotion du préservatif contre les MST et le VIH, l'ont aussi semble-t-il plus facilement adopté en tant que contraceptif.

Les inégalités d'accès global à la contraception, et à la contraception médicalisée en particulier, qui étaient observées dans les années 1970 et 1980 se sont donc fortement amoindries, pour ce qui concerne l'utilisation de la pilule dans un premier temps, puis pour l'utilisation du stérilet. L'analyse du recours aux pilules de troisième génération non remboursées par la Sécurité sociale permet de mettre en évidence une recomposition des inégalités sociales autour de l'accès aux nouveaux produits de contraception orale.

III. Les inégalités d'accès aux pilules de troisième génération non remboursées

En 2000, plus d'une femme sur trois (39 %) parmi celles qui utilisent une pilule contraceptive a recours à une marque de troisième génération, non remboursée par la Sécurité sociale. Les données de l'enquête Cocon concordent d'ailleurs parfaitement avec les chiffres des ventes ; d'après ces chiffres, la diffusion des pilules de troisième génération a été très rapide entre 1988 et 1992, s'est fortement ralentie par la suite et semble avoir atteint un plateau à partir de 1996 (figure 1).

Cette diffusion des pilules de troisième génération ne semble pas avoir touché les différents groupes sociaux de la même manière (tableau 2). La répartition des femmes prenant la pilule selon le type de pilule utilisée montre que les femmes de moins de 20 ans et celles qui ont deux enfants ou plus utilisent moins souvent une pilule de troisième génération. Les contrastes sociaux sont très marqués : si 32 % des utilisatrices de la pilule qui vivent dans un ménage dont le revenu mensuel par personne est inférieur à 560 euros ont adopté une pilule de troisième génération, ce pourcentage s'élève à 51 % quand le revenu est supérieur à 990 euros. La proportion varie également selon que la femme bénéficie ou non d'une mutuelle permettant un remboursement complet (41 % contre

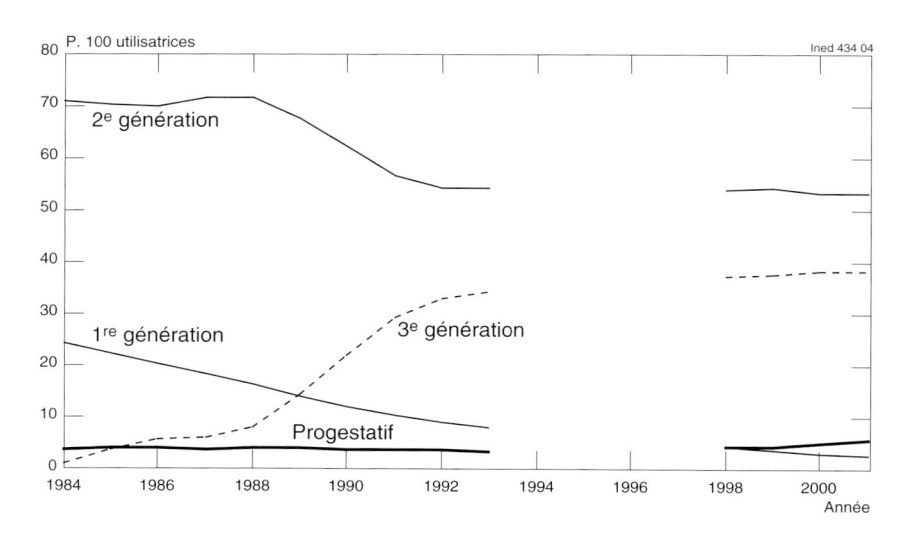

Figure 1.– Répartition des ventes de pilule par type (« génération »)
Source : Industrie pharmaceutique.

26 %). Les utilisatrices n'ayant pas de diplôme ou titulaires d'un BEPC au maximum sont quant à elles 22 % à utiliser une pilule de troisième génération, contre 56 % des diplômées de l'enseignement supérieur. Corrélativement, les femmes cadres emploient davantage ces nouvelles pilules alors que leur utilisation est très limitée à l'autre extrémité de l'échelle sociale (64 % des utilisatrices chez les cadres contre 17 % chez les ouvrières). Les femmes cadres s'adressent d'ailleurs davantage aux médecins gynécologues pour la contraception (90 % des cadres contre 50 % des ouvrières), qui prescrivent beaucoup plus volontiers que leurs confrères généralistes des pilules de troisième génération. L'analyse multivariée (tableau 3) confirme l'effet spécifique de ces différentes variables[1], à l'exception de l'âge et du revenu – mais si l'on intègre la PCS plutôt que le diplôme dans le modèle, un haut revenu reste alors lié à l'utilisation d'une pilule de troisième génération.

---

[1] *L'odds ratio* (OR) est égal au rapport entre deux quantités : d'une part, la probabilité de survenue d'un événement, dans un groupe donné, divisée par la probabilité de non-survenue de cet événement ($p_1/(1 - p_1)$); d'autre part, la même fraction dans le groupe de référence ($p_0/(1 - p_0)$). Le résultat s'interprète « toutes choses étant égales par ailleurs » quand l'OR est ajusté sur un ensemble de facteurs. Lorsque la probabilité de survenue de l'événement est faible, l'*odds ratio* se rapproche du *risque relatif* (probabilité de survenue de l'événement dans un groupe rapportée à la probabilité de survenue de l'événement dans le groupe de référence : p_1/p_0).

En pratique, lorsque l'OR est significativement différent de 1, on peut conclure que la probabilité de survenue de l'événement dans le groupe étudié est significativement plus élevée (ou moins élevée si l'OR est inférieur à 1) que dans le groupe de référence. Plus l'OR s'écarte significativement de 1, plus la différence entre les deux groupes est importante.

Le profil type de l'utilisatrice d'une pilule de troisième génération apparaît donc être celui d'une femme diplômée, cadre, bénéficiant d'une mutuelle et dont le suivi contraceptif est assuré par un médecin gynécologue : de fait, 70 % des utilisatrices de la pilule dans le groupe de femmes réunissant ces caractéristiques emploient un produit de troisième génération. *A priori*, on retrouve ici un modèle classique de diffusion sociale de nouveaux produits de santé, ce qui conduit à s'interroger sur les raisons de telles disparités. Une hypothèse est que les personnes appartenant aux milieux sociaux les plus favorisés seraient plus attentives aux moindres effets secondaires attendus de pilules moins fortement dosées et disposeraient en outre des moyens financiers d'une telle contraception. Mais ces produits n'étant délivrés que sur ordonnance, on peut aussi s'interroger sur ce qui relèverait d'une logique de prescription. Il faut tout d'abord noter que le suivi gynécologique des femmes diffère fortement selon leurs ressources sociales (tableau 4). Ainsi, alors que 58 % des ouvrières ont consulté un gynécologue pour la prise en charge de leur santé reproductive au cours des douze derniers mois, ce pourcentage atteint 85 % chez les cadres. Or, les spécialistes de la contraception (gynécologues) prescrivent beaucoup plus des pilules de troisième génération que leurs confrères généralistes (46 % des cas contre 21 %, $p < 0,001$) (tableau 2) ; les distributeurs ont d'ailleurs engagé de grandes campagnes promotionnelles auprès des médecins spécialistes. Leurs attitudes de prescription semblent en outre différentes selon le profil social des femmes qui viennent consulter, ce qui n'est pas le cas pour les généralistes. Ainsi, la prescription d'une pilule de troisième génération par les généralistes est indépendante du niveau de diplôme et de la catégorie socioprofessionnelle de la femme, alors que les gynécologues prescrivent davantage de pilules non remboursées aux femmes cadres et aux plus diplômées (tableau 5).

Tout se passe comme si une plus grande exigence des femmes socialement les plus dotées vis-à-vis des nouveaux produits trouvait écho chez, voire était initiée par les spécialistes de la contraception.

TABLEAU 2. – RÉPARTITION DES UTILISATRICES DE LA PILULE PAR TYPE DE PILULE UTILISÉE
SELON DIVERSES CARACTÉRISTIQUES DÉMOGRAPHIQUES, SOCIALES ET REPRODUCTIVES DES FEMMES (EN %)

	Répartition (en %)		Effectif
	Pilule de 1re ou 2e génération (30-40 µg d'éthinylestradiol)	Pilule de 3e génération (15-40 µg d'éthinylestradiol)	
Classe d'âges[a]			
18-19 ans	73	27	46
20-24 ans	60	40	202
25-29 ans	61	39	253
30-34 ans	59	41	225
35-39 ans	62	38	194
40-44 ans	56	44	121
Situation matrimoniale			
Mariée	61	39	480
En couple non marié	59	41	279
Non en couple	63	37	282
Nombre d'enfants[b]			
0	59	41	381
1	56	44	237
2	65	35	273
3 ou plus	71	29	150
Niveau de diplôme***			
Pas de diplôme, CEP	78	22	93
BEPC	77	23	58
CAP-BEP	70	30	280
Bac professionnel	59	41	53
Bac général	56	44	196
Diplôme supérieur	44	56	356
Catégorie socioprofesssionnelle***			
Agricultrice exploitante, artisane, commerçante, chef d'entreprise	60	40	26
Cadre, profession intellectuelle supérieure	36	64	77
Profession intermédiaire	53	47	266
Employée	60	40	424
Ouvrière	83	17	100
Inactive	63	37	146

Les inégalités sociales d'accès à la contraception en France

	Répartition (en %)		Effectif
	Pilule de 1re ou 2e génération (30-40 μg d'éthinylestradiol)	Pilule de 3e génération (15-40 μg d'éthinylestradiol)	
Revenu mensuel par personne du ménage***			
Moins de 560 euros	68	32	376
560 à 990 euros	60	40	316
Plus de 990 euros	49	51	319
Inconnu	69	31	30
Couverture sociale**			
Mutuelle	59	41	927
Pas de mutuelle	74	26	114
Taille de l'agglomération*			
Moins de 5 000 habitants	60	40	243
5 000 à 20 000 habitants	69	31	164
20 000 à 100 000 habitants	61	39	141
Plus de 100 000 habitants	54	46	267
Agglomération parisienne	71	29	161
Tabac			
Fume régulièrement	59	41	70
Fume occasionnellement	67	33	325
Ne fume pas	59	41	646
Suivi gynécologique dans les 12 derniers mois***			
Pas de médecin habituel	72	28	45
Médecin généraliste	79	21	209
Gynécologue	54	46	783
Ensemble	61	39	1041

(a) Si l'on oppose les moins de 20 ans aux autres femmes : $p = 0{,}13$.
(b) Si l'on oppose les femmes ayant deux enfants ou plus aux autres : $p = 0{,}03$.
Lecture : 56 % des femmes ayant un diplôme supérieur qui prennent la pilule déclarent utiliser une pilule de troisième génération, contre seulement 22 % des femmes n'ayant aucun diplôme ou un certificat d'études primaires. L'effet global du diplôme sur le type de pilule utilisée est significatif au seuil de 1 %.
* significatif à 10 % ; ** significatif à 5 % ; *** significatif à 1 %.
Source : Inserm/Ined, enquête Cocon, 2000.

TABLEAU 3.– VARIABLES ASSOCIÉES À L'UTILISATION D'UNE PILULE DE 3e GÉNÉRATION (PAR OPPOSITION À UNE PILULE DE 1re OU DE 2e GÉNÉRATION). RÉSULTATS D'UN MODÈLE DE RÉGRESSION LOGISTIQUE (CHAMP : UTILISATRICES DE LA PILULE, $n = 1041$)

	Rapport de risques (odds ratio)	Intervalle de confiance de l'odds ratio à 95 %
Classe d'âges		
18-19 ans	0,47	[0,19 ; 1,19]
20-24 ans	0,66	[0,38 ; 1,15]
25-34 ans	0,74	[0,48 ; 1,14]
35-44 ans (Réf.)	1,00	
Niveau de diplôme		
Pas de diplôme, CEP, BEPC, CAP/BEP (Réf.)	1,00	
Bac professionnel	2,15**	[1,00 ; 4,65]
Bac général	2,55***	[1,54 ; 4,21]
Diplôme supérieur	3,45***	[2,18 ; 5,46]
Revenu mensuel par personne du ménage		
Moins de 560 euros (Réf.)	1,00	
560 à 990 euros	1,02	[0,66 ; 1,59]
Plus de 990 euros	1,05	[0,65 ; 1,70]
Inconnu	0,63	[0,21 ; 1,89]
Couverture sociale		
Mutuelle (Réf.)	1,00	
Pas de mutuelle	0,60*	[0,33 ; 1,09]
Suivi gynécologique dans les 12 derniers mois		
Gynécologue (Réf.)	1,00	
Médecin généraliste	0,39***	[0,24 ; 0,62]
Pas de médecin habituel	0,47	[0,19 ; 1,17]
Taille de l'agglomération		
Moins de 5000 habitants (Réf.)	1,00	
5000 à 20000 habitants	0,69	[0,37 ; 1,27]
20000 à 100000 habitants	0,97	[0,54 ; 1,73]
Plus de 100000 habitants	1,53	[0,92 ; 2,54]
Agglomération parisienne	0,62	[0,33 ; 1,16]
Non-réponse	1,16	[0,56 ; 2,41]

* significatif à 10 % ; ** significatif à 5 % ; *** significatif à 1 %.
Source : Inserm/Ined, enquête Cocon, 2000.

TABLEAU 4.– SUIVI GYNÉCOLOGIQUE DANS LES DOUZE DERNIERS MOIS SELON LA CATÉGORIE SOCIOPROFESSIONNELLE

Catégorie socioprofessionnelle***	Répartition (en %)			Effectif
	Pas de médecin habituel	Généraliste	Gynécologue	
Agricultrice exploitante, artisane, commerçante, chef d'entreprise	14	22	64	76
Cadre, profession intellectuelle supérieure	10	5	85	199
Profession intermédiaire	8	15	77	814
Employée	10	19	71	1 191
Ouvrière	9	33	58	246
Inactive	21	19	60	312
Ensemble	12	19	69	2 838

Lecture : 10 % des femmes cadres ou exerçant une profession intermédiaire ne sont suivies par aucun médecin pour des raisons gynécologiques, 5 % sont suivies par un médecin généraliste et 85 % par un gynécologue. Globalement, l'effet de la catégorie socioprofessionnelle sur le type de suivi médical est significatif au seuil de 1 %.
*** significatif à 1 %.
Source : Inserm/Ined, enquête Cocon, 2000.

TABLEAU 5.– PROPORTION D'UTILISATRICES DE LA PILULE PRENANT UNE PILULE DE 3ᵉ GÉNÉRATION PAR CATÉGORIE SOCIOPROFESSIONNELLE ET NIVEAU DE DIPLÔME SELON LE SUIVI GYNÉCOLOGIQUE DES 12 DERNIERS MOIS (EN %)

Catégorie socioprofessionnelle	Généraliste	Gynécologue***
Cadre, profession intellectuelle supérieure	20	69
Profession intermédiaire	31	51
Employée	25	46
Ouvrière	9	24
Total	21	46
Niveau de diplôme	Généraliste	Gynécologue***
Pas de diplôme, CEP	10	30
Brevet	30	23
CAP/BEP	19	35
Bac professionnel	23	44
Bac général	32	49
Diplôme supérieur	30	63
Total	21	46

Lecture : globalement, 46 % des utilisatrices de la pilule qui sont suivies par un gynécologue prennent une pilule de troisième génération ; cette proportion varie selon le niveau de diplôme et la catégorie socioprofessionnelle et les écarts sont significatifs au seuil de 1 % lorsque la pilule est prescrite par un gynécologue. En revanche, les écarts selon le niveau de diplôme ou la catégorie socioprofessionnelle ne sont pas significatifs lorsque la pilule est prescrite par un généraliste.
*** significatif à 1 %.
Source : Inserm/Ined, enquête Cocon, 2000.

IV. Les pilules de troisième génération ne sont pas plus appréciées que les autres par leurs utilisatrices

1. Le point de vue des femmes

Face à de telles disparités dans l'utilisation de ces méthodes, il importe de savoir ce qu'en pensent les femmes elles-mêmes. La question est bien évidemment complexe et recouvre plusieurs dimensions : les effets que les femmes perçoivent sur leur corps ou leur sexualité, la facilité d'utilisation, leur expérience d'un échec de contraception avec cette méthode (Hall et Dornan, 1988 ; Sitzia et Wood, 1997 ; den Tonkelaar et Oddens, 2001 ; Rosenfeld et al., 1993). Le point de vue des femmes peut être globalement appréhendé en utilisant un indicateur de satisfaction basé sur leur réponse à la question : « Est-ce que cette contraception vous convient ? ».

Globalement, 86 % des femmes utilisant la pilule déclarent que cette méthode « leur convient tout à fait », 10 % « plutôt » et 4 % qu'elle ne leur convient « plutôt pas ou pas du tout » (tableau 6). Ce niveau élevé de satisfaction quant à la méthode de contraception utilisée se retrouve dans d'autres enquêtes, les femmes peu satisfaites ayant en général déjà changé de méthode (den Tonkelaar et Oddens, 2001) : de fait, la satisfaction croît avec la durée d'utilisation.

Les femmes utilisant une pilule de première ou de deuxième génération déclarent que cette contraception leur convient tout à fait un peu plus souvent (88 %) que celles qui prennent une pilule de troisième génération ayant le même dosage (84 %) ou moins fortement dosée (80 %) ($p = 0,06$). L'ancienneté d'utilisation de la marque est plus élevée pour les pilules de deuxième génération (5,4 ans) que pour les pilules de troisième génération les plus fortement dosées (4,7 ans) et surtout les moins dosées (2,6 ans)

TABLEAU 6. – PROPORTION D'UTILISATRICES DE LA PILULE SE DÉCLARANT TRÈS SATISFAITES DE LEUR CONTRACEPTION SELON DIVERSES CARACTÉRISTIQUES SOCIO-DÉMOGRAPHIQUES, RELATIONNELLES, CONTRACEPTIVES ET DE SANTÉ (EN %)

Caractéristiques sociodémographiques et relationnelles	Très satisfaites (%)	Effectif
Classe d'âges***		
18-19 ans	97	39
20-24 ans	92	195
25-29 ans	88	233
30-34 ans	83	214
35-39 ans	73	186
40-44 ans	80	115
Situation matrimoniale**		
Mariée	81	456
En couple non marié	85	259
Non en couple	91	267
Nombre d'enfants***		
0	92	348
1	87	227
2	80	262
3 ou plus	73	145
Catégorie socioprofessionnelle**		
Agricultrice exploitante, artisane, commerçante, chef d'entreprise	84	26
Cadre, profession intellectuelle supérieure	77	69
Profession intermédiaire	80	245
Employée	85	405
Ouvrière	86	96
Inactive	93	139
Satisfaction par rapport à la vie affective et sexuelle***		
Très satisfaite	89	694
Autre	77	259
Satisfaction du partenaire par rapport à la pilule***		
Tout à fait satisfait	90	862
Plutôt ou pas vraiment satisfait	27	49
Ne sait pas ou non-réponse	40	10
Pas de partenaire en ce moment	83	61

Lecture : 77 % des femmes qui utilisent la pilule depuis moins d'un an déclarent être très satisfaites de leur méthode de contraception alors que c'est le cas de 89 % de celles qui utilisent la pilule depuis plus de 5 ans. Globalement, l'effet de la durée d'utilisation sur la satisfaction est significatif au seuil de 1 %.

Tableau 6 (suite). – Proportion d'utilisatrices de la pilule se déclarant très satisfaites de leur contraception selon diverses caractéristiques socio-démographiques, relationnelles, contraceptives et de santé (en %)

Caractéristiques contraceptives, de suivi médical et de santé	Très satisfaites (%)	Effectif
Type de pilule*		
Pilule de 1re ou 2e génération (30-40 µg d'éthinylestradiol)	88	592
Pilule de 3e génération (30-40 µg d'éthinylestradiol)	84	184
Pilule de 3e génération (15-20 µg d'éthinylestradiol)	80	206
A déjà eu une IVG**		
Non	87	790
Oui	78	192
A déjà eu une grossesse non prévue***		
Non	88	656
Oui	75	326
A déjà eu une grossesse non prévue sous pilule***		
Non	86	873
Oui	72	109
Était d'accord pour utiliser cette méthode***		
Oui	87	957
Non	20	25
Effet déclaré sur le désir d'avoir des rapports sexuels***		
Effet positif	90	343
Effet négatif	63	64
Non pas vraiment d'effet	82	198
Non pas du tout d'effet	86	377
Effets (positifs ou négatifs) sur la santé***		
Non	93	399
Oui	78	464
Ne s'est pas posé la question	94	102
Ne sait pas	82	17
Prise de poids**		
Oui	81	315
Non	88	654
Règles douloureuses***		
Oui	80	235
Non	88	735
Douleurs dans les seins***		
Oui	77	157
Non	88	813
Maux de tête**		
Oui	83	456
Non	88	514
Durée d'utilisation de la pilule actuelle***		
Moins d'un an	77	188
1 à 5 ans	87	436
Plus de 5 ans	89	355
Ensemble	86	982

Variables non significatives au seuil de 10 % : niveau de diplôme, revenu par personne du ménage, couverture sociale, taille de l'agglomération, ancienneté de la relation, désir d'enfant, suivi médical (gynécologue, généraliste, pas de médecin habituel), règles abondantes, nausées.
* significatif à 10 % ; ** significatif à 5 % ; *** significatif à 1 %.
Source : Inserm/Ined, enquête Cocon, 2000.

($p < 0,0001$). Le lien constaté entre durée d'utilisation et satisfaction révèle sans doute un effet de sélection au cours du temps des utilisatrices d'une méthode ; mais il se maintient lorsqu'on restreint l'analyse aux pilules qui sont sur le marché depuis plus de 3 ans de manière à tenir compte d'un biais éventuel lié à l'évolution de l'offre contraceptive (résultat non présenté).

Dans l'ensemble, les utilisatrices de la pilule les plus jeunes, celles qui ne sont pas en couple et celles qui n'ont pas d'enfant déclarent plus souvent que leur méthode de contraception leur convient tout à fait (tableau 6). Sachant que le stérilet est très rarement prescrit aux femmes jeunes et sans enfant (Leridon *et al.*, 2002), on peut se demander si le degré plus élevé de satisfaction de ces femmes ne traduit pas le fait qu'on ne leur laisse finalement pas vraiment le choix d'utiliser une autre méthode, d'autant que ce résultat persiste quand on tient compte de la durée d'utilisation. Les autres caractéristiques sociales (niveau de diplôme, revenu, affiliation à une mutuelle) ne sont pas liées à la satisfaction – elles ne figurent donc pas au tableau 6 –, à l'exception de la catégorie socioprofessionnelle ; les femmes cadres ou exerçant une profession intermédiaire se déclarent moins souvent satisfaites, ce qui traduit peut-être à la fois une plus grande « exigence sociale » et une plus grande « facilité sociale » à l'exprimer dans une enquête commanditée par un institut de recherche sur la santé.

Les utilisatrices de la pilule qui souhaitent un enfant tout de suite ou dans l'année ne se plaignent pas plus souvent que les autres de leur méthode de contraception, contrairement à ce que Luker a observé aux États-Unis (Luker, 1975). Cet auteur a montré dans les années 1970 que les femmes américaines étaient d'autant moins satisfaites de leur méthode de contraception et déclaraient d'autant plus souvent mal en supporter les effets secondaires qu'elles étaient ambivalentes vis-à-vis du désir d'enfant.

Comme cela a déjà été observé chez les femmes allemandes (Oddens, 1999), les femmes qui n'ont pas connu d'échec de contraception en général, et avec la pilule en particulier, déclarent plus souvent que leur contraception leur convient tout à fait. Il en est de même pour les femmes qui considèrent qu'elles se sont « approprié » le choix de leur méthode. D'autres études attestent aussi de l'importance du contexte de prescription pour rendre compte de la satisfaction que les femmes éprouvent à l'égard de leur méthode de contraception : une revue de la littérature a conduit Delbanco et Daley (1996) à conclure que plus les médecins impliquent les femmes dans le choix de la méthode, plus elles sont satisfaites de leur contraception et moins elles connaissent d'échecs. L'analyse multivariée (tableau 7) confirme ces résultats, à l'exception de ceux relatifs à l'effet de l'âge, de la situation de couple et du fait d'avoir déjà eu une grossesse sous pilule.

Au total, les femmes qui utilisent les pilules de première ou de deuxième génération ne sont donc pas moins satisfaites que les autres ; on observe au contraire que celles qui prennent une pilule de troisième génération faiblement dosée se déclarent significativement moins satisfaites.

TABLEAU 7.– CARACTÉRISTIQUES LIÉES À LA SATISFACTION QUANT À LA CONTRACEPTION UTILISÉE. RÉSULTATS D'UN MODÈLE DE RÉGRESSION LOGISTIQUE ($n = 982$)

	Rapport des risques (odds ratio)	Intervalle de confiance de l'odds ratio à 95 %
Type de pilule		
Pilule de 1re ou 2e génération (30-40 µg d'éthinylestradiol) (Réf.)	1,00	
Pilule de 3e génération (30-40 µg d'éthinylestradiol)	0,70	[0,36 ; 1,37]
Pilule de 3e génération (15-20 µg d'éthinylestradiol)	0,55*	[0,30 ; 1,02]
Nombre d'enfants		
0 (Réf.)	1,00	
1	0,84	[0,40 ; 1,79]
2	0,31***	[0,15 ; 0,66]
3 ou plus	0,22***	[0,09 ; 0,51]
Catégorie socioprofessionnelle		
Cadre, profession intellectuelle supérieure (Réf.)	1,00	
Agricultrice exploitante, artisane, commerçante, chef d'entreprise	1,70	[0,35 ; 8,20]
Profession intermédiaire	1,15	[0,49 ; 2,71]
Employée	1,62	[0,66 ; 4,00]
Ouvrière	1,72	[0,54 ; 5,40]
Inactive	2,72*	[0,91 ; 8,12]
A déjà eu une grossesse non prévue sous pilule		
Non (Réf.)	1,00	
Oui	0,86	[0,43 ; 1,72]
Était d'accord pour utiliser cette méthode		
Oui (Réf.)	1,00	
Non	0,03***	[0,01 ; 0,13]
Durée d'utilisation de la pilule actuelle		
Moins d'un an (Réf.)	1,00	
1 à 5 ans	2,08***	[1,14 ; 3,78]
Plus de 5 ans	3,77***	[1,88 ; 7,56]
Satisfaction par rapport à la vie affective et sexuelle		
Très satisfaite (Réf.)	1,00	
Autre	0,42***	[0,24 ; 0,72]

Variables testées dans les modèles intermédiaires mais non retenues dans la régression finale (p > 0,1) : âge, situation matrimoniale.
Variables non retenues pour colinéarité : partenaire d'accord pour utiliser la pilule, a déjà eu une grossesse non prévue, a déjà eu une IVG.
* significatif à 10 % ; ** significatif à 5 % ; *** significatif à 1 %.
Source : Inserm/Ined, enquête Cocon, 2000.

2. L'hypothèse d'un biais de prescription

Bien que ces nouveaux produits soient censés avoir moins d'effets secondaires que les pilules plus anciennes, on peut se demander si la moindre satisfaction des femmes utilisant une pilule de troisième génération peu dosée résulte d'effets en réalité plus marqués sur le corps, ou si ces utilisatrices constituent un groupe sélectionné par une sensibilité particulière, indépendante du type de pilule utilisée. Une étude récente comparant les effets secondaires (saignements, nausées, vomissements, prise de poids) des pilules selon leur dosage concluait à l'absence de différence entre les pilules dosées à 30 µg d'œstrogène et celles qui sont dosées à 20 µg (Taneepanichskul *et al.*, 2002).

À l'exception des maux de tête, les utilisatrices françaises d'une pilule de troisième génération peu dosée ne rapportent pas davantage d'effets ressentis (prise de poids, règles longues ou abondantes, nausées, douleurs dans les seins) que celles qui prennent une pilule de troisième génération plus fortement dosée ou de première ou de deuxième génération (tableau 8).

TABLEAU 8. – PROPORTION DE FEMMES DÉCLARANT RESSENTIR DES EFFETS SELON LE TYPE DE PILULE (EN %)

	Type de pilule			
	1re/2e génération (30-40 µg d'éthinylestradiol)	3e génération (30-40 µg d'éthinylestradiol)	3e génération (15-20 µg d'éthinylestradiol)	Ensemble
Prise de poids	31	29	31	31
Nausées*	8	6	3	7
Règles longues	6	11	9	7
Règles douloureuses	26	22	30	26
Règles abondantes	23	19	23	23
Seins douloureux	18	17	17	17
Maux de tête***	39	37	60	43
Effectif	582	181	206	969

Lecture : 39 % des femmes utilisant une pilule de 1e ou 2e génération déclarent avoir actuellement des maux de tête. Ce pourcentage est de 60 % chez les femmes utilisant une pilule de 3e génération peu dosée (15-20 µg d'éthinylestradiol). L'association entre maux de tête et type de pilule utilisée est significative au seuil de 1 %.
* significatif à 10 % ; ** significatif à 5 % ; *** significatif à 1 %.
Source : Inserm/Ined, enquête Cocon, 2000.

Par ailleurs, les femmes qui ont souvent des maux de tête sont un peu moins nombreuses à déclarer que leur contraception leur convient tout à fait (83 % contre 88 %, p < 0,10). Lorsqu'on tient compte dans le modèle du fait de déclarer ou non des maux de tête, la relation entre type de pilule et satisfaction ne se modifie pas. La moindre satisfaction des utilisatrices d'une pilule de troisième génération peu dosée ne semble donc pas provenir du fait qu'elles ressentent davantage de maux de tête. Peut-être résulte-t-elle d'attitudes différentes de prescription du type de pilule selon la

« sensibilité » des femmes, que cette sensibilité soit exprimée par les femmes ou anticipée par les prescripteurs. Notre hypothèse est qu'il pourrait exister un tel « biais de prescription », résultant du fait que les médecins prescriraient préférentiellement une pilule de troisième génération à plus faible dosage aux femmes à qui elle leur semblerait particulièrement indiquée, en raison des moindres effets secondaires attendus. S'il s'agit de femmes plus enclines à se déclarer peu satisfaites de leur méthode de contraception, quel que soit le produit utilisé, cela pourrait augmenter le pourcentage des non satisfaites chez les utilisatrices d'une pilule de troisième génération par rapport à celui des utilisatrices des autres générations de pilules.

Nous pouvons étudier ce biais de prescription en sélectionnant les femmes qui utilisent pour la première fois une pilule. Lorsqu'on tient compte de la durée d'utilisation, variable fortement liée à la satisfaction, on constate que parmi les femmes utilisant pour la première fois la pilule ($n = 128$), celles qui emploient une pilule de première ou de deuxième génération sont plus souvent très satisfaites de leur méthode de contraception que celles qui prennent une pilule de troisième génération avec le même dosage en œstrogène ($p = 0,03$) ou moins fortement dosée ($p = 0,001$). Cet effet spécifique du type de pilule se maintient si l'on tient compte des variables liées à la satisfaction dans le modèle multivarié présenté précédemment (cf. tableau 7) et du fait de déclarer des maux de tête (seul effet secondaire plus souvent observé chez les utilisatrices d'une pilule de troisième génération) : les nouvelles utilisatrices d'une pilule de troisième génération restent significativement moins satisfaites que les autres (résultat non présenté).

On ne peut toutefois exclure que cette moindre satisfaction traduise non seulement un biais de prescription mais aussi le fait que ces pilules sont effectivement moins appréciées des femmes ; il faudrait pouvoir mesurer la satisfaction que ces utilisatrices éprouveraient si elles prenaient un autre type de pilule, ce qui nécessiterait un protocole d'enquête autre que celui de l'enquête Cocon, du type essai randomisé.

Les données de l'enquête Cocon, qui reflètent le point de vue des femmes et non celui des prescripteurs ou des producteurs de contraceptifs hormonaux, ne permettent donc pas de conclure que les pilules de troisième génération satisfont plus les femmes, du moins si l'on s'en tient à l'indicateur de satisfaction utilisé ici. Les limites conceptuelles de ce type d'indicateur ont été soulignées par plusieurs auteurs (Hall et Dornan, 1988 ; Williams, 1994) ; elles interfèrent toutefois peu lorsque l'on se situe dans une perspective comparative : nous avons en effet cherché à mettre en évidence un effet propre du type de pilule sur la satisfaction éprouvée par les femmes, bien plus qu'à analyser le niveau de satisfaction éprouvée par les femmes à l'égard de leur méthode de contraception.

Conclusion

Tout se passe comme si les inégalités sociales en matière de contraception en France se déplaçaient de décennie en décennie. Au début des années 1980, l'accès à la pilule et au stérilet était marqué par de fortes disparités, les femmes des milieux sociaux les plus favorisés y ayant beaucoup plus souvent recours. Ces disparités sociales se sont par la suite fortement réduites, du moins pour la pilule dans un premier temps (dans les années 1990) (Toulemon et Leridon, 1992), puis pour le stérilet à la fin des années 1990 (de Guibert-Lantoine et Leridon, 1998). Pour la première fois, les données de l'enquête Cocon montrent qu'elles concernent désormais le type de pilule utilisé. Ces inégalités d'accès à des produits non remboursés par la Sécurité sociale semblent résulter, outre du frein financier que représente leur prix élevé, d'attentes différentes des femmes, liées à leur appartenance sociale, ainsi que des comportements des prescripteurs qui varient aussi selon l'appartenance sociale des femmes.

Les effets à long terme sur la santé des femmes sont très similaires pour les pilules de deuxième et de troisième génération. En effet, d'un côté, la légère augmentation du risque de thrombose veineuse profonde chez les utilisatrices d'une pilule de troisième génération (Jick *et al.*, 2000) ne concerne qu'un nombre très restreint de femmes et, d'un autre, l'existence d'un effet protecteur contre l'infarctus du myocarde, comparativement aux pilules de deuxième génération, est toujours débattue (Spitzer *et al.*, 2002). Aucun lien n'étant par ailleurs établi à ce jour entre le type de pilule utilisé et la satisfaction des femmes, il semble que ces inégalités sociales d'accès aux pilules de troisième génération ne s'accompagnent pas d'inégalités en termes de santé. Reste à tenir compte des effets perçus sur le corps, ce que l'analyse des données de suivi de la cohorte permettra dans une perspective épidémiologique, pour avancer sur cette question et alimenter le débat sur le remboursement des pilules de troisième génération.

En attendant, la mise à disposition des femmes d'une pilule générique de troisième génération faiblement dosée en œstrogène, à faible coût, reste d'actualité : plus l'offre contraceptive sera diversifiée, en termes de type de pilule et plus généralement de méthodes de contraception, plus les femmes auront de chances de trouver la méthode la mieux adaptée à leur situation sociale, affective et sexuelle comme à leur physiologie.

Remerciements. L'enquête Cocon est réalisée avec le soutien financier de l'Inserm, de l'Ined et du laboratoire Wyeth-Lederlé.

RÉFÉRENCES

Bajos N., Leridon H., Goulard H., Oustry P., Job-Spira N., and Cocon Group, 2003, « Contraception: from accessibility to efficiency », *Human Reproduction*, 18(5), p. 994-998.

Delbanco T., Daley J., 1996, « Through the patients'eyes: strategies toward more successful contraception », *International Journal of Gynecology and Obstetrics*, 88(3), p. 41-47.

Guibert-Lantoine C. (de), Leridon H., 1998, « La contraception en France : un bilan après 30 ans de libéralisation », *Population*, 53(4), p. 785-812.

Hall J., Dornan C., 1988, « What patients like about their medical care and how often they are asked: a meta-analysis of the satisfaction litterature », *Social Science and Medicine*, 27(9), p. 935-939.

Jick H., Kaye J., Vasilakis-Scaramozza C., Jick S., 2000, « Risk of venous thromboembolism among users of third generation oral contraceptives compared with users of oral contraceptives with levonorgestrel before and after 1995: cohort and case-control analysis », *British Medical Journal*, 32, p. 1190-1195.

Leclerc A., Fassin D., GrandJean H., Kaminski M., Lang T. (dir.), 2000, *Les inégalités sociales de santé*, Paris, La Découverte, 448 p.

Leridon H., Oustry P., Bajos N. et l'équipe Cocon, 2002, « La médicalisation croissante de la contraception en France », *Population et sociétés*. n° 318.

Leridon H., Toulemon L., 2003, « La régulation des naissances se généralise », *in* J.-C. Chasteland, J.-C. Chesnais (éd.), *La population du monde. Les enjeux internationaux*, Paris, Ined (Les Cahiers de l'Ined, n° 149), p. 477-493.

Luker K., 1975, « Toward a theory of contraceptive risk-taking », *Taking chances: abortion and the decision not to contracept*, Los Angeles, University of California Press, p. 78-111.

Oddens B., 1999, « Women's satisfaction with birth control: a population survey of physical and psychological effects of oral contraceptives, intrauterine devices, condoms, natural family planning, and sterilization among 1466 women », *Contraception*, 59(5), p. 277-286.

Rosenfeld J.A., Zahorik P.M., Saint W., Murphy G., 1993, « Women's satisfaction with birth control » *Journal of Family Practice*, 36(6), p. 169-173.

Sitzia J., Wood N., 1997, « Patient satisfaction: a review of issues and concepts », *Social Science and Medicine*, 45(12), p. 1829-1843.

Spira A. (dir.), 1993, *Contraceptifs oraux remboursés et non remboursés*, Paris, Éditions Inserm.

Spitzer W., Faith J., MacRae K., 2002, « Myocardial infarction and third generation oral contraceptives: aggregation of recent studies », *Human Reproduction*, 17(9), p. 2307-2314.

Taneepanichskul S., Kriengsinyot R., Jaisamrarn U., 2002, « A comparison of cycle control, efficacy, and side effects among headline Thai women between two low-dose oral contraceptives containing 20 µg ethinylestradiol/75 µg gestodene (Meliane) and 30 µg ethinylestradiol/75 µg gestodene (Gynera) », *Contraception*, 66, p. 407-409.

Tonkelaar I. (den), Oddens B., 2001, « Factors influencing women's satisfaction with birth control methods », *The European Journal of Contraception and Reproductive Health Care*, 6(3), p. 153-158.

Toulemon L., Leridon H., 1992, « Maîtrise de la fécondité et appartenance sociale : contraception, grossesses accidentelles et avortements », *Population*, 47(1), p. 1-46.

Toulemon L., Leridon H., 1995, « Les pratiques contraceptives en France », *Revue du Praticien*, 45, p. 2395-2400.

Williams B., 1994, « Patient satisfaction: a valid concept? », *Social Science and Medicine*, 38(4), p. 509-516.

BAJOS Nathalie, OUSTRY Pascale, LERIDON Henri, BOUYER Jean, JOB-SPIRA Nadine, HASSOUN Danielle et l'équipe COCON.– **Les inégalités sociales d'accès à la contraception en France**

Depuis la légalisation de la contraception en 1967, le recours à la contraception médicalisée, et notamment aux pilules de troisième génération non remboursées, ne cesse d'augmenter. Cette modification du paysage contraceptif a pu générer de nouvelles formes d'inégalités. L'article montre que les inégalités sociales en matière de contraception en France se sont déplacées de décennie en décennie. Au début des années 1980, l'accès à la pilule et au stérilet était marqué par de fortes disparités. Ces disparités se sont par la suite fortement réduites, pour la pilule dans les années 1990, puis pour le stérilet à la fin des années 1990. Pour la première fois, les données de l'enquête Cocon montrent qu'elles concernent désormais l'accès aux pilules de troisième génération. Ces inégalités d'accès à des produits non remboursés par la Sécurité sociale semblent résulter, outre du frein financier que représente leur prix élevé, d'attentes différentes des femmes, liées à leur appartenance sociale, ainsi que des comportements des prescripteurs qui varient aussi selon l'appartenance sociale des femmes. Ces nouveaux produits ne semblent toutefois pas être plus appréciés des femmes.

BAJOS Nathalie, OUSTRY Pascale, LERIDON Henri, BOUYER Jean, JOB-SPIRA Nadine, HASSOUN Danielle and the COCON group.– **Social inequalities in access to contraception in France**

Since contraception was legalized in France in 1967, there has been a sustained increase in use of medical contraception, notably third generation contraceptive pills that are not reimbursed by the social security. This change in contraceptive behaviour may well have generated new forms of inequality. This article shows that social inequalities in contraceptive use in France have changed in recent decades. At the beginning of the 1980s, access to the pill and the intrauterine device (IUD) was characterized by large inequalities. These inequalities subsequently declined sharply, for the pill in the 1990s and for the IUD at the end of the 1990s. COCON data show for the first time that such inequalities now affect access to third generation oral contraceptives. In addition to the financial obstacle of high price, the inequalities in access to these non-refundable products seem to result from women's expectations, which are related to their social class, and from the behaviour of the prescribing doctors, which also varies with the woman's social class. However, women seem not to prefer these new products

BAJOS Nathalie, OUSTRY Pascale, LERIDON Henri, BOUYER Jean, JOB-SPIRA Nadine, HASSOUN Danielle y el equipo COCON.– **Las desigualdades sociales en el acceso a la anticoncepción en Francia**

Desde que se legisló el uso de anticonceptivos, en 1967, el acceso médico a éstos, y en particular a las píldoras no reembolsables de tercera generación, sigue aumentando. Es posible que tales cambios en el paisaje anticonceptivo hayan generado nuevas formas de desigualdad. Este artículo muestra que las desigualdades sociales en el uso de anticonceptivos en Francia se han ido desplazando década tras década. A principios de los años ochenta había fuertes disparidades de acceso a la píldora y al DIU. Estas disparidades se fueron reduciendo durante los años noventa, en el caso de la píldora, y hacia finales de los noventa, en el caso del DIU. Por primera vez, los datos de la encuesta Cocon muestran que tales desigualdades se manifiestan actualmente en el uso de las píldoras de tercera generación. Además del obstáculo financiero que supone el precio elevado de éstas píldoras, tales desigualdades de acceso a productos no reembolsables por la Seguridad Social parecen derivarse de diferentes expectativas por parte de las mujeres según su nivel social y a comportamientos también variables según nivel social de la mujer por parte de quienes las prescriben. Sin embargo, estos nuevos productos no parecen gozar de mayor apreciación entre las mujeres.

Nathalie BAJOS, Institut national de la santé et de la recherche médicale (U569 – IFR69), 82 rue du Général Leclerc, 94276 Le Kremlin-Bicêtre Cedex, tél. : 33 (0)1 45 21 22 73, courriel : bajos@vjf.inserm.fr

De la confusion de langage à l'oubli : la déclaration des IVG dans les enquêtes quantitatives en population générale

Caroline MOREAU*, Nathalie BAJOS*, Jean BOUYER*
et l'équipe COCON

La sous-estimation de la fréquence des interruptions volontaires de grossesses (IVG) dans les enquêtes en population générale est un phénomène observé quels que soient les pays ou les méthodes d'enquête utilisées [1], [6], [10], [12], [18], [22]. Cette sous-estimation, qui varie de 40 % à 65 % selon les études [12], traduit d'une part un problème de couverture de la population cible, et d'autre part un phénomène de sous-déclaration qui renvoie à la difficulté de parler d'un événement sensible [20], de surcroît longtemps condamné d'un point de vue social et légal, et qui l'est toujours d'un point de vue religieux. Une seule étude réalisée en Roumanie en 1993, un pays dans lequel le soutien politique à l'avortement était alors important et qui se caractérise par des taux d'IVG élevés, aboutit à un taux de sous-déclaration sensiblement inférieur, autour de 20 % [11].

La qualité des déclarations des femmes en ce qui concerne l'IVG est importante à la fois pour améliorer l'estimation du nombre total de grossesses, essentiel aux études démographiques et épidémiologiques s'intéressant aux déterminants de la fertilité des populations, pour limiter les biais dans l'analyse des grossesses non prévues et des échecs de contraception, ainsi que pour l'étude des IVG elles-mêmes (par exemple les circonstances du recours ou les conditions d'accès à l'IVG) [12], [18], [20].

De nombreuses études ont cherché à estimer la fiabilité des données d'enquête sur l'IVG, ainsi qu'à caractériser les facteurs liés à la sous-déclaration [1], [6], [10], [12], [13], [22]. Elles visaient notamment à développer des outils d'enquête mieux à même de favoriser la déclaration des IVG (questionnaire et déroulement de l'interview), ainsi qu'à permettre une meilleure prise en compte des biais liés à la sous-déclaration dans les analyses.

La plupart de ces études reposent sur la comparaison d'un taux d'IVG déclarées par les femmes interrogées à un taux d'IVG calculé à partir de l'enregistrement en principe systématique des IVG par les professionnels de santé [6], [10], [13]. Quelques enquêtes réalisées aux États-Unis [12], [22] et en Europe du Nord [1] ont permis d'étudier la concordance entre les déclarations des femmes et les informations médicales les concernant,

---

* Institut national de la santé et de la recherche médicale et Institut national d'études démographiques (U569 – IFR69), Paris.

relevées de manière systématique dans les registres médicaux. Ces études montrent que la sous-déclaration a de multiples origines : elle dépend des caractéristiques sociodémographiques des femmes, de leur vécu et de leurs attitudes (histoire génésique, rapport à la maternité, attitude vis-à-vis de l'IVG en général, etc.). Ainsi, aux États-Unis, avoir une origine afro-américaine, un âge supérieur à 40 ans, un faible niveau de scolarité, ou encore être non mariée étaient des facteurs associés à une sous-déclaration plus importante des IVG. La déclaration est également influencée par le contexte de l'enquête (téléphonique ou en face-à-face, les caractéristiques – sexe et formation – de l'enquêteur, la formulation des questions, la durée du questionnaire, etc.) [1], [4], [6], [12], [18], [22].

Une réflexion sur le vocabulaire utilisé pour parler de l'IVG dans les questionnaires en population générale semble par ailleurs nécessaire. Les questions posées utilisent en effet presque exclusivement les termes d'IVG ou d'avortement, ce qui peut induire des problèmes de compréhension, comme en témoigne une récente enquête qualitative française sur les grossesses non prévues, qui montre que les femmes utilisent des termes très différents pour qualifier l'interruption volontaire de grossesse [2]. En effet, si l'IVG est un acte simple et bien défini dans le corpus médical et scientifique, sa formulation en population générale devient beaucoup moins évidente, avec de multiples termes de confusion possibles. Les femmes peuvent parler d'IVG ou d'avortement provoqué par un médecin, mais se référer en réalité à un autre événement obstétrical (fausse couche, interruption thérapeutique de grossesse (ITG)). Inversement, certaines peuvent déclarer un événement obstétrical spécifique, et se référer en réalité à une IVG. Les termes obstétricaux qui représentent les principales sources de confusion avec l'IVG sont l'interruption thérapeutique de grossesse (ITG), la grossesse extra-utérine (GEU), la fausse couche spontanée (FCS) ou provoquée (FCP) par un médecin – qui correspond en fait souvent au curetage d'un œuf clair – [1], [19].

Dans l'enquête Cocon, une attention particulière a été portée à l'élaboration des questions se rapportant à l'IVG, ce qui permet pour la première fois d'évaluer l'effet des différences de formulation des questions sur l'IVG dans une même enquête. Ce travail a deux objectifs. Il s'agit d'une part de tester l'hypothèse selon laquelle l'utilisation de questions formulées de façon moins normative que celles habituellement utilisées faciliterait le témoignage des femmes sur cet événement dans le cadre d'enquêtes quantitatives en population générale [18], [23]. Nous chercherons d'autre part à estimer les erreurs de classement attribuables aux confusions de vocabulaire liées à l'emploi des termes « IVG » ou « avortement », qui sont les plus souvent utilisés dans les enquêtes.

I. Population et méthodes

1. La population étudiée

Les données sont issues de l'enquête de COhorte sur la CONtraception, dite Cocon, qui est une enquête socio-épidémiologique de cohorte dont l'objectif général est d'améliorer les connaissances sur les pratiques contraceptives et le recours à l'IVG en France.

Cette étude repose sur la première vague de l'enquête basée sur un échantillon représentatif de 2 863 femmes âgées de 18 à 44 ans vivant en France, interrogées par téléphone entre septembre 2000 et janvier 2001. Les femmes ont été sélectionnées selon un plan de sondage complexe qui visait à surreprésenter celles qui avaient eu une IVG ou une grossesse non prévue au cours des cinq dernières années. Les analyses tiennent compte de ces probabilités d'inclusion inégales. Les résultats qui suivent rapportent systématiquement les effectifs bruts et les pourcentages pondérés. La méthodologie détaillée de l'enquête est présentée dans l'article introductif de ce dossier.

2. Les questions sur l'IVG dans l'enquête Cocon

Le questionnaire, d'une durée moyenne de 40 minutes, visait à recueillir les éléments suivants : caractéristiques sociodémographiques des femmes, circonstances de survenue du premier rapport sexuel, biographies contraceptive et génésique passées et actuelles, dernier rapport sexuel, opinions et connaissances dans le domaine de la contraception. Il contenait également un module qui portait, le cas échéant, sur la décision relative à la dernière grossesse non prévue ainsi qu'un module sur l'accès aux soins pour la dernière IVG.

Le questionnaire comportait quatre façons de repérer les IVG, qui sont présentées en annexe. La formulation des questions a été inspirée des observations recueillies dans l'enquête qualitative sur les grossesses non prévues et l'IVG [2]. Ces formulations ont été testées dans l'enquête pilote réalisée en 1999, en particulier pour ce qui concerne l'effet de légitimation souhaité, c'est-à-dire l'utilisation d'une expression moins normative qu'habituellement [10]. Les premières questions (partie A) proposaient une formulation directe : « Avez-vous eu une IVG ou un avortement dans les cinq dernières années ? » ou « Dans les cinq dernières années, est-ce qu'un médecin vous a donné un médicament qui s'appelle le RU alors que vous étiez enceinte ? ». Le deuxième mode de questionnement (partie B) visait à légitimer le recours à l'IVG, en interrogeant directement les femmes sur l'âge qu'elles avaient lors de leur première IVG : « Beaucoup de femmes, en France, sont amenées à interrompre leur grossesse en ayant recours à une IVG (avortement), que ce soit avec des médicaments comme le RU ou par une intervention médicale. Si vous vous êtes déjà trouvée dans cette situation, quel âge aviez-vous la première fois ? ». Une troisième série de questions (partie C) se rapportait à la biographie génésique et permettait de préciser l'issue de chaque grossesse déclarée dans la vie : « La xième fois où vous avez été enceinte, la grossesse s'est-elle terminée par : (description des différentes issues de grossesse dont l'IVG ou l'avortement) ? ». Enfin, un quatrième mode de repérage, à partir de questions dites de « rattrapage », permettait de revenir sur des IVG déclarées en début de questionnaire (concernant les cinq dernières années) qui n'auraient pas ensuite été décrites dans la biographie génésique, grâce à la question : « L'IVG ou l'avortement dont vous m'avez parlé tout à l'heure, est-ce une autre grossesse que celle dont vous m'avez déjà parlé ? ».

3. Analyse

L'analyse porte sur les thèmes suivants :

a) Effet de la formulation des questions sur la déclaration des IVG dans l'enquête Cocon

Afin de tester l'effet des différentes formulations utilisées dans l'enquête Cocon pour repérer les IVG, nous avons comparé le taux d'IVG sur la vie entière obtenu à partir de la question concernant l'âge à la première IVG (annexe, partie B) à celui obtenu à partir des réponses « IVG » ou « avortement » précisées dans la biographie génésique, seule (partie C) ou corrigée des IVG retracées dans les questions de rattrapage (partie D). Les premières questions (partie A) ne portaient que sur les IVG des cinq dernières années et ne permettaient pas d'estimer un taux d'IVG sur la vie entière. Il n'est donc pas possible de comparer les résultats à ceux obtenus à partir des autres formulations.

b) Effet de la formulation des questions sur la déclaration des IVG dans trois enquêtes différentes

Pour tester l'hypothèse selon laquelle l'utilisation d'un mode d'expression moins normatif facilite la déclaration des IVG par les femmes, nous avons comparé le taux d'IVG estimé d'après l'enquête Cocon à partir de la question B – « Beaucoup de femmes, en France, sont amenées à interrompre leur grossesse en ayant recours à une IVG (avortement)... Si vous vous êtes déjà trouvée dans cette situation, quel âge aviez-vous la première fois ? » – aux taux observés dans d'autres enquêtes réalisées en population générale au cours de la même période, les enquêtes KABP (*Knowledge Attitude Behaviour Practice*) [7] et Baromètre Santé [8], lesquelles proposaient une formulation plus directe telle que « Au cours de votre vie, avez-vous eu une IVG, que ce soit en prenant du RU ou par intervention chirurgicale ? » (Baromètre Santé) ou « Vous est-il arrivé d'avoir une IVG dans votre vie ? » (KABP). Ces enquêtes suivaient une méthodologie similaire à celle employée dans l'enquête Cocon puisqu'elles portaient sur des échantillons représentatifs de la population française interrogés par téléphone (base de sondage téléphonique comparable à celle de l'enquête Cocon). La comparaison a été effectuée sur le plus grand dénominateur commun aux trois enquêtes, soit un sous-échantillon de femmes âgées de 18 à 34 ans et sexuellement actives.

c) Confusion de langage et erreurs de classement des IVG

Pour estimer les erreurs de classement attribuables aux confusions de vocabulaire liées à l'emploi des termes « IVG » ou « avortement », nous nous sommes servis de l'ensemble des informations recueillies en réponse à plusieurs questions qui utilisaient des formulations différentes pour désigner l'IVG et qui étaient posées à des moments différents du questionnaire. Nous avons en particulier utilisé les questions décrites dans la partie C de l'annexe, qui étaient posées pour chacune des grossesses de la femme. Cela nous a permis de reclasser chaque issue de grossesse en « IVG » ou « autre issue », et d'en déduire une estimation corrigée de la proportion de femmes ayant eu au moins une IVG au cours de leur vie.

Le reclassement que nous avons effectué a aussi permis de mesurer l'ampleur « finale » de la sous-déclaration dans l'enquête Cocon en comparant l'estimation du taux d'IVG ainsi obtenue aux statistiques nationales issues des bulletins de déclaration obligatoire. Cette comparaison a été effectuée pour l'année 1997, dernière année pour laquelle les statistiques nationales sont disponibles. Afin d'améliorer la comparabilité, le taux d'IVG de référence utilisé pour 1997 (tiré des statistiques nationales) est relatif aux femmes âgées de 15 à 41 ans, ce qui correspond à l'âge qu'avaient en 1997 les femmes interrogées dans l'enquête Cocon (femmes âgées de 18 à 44 ans en 2000).

II. Résultats

1. Comparaison des taux d'IVG selon la formulation des questions dans l'enquête Cocon et impact d'une légitimation du choix du recours à l'IVG

Les estimations des taux d'IVG sur la vie entière des femmes de 18 à 44 ans, obtenues selon les différentes formulations des questions relatives à l'IVG dans l'enquête Cocon, aboutissent à des écarts réduits (tableau 1). Le taux d'IVG estimé à partir de la question sur l'âge à la première IVG (question B) est supérieur au taux reconstitué à partir de la biographie génésique (14,1 % avec un intervalle de confiance à 95 % égal à [12,5 ; 15,6], contre 12,7 % et [11,2 ; 14,2]). On note que les questions de rattrapage, posées après le recueil de la biographie génésique, permettent de dénombrer 10 femmes qui ne décrivent pas une IVG ou un avortement dans la biographie génésique mais qui déclarent cet événement dans les questions de rattrapage. Le taux d'IVG d'après la biographie génésique corrigée des questions de rattrapage reste pratiquement inchangé (12,8 % [11,4 ; 14,3]).

TABLEAU 1.– TAUX D'IVG SUR LA VIE ENTIÈRE SELON LES DIFFÉRENTES FORMULATIONS DES QUESTIONS DE L'ENQUÊTE COCON ET APRÈS RECLASSEMENT COMPARAISON AVEC LES ESTIMATIONS DES ENQUÊTES KABP ET BAROMÈTRE SANTÉ

Formulations des questions employées dans Cocon	Enquête Cocon			Enquête KABP	Baromètre Santé
	Effectif	Taux d'IVG	Intervalle de confiance à 95 %	Taux d'IVG	Taux d'IVG
Femmes de 18-44 ans					
IVG avant reclassement					
Âge à la première IVG	724	14,1 %	[12,5 ; 15,6]		
IVG ou avortement issus de la biographie génésique	668	12,7 %	[11,2 ; 14,2]		
IVG ou avortement issus de la biographie génésique corrigée des questions de rattrapage	678	12,8 %	[11,4 ; 14,3]		
IVG après reclassement	689	13,2 %	[11,7 ; 14,7]		
Femmes de 18-34 ans sexuellement actives					
IVG avant reclassement					
Âge à la première IVG	377	10,2 %	[8,7 ; 11,7]	12,30 %	12,30 %
IVG après reclassement	359	9,7 %	[8,3-11,2]		

Sources : Inserm/Ined, enquête Cocon 2000; ORS Île-de-France, enquête KABP 2000; CFES, Baromètre Santé 2000.

La comparaison des taux d'IVG sur la vie entière obtenus à partir des trois enquêtes Cocon, KABP et Baromètre Santé ne montre pas de différences importantes. Le taux d'IVG sur la vie entière chez les femmes de 18 à 34 ans, sexuellement actives, est de 10,2 % [8,7 ; 11,7] dans l'enquête Cocon selon la question sur l'âge à la première IVG, et de 12,3 % dans le Baromètre santé comme dans l'enquête KABP (tableau 1). Ainsi, le mode de questionnement moins normatif employé dans l'enquête Cocon ne semble pas contribuer à améliorer la déclaration.

2. Reclassement des femmes ayant eu une IVG au cours de leur vie

L'utilisation des termes « IVG ou avortement » seuls, employés en début de questionnaire dans la question B sur l'âge à la première IVG, permet d'identifier 724 femmes qui rapportent un antécédent d'IVG, soit 14,1 % de la population étudiée (18-44 ans).

La synthèse des reclassements effectués à partir de cette question initiale, en utilisant les informations issues de la biographie génésique et des questions de rattrapage, figure dans le tableau 2, tandis que les critères utilisés sont détaillés dans le tableau 3.

TABLEAU 2. – COMPARAISON ENTRE LES RÉPONSES OBTENUES À LA QUESTION SUR L'ÂGE À LA PREMIÈRE IVG ET LA QUALIFICATION DES ISSUES DE GROSSESSE APRÈS RECLASSEMENT

Qualification après reclassement[a]	Déclare un âge à l'IVG[b]		Total
	Oui	Non	
IVG	676	13	689
Non IVG	48	2 126	2 174
Total	724	2 139	2 863

[a] Le reclassement a été effectué en tenant compte des différentes issues de grossesse déclarées dans la biographie génésique et des questions de rattrapage (voir annexe et tableau 3).
[b] La formulation précise de la question, qui emploie les seuls termes « IVG ou avortement », est : « Beaucoup de femmes, en France, sont amenées à interrompre leur grossesse en ayant recours à une IVG (avortement), que ce soit avec des médicaments comme le RU ou par une intervention médicale. Si vous vous êtes déjà trouvée dans cette situation, quel âge aviez-vous la première fois ? ».
Source : Inserm/Ined, enquête Cocon 2000.

On peut constater que les reclassements ont surtout consisté à remplacer des IVG déclarées en début de questionnaire (signalées à partir de la formulation unique « IVG ou avortement ») par d'autres événements obstétricaux décrits dans la biographie génésique, plutôt qu'à rattraper des IVG qui n'auraient pas été déclarées en début de questionnaire. Ainsi, parmi les 724 femmes qui rapportent une IVG en début de questionnaire, 48 (soit 6,6 %) décrivent un autre événement obstétrical pour cette grossesse dans leur biographie génésique, tandis que 13 femmes parmi les 2 139 (soit 0,6 %) qui n'avaient pas initialement déclaré d'âge à la première IVG décrivent cet événement dans leur biographie génésique.

Par rapport à l'ensemble des questions qui peuvent être utilisées pour identifier les femmes ayant eu recours à l'IVG, la valeur prédictive positive (pourcentage de vrais positifs parmi les réponses positives à la question sur l'âge à la première IVG) d'un mode de formulation employant les seuls termes « IVG ou avortement » se situe autour de 93 % (676/724) ; sa valeur prédictive négative (pourcentage de vrais négatifs parmi les femmes répondant négativement à la question) est de 99 % (2 126/2 139).

Au final et après reclassement, 689 femmes de 18 à 44 ans sont finalement considérées comme ayant eu au moins une IVG au cours de leur vie (13,2 % [11,7 ; 14,7]). Parmi ces femmes, il est important de noter que 14 utilisent les termes de fausse couche provoquée ou d'interruption thérapeutique de grossesse pour qualifier l'IVG.

TABLEAU 3. – PRÉSENTATION DÉTAILLÉE DU RECLASSEMENT DES DIFFÉRENTES ISSUES DE GROSSESSE SELON LES RÉPONSES DES FEMMES À LA QUESTION SUR L'ÂGE À LA PREMIÈRE IVG ET AU RECUEIL DE LA BIOGRAPHIE GÉNÉSIQUE (Y COMPRIS LES QUESTIONS DE RATTRAPAGE)

Déclaration d'un âge à la 1re IVG		Déclaration des femmes d'après la biographie génésique	Qualification après reclassement
Oui	Non		
$n = 640$	$n = 6$	IVG	IVG ($n = 646$)
$n = 27$		Avortement provoqué	IVG ($n = 27$)
$n = 4$	$n = 6$	Fausse couche provoquée (FCP)	IVG ($n = 10$) – si la femme répond à l'ensemble du module « accès aux soins » pour une IVG et – déclare une IVG dans les 5 ans ou un âge à l'IVG qui correspond à la date de la FCP – ou dans le module « accès aux soins » répond avoir contacté un centre d'IVG – si la FCP est la dernière grossesse et que la femme répond dans le module « décision pour la dernière grossesse non prévue » avoir décidé d'interrompre la grossesse – si la femme abandonne le questionnaire lors du module « accès aux soins pour une IVG »
$n = 3$	$n = 1$	Interruption thérapeutique de grossesse (ITG)	IVG ($n = 4$) – si les raisons invoquées ne sont pas médicales
$n = 2$		Pas d'issue de grossesse déclarée	IVG ($n = 2$) – si dans le cadre de la question « âge à l'IVG » la femme déclare un âge puis répond dans la biographie génésique qu'elle ne se rappelle plus de l'issue de cette grossesse
$n = 48$		Grossesse extra-utérine (GEU)	GEU ($n = 7$)
		Interruption thérapeutique de grossesse (ITG)	ITG ($n = 27$)
		Fausse couche spontanée (FCS)	FCS ($n = 11$)
		Fausse couche provoquée (FCP)	FCP ($n = 2$)
		Naissance	Naissance ($n = 3$)
	$n = 2 126$	Issue de grossesse π IVG ou avortement provoqué	Pas de reclassement Issue de grossesse π IVG

Source : Inserm/Ined, enquête Cocon 2000.

3. Estimation de la sous-déclaration des IVG dans l'enquête Cocon

Le classement final qui vient d'être décrit permet de calculer la fréquence annuelle de l'IVG d'après l'enquête Cocon. Pour l'année 1997, elle s'établit à 8,1 IVG pour 1000 femmes [5,9 ; 10,3] âgées de 15 à 41 ans, ce qui est nettement inférieur au chiffre de 13,6 ‰ issu des statistiques nationales prises comme référence. Cette différence, qui correspond à une sous-estimation de 40 % des IVG dans l'enquête Cocon, illustre un phénomène qui est plus particulièrement marqué pour l'IVG, puisque l'écart est moins important pour d'autres issues de grossesse, en particulier pour les fausses couches spontanées, comme le montre le tableau 4 qui présente la répartition des issues de grossesses (IVG et fausses couches) rapportées aux naissances vivantes. Les données de référence fournies par l'Ined, qui sont relatives à l'année 1988, reposent sur les enregistrements officiels des IVG (bulletins de déclaration obligatoire) et sont assorties d'une estimation du nombre total d'IVG après prise en compte de la sous-déclaration dans les bulletins [3]. Le nombre de naissances vivantes en 1988 est tiré de l'état civil et le nombre de fausses couches annuel est estimé à partir de l'enquête Régulation des naissances réalisée en 1988 [21]. Bien qu'il existe un délai de dix ans entre les estimations issues de l'enquête Cocon (estimations réalisées pour l'année 1997) et les données de référence fournies par l'Ined, on peut penser que la comparaison reste possible du fait de la relative stabilité du taux d'incidence annuel des IVG depuis 1975.

TABLEAU 4.– COMPARAISON DES ISSUES DE GROSSESSE DANS L'ENQUÊTE COCON AVEC LES STATISTIQUES DE RÉFÉRENCE (POUR 100 NAISSANCES VIVANTES)

Issues de grossesse	Enquête Cocon (résultats pour 1997)	Statistiques de référence (1988)	
Naissances vivantes	100	100	
IVG	13,6	min* 23,7	max** 32,6
Fausses couches	19	17,7	

* min : estimation correspondant à 180000 IVG annuelles (sans correction du sous-enregistrement).
** max : estimation correspondant à 250000 IVG annuelles (chiffres redressés, cf. [3]).
Dans les deux cas on compte 750000 naissances vivantes et 134000 fausses couches spontanées par an.
Sources : Insee, état civil ; Inserm/Ined, enquête Cocon 2000 ; Ined, reconstitution à partir de l'enquête Régulation des naissances, 1988, et des statistiques officielles des avortements [21].

III. Discussion

Ce travail conduit à deux conclusions importantes : d'une part, il montre l'intérêt de diversifier le vocabulaire utilisé pour qualifier l'IVG et, d'autre part, celui d'interroger le sens même de la sous-déclaration des IVG observée, en envisageant d'autres hypothèses que celles qui sont habituellement avancées.

Les résultats montrent que la diversification des termes utilisés pour qualifier l'IVG contribue à améliorer la spécificité des déclarations en limitant les erreurs de classification. La confusion dans le vocabulaire utilisé par les femmes concernant l'IVG a déjà été décrite dans l'enquête qualitative GINE, où l'on relève ainsi les propos suivants : « J'ai d'abord pratiqué un RU parce que je ne voulais pas du tout entendre parler d'IVG » ou encore « Je n'ai pas eu d'IVG, j'ai eu une fausse couche avec le RU » [2]. La confusion s'observe également dans l'enquête Cocon. Elle s'opère surtout dans le sens de l'utilisation du terme « IVG » pour qualifier un autre événement obstétrical : sur 724 IVG déclarées en début de questionnaire à partir d'une formulation qui emploie les seuls termes « IVG ou avortement », 6,6 % n'en étaient pas et ont été reclassées, pour l'essentiel, en interruption thérapeutique de grossesse ou en fausse couche spontanée. La confusion des termes « fausse couche » et « IVG » a déjà été relevée dans d'autres études [1], [6], et s'explique sans doute en partie par le discours du médecin qui décrit parfois l'acte d'IVG, notamment l'IVG médicamenteuse, comme équivalant sur le plan physiologique à une fausse couche. Le travail de reclassement a aussi permis de dénombrer 13 IVG qui n'avaient pas été signalées lors de la question sur l'âge à la première IVG en début de questionnaire. Il paraît donc intéressant de proposer dans les enquêtes, qui se limitent le plus souvent à l'emploi des seuls termes « IVG » ou « avortement » pour parler d'interruption volontaire de grossesse, l'ajout d'une ou deux questions, permettant de mieux préciser les réponses à une première question générale et ouverte sur l'IVG, telle que celle utilisée dans l'enquête Cocon concernant l'âge à la première IVG. Il s'agirait de demander ensuite aux femmes, d'une part, si la grossesse s'est interrompue spontanément ou à la suite d'une intervention médicale et, d'autre part, si l'interruption de la grossesse s'est faite suite à leur demande ou à une décision médicale. Dans ce dernier cas, il serait utile de demander le motif de l'interruption afin de s'assurer de l'opportunité d'un reclassement éventuel en ITG. Cette précision accrue des déclarations permettrait ainsi de limiter le nombre de faux positifs (déclarations d'IVG qui n'en sont pas) qui semble non négligeable (6 %) si l'on emploie le terme « IVG » seul dans les questions relatives à cet événement.

Par ailleurs, cette étude permet de dresser un bilan comparatif de la sous-déclaration des IVG à travers différentes formulations proposées dans une même enquête, ainsi que de confronter les taux obtenus à ceux qui sont issus de différentes enquêtes françaises récentes. Les résultats montrent que malgré un travail important de formulation des questions (axé sur la légitimation de l'IVG et la diversification du vocabulaire), la sous-estimation des IVG reste importante dans l'enquête Cocon, de l'ordre de 40 %. Ce niveau de sous-déclaration semble constituer un seuil incompressible dans les enquêtes en population générale, étant donné la constance du phénomène dans le temps et dans l'espace et ce, quels que soient le mode de questionnement et les objectifs de l'enquête réalisée. La stabilité du niveau de sous-déclaration conduit à repenser l'interprétation de ce phénomène et à envisager d'autres hypothèses que celle de la seule difficulté à témoigner d'un événement sensible. La sous-estimation des IVG dans les enquêtes en population générale pourrait en fait avoir des origines multiples.

Une partie pourrait être attribuée à la méthode d'échantillonnage de l'enquête Cocon qui, comme dans toute enquête en population générale, ne permet de couvrir qu'imparfaitement la population cible et sous-estime les populations marginalisées et les plus défavorisées, chez lesquelles le recours à l'IVG pourrait être plus fréquent. Il est également important de souligner que 26 % des femmes éligibles ont refusé de participer à l'enquête. Même si les distorsions d'échantillonnage ont été prises en compte en redressant l'échantillon sur la distribution des principales caractéristiques sociodémographiques dans la population féminine française, cela ne garantit pas totalement l'absence de biais, puisque cela suppose que les femmes « non interrogées » auraient répondu de la même manière que la moyenne des femmes de même profil ayant répondu à l'enquête, ce qui n'est pas évident dans le contexte d'une étude sur l'IVG.

L'importance de la sous-estimation des IVG relevée dans l'enquête ne peut cependant pas se limiter à un problème de couverture de la population cible, mais renvoie aussi à la difficulté de parler d'événements intimes qui ne sont pas valorisés socialement. L'étude de Jagannathan aux États-Unis a ainsi montré que la sous-déclaration des IVG est d'autant plus importante que l'attitude des femmes envers l'IVG est négative [12]. De même, le taux de déclaration des IVG plus élevé en Roumanie, où la pratique de l'avortement était encouragée par des politiques non restrictives et reste largement répandue, laisse à penser que l'acceptabilité sociale influence la déclaration.

Le contexte de survenue de l'IVG, le sens et le vécu de cet événement pourraient aussi influencer la propension que les femmes ont à en parler. La comparaison du profil sociodémographique des femmes qui recourent à l'IVG d'après l'enquête Cocon avec les données nationales fournies par les bulletins de déclaration obligatoire montre une sous-représentation des femmes très jeunes (moins de 20 ans) et des plus âgées (plus de 40 ans) ainsi que des femmes qui vivent seules. D'autres enquêtes ont déjà montré que le taux de sous-déclaration des IVG était plus élevé chez les femmes de plus de 40 ans et chez celles qui vivent seules [1], [6], [12]. De par la non-reconnaissance de la sexualité des plus jeunes ou encore le caractère sans appel du choix de l'IVG chez les plus âgées, l'avortement prend souvent un sens bien particulier pour ces femmes, ce qui peut contribuer à rendre leur témoignage difficile. De même, on peut s'interroger sur l'effet du contexte affectif dans lequel survient l'IVG, parfois lié à un épisode relationnel plus ou moins important dans la biographie sexuelle des femmes. Des études antérieures ont montré que celles-ci ne déclarent pas tous leurs partenaires sexuels et qu'en particulier elles ne mentionnent pas ceux qui ont peu compté dans leur vie [15]. Qu'en est-il des événements qui se rattachent à ces histoires : sont-ils moins souvent déclarés que les autres ?

Cependant, si la stigmatisation sociale de l'IVG était la seule explication, alors on s'attendrait à ce que la meilleure acceptation sociale de cet événement en réduise la sous-déclaration au cours du temps. De même, on pourrait penser que le fait d'intégrer dans l'enquête Cocon une question dont la formulation légitime le choix du recours à l'IVG aurait amélioré la déclaration, ce qui n'a pas été le cas. Mais à l'inverse, on peut s'interroger sur l'effet potentiellement normatif du contexte de l'étude, réalisée par un institut de recherche médical public (l'Inserm), ce qui pourrait inciter les personnes interrogées à fournir des réponses conformes à la norme contraceptive, et contrebalancer ainsi l'effet de légitimation recherché dans le questionnaire.

Il faut souligner à cet égard que le phénomène de sous-déclaration d'événements de santé n'est pas propre à l'IVG, comme en témoignent notamment les résultats de plusieurs études sur la déclaration des fausses couches spontanées [9], [14], [24]. Wilcox et Horney ont ainsi montré que seules 75 % des fausses couches spontanées enregistrées une première fois dans le but d'un suivi étaient déclarées par les femmes réinterrogées rétrospectivement à distance de la période d'observation [24]. La sous-déclaration était inversement proportionnelle à la durée de gestation, les fausses couches les plus précoces étant plus souvent omises. Dans le même sens, une enquête norvégienne, basée sur l'étude de la concordance des déclarations des femmes et des données médicales les concernant disponibles dans des registres, a montré que 26,5 % des fausses couches spontanées mentionnées dans les registres étaient occultées par les femmes, et que la proportion d'événements déclarés diminuait avec l'ancienneté de l'événement [14]. Au-delà des épisodes liés à la vie reproductive, c'est l'occultation d'événements de santé en général qu'il faut interroger, celle-ci s'observant dans des contextes pathologiques très diversifiés, qu'ils soient aigus ou chroniques, graves ou bénins. Ainsi, dans une étude réalisée en 1992 à partir de la cohorte GAZEL (constituée de salariés d'EDF-GDF), Metzger *et al.* ont montré que le taux de déclaration de problèmes de santé chroniques ayant causé un arrêt de travail dans l'année précédant l'enquête variait de 8,9 % à 100 % selon le type de pathologie (soit 8,9 % pour les troubles psychiatriques ou nerveux, 41 % pour les phlébites, 71,7 % pour les cancers, 75 % pour les ulcères et 95 % pour les diabètes) [16]. La sous-déclaration des épisodes pathologiques dépendait des caractéristiques individuelles des sujets, des caractéristiques de la pathologie (gravité de la maladie et invalidité) et des caractéristiques de l'enquête (biais de mémoire, précision de la formulation des questions). Dans le même sens, les hospitalisations sont souvent omises dans les enquêtes : l'étude de Norrish *et al.*, réalisée en Nouvelle-Zélande, indique que 32 % des premières admissions à l'hôpital, et 55 % des réadmissions survenues dans les quatre ans précédant l'enquête, n'ont pas été déclarées par les patients [17]. Ces considérations supplémentaires conduisent à repenser la question de la sous-déclaration des IVG, non plus seulement en termes de sous-déclaration d'événements sensibles qui représentent un certain échec dans la vie contraceptive, mais aussi en termes d'occultation d'événements médicaux en général, comme si déclarer un événement de santé participait à la construction d'une identité de « malade », peu valorisante.

Pour faire la part de ces différentes hypothèses, il faudrait pouvoir distinguer les non-déclarations d'IVG qui relèveraient d'un phénomène d'occultation d'un événement de santé et celles qui seraient liées à la stigmatisation de l'IVG. Dans ce sens, et en complément des questions se rapportant plus directement à l'IVG, il serait intéressant de recueillir des informations sur les problèmes de santé en général, en prenant comme exemple les hospitalisations survenues dans l'année, afin de les comparer aux taux d'hospitalisation estimés à partir des données hospitalières. De même, pour mesurer l'importance de l'effet de stigmatisation sociale des IVG sur la sous-déclaration, il serait souhaitable de comparer le taux d'IVG des femmes interrogées à celui de leur entourage proche, ce taux étant estimé indirectement en demandant aux femmes enquêtées si elles ont connaissance d'un antécédent d'IVG dans leur entourage (leurs trois confidentes les plus proches, par exemple). Cette méthode a montré son intérêt dans différents contextes, notamment celui de la déclaration de l'homosexualité en France dans l'enquête sur les comportements sexuels (ACSF) [5], ou encore celui de l'estimation du taux d'IVG dans le cas où le recours à l'avortement est illégal [18].

Conclusion

La démarche de diversification du langage utilisé pour qualifier l'IVG entreprise dans l'enquête Cocon a permis d'améliorer la spécificité des déclarations d'IVG, renforçant ainsi les bases des analyses sur l'IVG qui peuvent être réalisées à partir de cette enquête. Il reste cependant un phénomène important de sous-déclaration qui procède d'une difficulté pour certaines femmes à témoigner d'un événement à propos duquel, malgré vingt-cinq ans de légalisation, la parole sociale reste difficile. Au-delà de cet effet de stigmatisation, on peut aussi repenser la question de la sous-déclaration de l'IVG comme relevant pour partie de l'occultation d'événements de santé en général, ce qui ouvre de nouvelles perspectives de recherche. Ces deux pistes pourraient être explorées dans une prochaine enquête sur la contraception et l'IVG, en introduisant des questions sur d'autres événements de santé et sur le recours à l'IVG des personnes proches.

ANNEXE
L'articulation des questions se rapportant à l'IVG dans l'enquête Cocon

A. *En début de questionnaire*, dans les deux premières minutes de l'interview, les femmes répondaient aux deux questions suivantes :

« Avez-vous eu une IVG ou un avortement dans les cinq dernières années ? » ;

« Dans les cinq dernières années, est-ce qu'un médecin vous a donné un médicament qui s'appelle le RU alors que vous étiez enceinte ? ».

Ces questions étaient destinées à sélectionner les femmes selon qu'elles avaient eu ou non une IVG au cours des cinq dernières années, le plan de sondage complexe de l'enquête visant à surreprésenter les femmes qui étaient dans cette situation.

B. *Puis, lors du recueil des caractéristiques sociodémographiques, les femmes étaient interrogées sur leurs antécédents d'IVG sur la vie entière*. La question était la suivante :

« Beaucoup de femmes, en France, sont amenées à interrompre leur grossesse en ayant recours à une IVG (avortement), que ce soit avec des médicaments comme le RU ou par une intervention médicale. Si vous vous êtes déjà trouvée dans cette situation, quel âge aviez-vous la première fois ? ».

C. *Ensuite, les femmes étaient interrogées sur leur biographie génésique. Elles précisaient pour chacune de leurs grossesses la date et l'issue de l'événement, ainsi que son caractère prévu ou non.* La question, répétée pour chaque grossesse, était formulée comme suit :

« La xième fois où vous avez été enceinte, la grossesse s'est-elle terminée par :
1) Une naissance
2) Une grossesse extra-utérine (GEU)
3) Une IVG
4) Une interruption thérapeutique de grossesse (ITG)
5) Un enfant mort-né
6) Un avortement
7) Une fausse couche
8) Non-réponse »

1. Si l'issue de grossesse déclarée était une « fausse couche » ou un « avortement », on leur demandait de préciser :

« Est-ce que c'était une fausse couche provoquée par un médecin ou bien spontanée ? »
1) Provoquée par un médecin
2) Spontanée
3) Non-réponse

2. Si l'issue de grossesse était une « fausse couche », un « avortement » ou une « ITG », on leur demandait également de répondre à la question :

« Est-ce qu'un médecin vous a donné un médicament qui s'appelle le RU lors de cette grossesse ? »

3. Enfin si l'issue de grossesse était une « ITG », on leur demandait :

« Quelle était la raison de cette interruption thérapeutique de grossesse (ITG) ? »
1) Malformation du fœtus
2) Risque pour votre santé
3) Autre
4) Non-réponse

D. *Pour les femmes qui auraient déclaré une IVG dans les 5 ans ou un âge à la première IVG mais ne décrivent pas d'IVG ou d'avortement provoqué dans leur biographie génésique, le questionnaire prévoyait les questions de rattrapage suivantes :*

« L'IVG ou l'avortement dont vous m'avez parlé tout à l'heure, est-ce une autre grossesse que celle dont vous m'avez déjà parlé ? »
1) Oui, c'est une autre grossesse
2) Non, j'en ai déjà parlé
3) Non-réponse

Si la femme répondait ne pas en avoir parlé, on lui demandait de préciser la date de l'événement et son issue. Par ailleurs, quelques réponses proposées dans les modules « Décision pour la dernière grossesse non prévue » et « Accès aux soins pour la dernière IVG » ont fourni des arguments supplémentaires dans les cas « litigieux » où il était difficile de déterminer avec certitude s'il s'agissait d'une IVG ou d'une autre issue de grossesse (FCP ou ITG). C'est le cas de la réponse « Ce n'est pas moi qui ai pris la décision (décision médicale) » apportée à la question « Cette décision d'interrompre la grossesse a-t-elle été prise immédiatement après une courte ou une longue hésitation ? » et de la réponse « Centre d'IVG » pour la question « Pouvez-vous m'indiquer tous les contacts que vous avez pris à l'occasion de votre demande d'IVG ou d'avortement ? ».

RÉFÉRENCES

[1] ANDERSON B.A. *et al.*, 1994, « The validity of survey responses on abortion: evidence from Estonia », *Demography*, 31(1), p. 115-132.
[2] BAJOS N., FERRAND M. et l'équipe GINE, 2002, *De la contraception à l'avortement. Sociologie des grossesses non prévues*, Inserm, 345 p.
[3] BLAYO C., 1995, « L'évolution du recours à l'avortement en France depuis 1976 », *Population*, 50(3), p. 779-810.
[4] BUMPASS L., 1997, « The measurement of public opinion on abortion: the effects of survey design », *Family Planning Perspectives*, 29(4), p. 177-180.
[5] FERRAND A., MOUNIER L., 1993, « Paroles sociales et influence normative », *in* A. Spira, N. Bajos, *Les comportements sexuels en France*, Paris, La documentation française, p. 171-179.
[6] FU H. *et al.*, 1998, « Measuring the extent of abortion underreporting in the 1995 National Survey of Family Growth », *Family Planning Perspectives*, 30(3), p. 128-133, 138.
[7] GREMY I., BELTZER N., 2002, *Les connaissances, attitudes, croyances et comportements face au VIH/sida en France*, Observatoire régional de la santé d'Île-de-France.
[8] GUIBERT P., BAUDIER F., GAUTIER A., 2000, *Baromètre Santé. Résultats*, Vanves, CFES, vol. 2.
[9] HEIDAM L.Z., OLSEN J. 1985, « Self-reported data on spontaneous abortions compared with data obtained by computer linkage with the hospital registry », *Scandinavian Journal of Social Medicine*, 13(4), p. 159-163.
[10] HOUZARD S. *et al.*, 2000, « Analysis of the underestimation of induced abortions in a survey of the general population in France », *European Journal of Contraception and Reproductive Health Care*, 5(1), p. 52-60.
[11] INSTITUTE FOR MOTHER AND CHILD CARE (IMCC, B), CENTERS FOR DISEASE CONTROL (CDC), 1995, *Roumania Reproductive Health Survey 1993, Final Report*, Atlanta, CDC.
[12] JAGANNATHAN R., 2001, « Relying on surveys to understand abortion behavior: some cautionary evidence », *American Journal of Public Health*, 91(11), p. 1825-1831.
[13] JONES E.F., FORREST D., 1992, « Underreporting of abortion in surveys of US women: 1976 to 1988 », *Demography*, 29(1), p. 113-126.
[14] KRISTENSEN P., IRGENS L.M., 2000, « Maternal reproductive history: a registry based comparison of previous pregnancy data derived from maternal recall and data obtained during the actual pregnancy », *Acta Obstetricia et Gynecologia Scandinavica*, 79(6), p. 471-477.
[15] LERIDON H., 1993, « Nombre, sexe et type de partenaire » *in* A. Spira, N. Bajos, *Les comportements sexuels en France*, Paris, La documentation française, p. 133-141.
[16] METZGER M.H. *et al.*, 2002, « Factors associated with self-reporting of chronic health problems in the French GAZEL cohort », *Journal of Clinical Epidemiology*, 55(1), p. 48-59.
[17] NORRISH A. *et al.*, 1994, « Validity of self-reported hospital admission in a prospective study », *American Journal of Epidemiology*, 140(10), p. 938-942.
[18] ROSSIER C., 2003, « Estimating induced abortion rates: a review », *Studies in Family Planning*, 34(2), p. 87-102.
[19] SIMONDS W. *et al.*, 1998, « Abortion, revised: participants in the U.S. clinical trials evaluate mifepristone », *Social Science and Medicine*, 46(10), p. 1313-1323.
[20] SMITH L.B., ADLER N.E., TSCHANN J.M., 1999, « Underreporting sensitive behaviors: the case of young women's willingness to report abortion », *Health Psychology*, 18(1), p. 37-43.
[21] TOULEMON L., LERIDON H., 1992, « Maitrise de la fécondité et appartenance sociale : contraception, grossesses accidentelles et avortements », *Population*, 47(1), p. 1-46.
[22] UDRY J.R. *et al.*, 1996, « A medical record linkage analysis of abortion underreporting », *Family Planning Perspectives*, 28(5), p. 228-231.
[23] WARNECKE R.B. *et al.*, 1997, « Improving question wording in surveys of culturally diverse populations », *Annals of Epidemiology*, 7(5), p. 334-342.
[24] WILCOX A.J., HORNEY L.F., 1984, « Accuracy of spontaneous abortion recall », *American Journal of Epidemiology*, 120(5), p. 727-733.

Moreau Caroline, Bajos Nathalie, Bouyer Jean et l'équipe Cocon.– **De la confusion de langage à l'oubli : la déclaration des IVG dans les enquêtes quantitatives en population générale**

Cette étude sur la sous-estimation des interruptions volontaires de grossesse (IVG) a deux objectifs : dresser un bilan comparatif de la sous-déclaration des IVG à travers différentes questions relatives à cet événement posées dans une même enquête et à partir des résultats de différentes enquêtes françaises récentes ; estimer les erreurs de classement attribuables aux confusions de langage pour qualifier l'IVG.

Les données sont issues de l'enquête Cocon réalisée en 2000 qui porte sur les pratiques contraceptives et le recours à l'IVG en France. L'analyse s'appuie sur un échantillon représentatif de 2 863 femmes âgées de 18 à 44 ans.

Malgré un important travail de formulation des questions, la sous-estimation des IVG reste importante dans l'enquête Cocon (40 %). L'étude montre néanmoins l'intérêt de diversifier le vocabulaire utilisé pour qualifier l'IVG, qui conduit à limiter les erreurs de classement et donc à améliorer sensiblement la qualité des données. Elle conduit également à interroger le sens même de la sous-déclaration, qui semble incompressible quels que soient l'enquête et le mode de questionnement. Outre la difficulté de parler d'un événement vécu comme un échec, d'autres interprétations sont possibles, en particulier celle d'une occultation des événements de santé en général.

Moreau Caroline, Bajos Nathalie, Bouyer Jean and the COCON group.– **Question Comprehension and Recall: The Reporting of Induced Abortions in Quantitative Surveys on the General Population**

The aims of this study on abortion underestimation are twofold. First, to compare the underreporting of induced abortion using different questions on this event from the same study, and the results from other recent French studies. Second, to estimate the classification errors due to misunderstanding of the terms used to describe induced abortion.

The data came from the COCON study on contraceptive use and induced abortion in France. A representative sample of 2,863 women aged 18-44 was used for the analysis.

Despite particular care over question wording, underestimation of induced abortion remained high (40%) in the COCON survey. Nevertheless, the study demonstrates the value of using a varied vocabulary to describe induced abortion, since this reduces classification errors and improves data quality. The study also raises questions about the significance of underreporting, which seems to be a constant regardless of the survey design and the form of questioning. One factor is the difficulty of talking about an event experienced as a failure, but other explanations are also possible, in particular the reluctance to disclose health-related events in general.

Moreau Caroline, Bajos Nathalie, Bouyer Jean y el grupo Cocon.– **De la confusión en el lenguaje al olvido: la declaración de las interrupciones voluntarias del embarazo (IVE) en las encuestas cuantitativas entre la población general**

Este estudio sobre las interrupciones voluntarias del embarazo (IVE) tiene dos objetivos: establecer una comparación de la sub-declaración de las IVE a través de distintas preguntas de una misma encuesta relativas a este acontecimiento y a partir de los resultados de diferentes encuestas francesas recientes; estimar los errores de clasificación atribuibles a las confusiones del lenguaje utilizado para definir las IVE.

Los datos provienen de la encuesta Cocon realizada en el año 2000 relativa a las prácticas anticonceptivas y el recurso a la IVE en Francia. El análisis se basa en una muestra representativa de 2,863 mujeres de 18 a 44 años.

A pesar del esfuerzo realizado en la formulación de las preguntas, la encuesta Cocon subestima significativamente las IVE (en un 40%). Este estudio muestra la importancia de diversificar el vocabulario utilizado para referirse a las IVE para limitar los errores de clasificación y mejorar sensiblemente la calidad de los datos. También cuestiona el significado de la sub-estimación, que parece incomprensible independientemente del tipo y método de encuesta. Además de la dificultad de hablar de un acontecimiento que se considera un fracaso, la sub-estimación también puede ser parte de la tendencia a ocultar los acontecimientos relacionados con la salud en general.

Caroline Moreau, Institut national de la santé et de la recherche médicale (U569 – IFR69), 82 rue du Général Leclerc, 94276 Le Kremlin-Bicêtre Cedex, courriel : moreau_c@vjf.inserm.fr

DÉMOGRAPHIE DES RÉGIONS DU MONDE : ÉTAT ET TENDANCES

Une nouvelle chronique dans *Population*

Une des spécificités de Population *est de consacrer régulièrement à l'évolution de la population des rubriques spéciales telles que la situation démographique de la France ou la conjoncture démographique des pays développés. L'intérêt que suscitent ces rubriques parmi nos lecteurs nous a décidés à en élargir le champ géographique et les thèmes, en faisant le point sur l'ensemble des grandes régions du monde.*

L'objectif de cette nouvelle rubrique est de présenter aux lecteurs un large panorama de la conjoncture démographique, et d'offrir un ensemble le plus complet possible de séries statistiques fiables et documentées. En se référant largement à des données sociales, géographiques, économiques ou épidémiologiques, la chronique cherchera à identifier les spécificités des évolutions démographiques de chacune des régions du monde.

Traitant tour à tour de l'Afrique sub-saharienne, de l'Afrique du Nord, du Proche et du Moyen-Orient, de l'Amérique latine et des Caraïbes, de l'Asie du Sud et de l'Est, de l'Europe et de l'Amérique du Nord, Population *fera en quelques années le tour du monde. Chacune des premières synthèses s'efforcera d'inclure une perspective historique et une discussion détaillée des sources.*

La responsabilité de ce projet a été confiée à Dominique TABUTIN *(université de Louvain-la-Neuve). C'est lui qui signe en collaboration avec* Bruno SCHOUMAKER *(université de Louvain-la-Neuve) la première synthèse, qui porte sur la démographie de l'Afrique sub-saharienne.*

Michel BOZON, Éva LELIÈVRE,
Francisco MUNOZ-PÉREZ

La démographie de l'Afrique au sud du Sahara des années 1950 aux années 2000

Synthèse des changements et bilan statistique

Dominique TABUTIN* et Bruno SCHOUMAKER*

L'Afrique sub-saharienne (48 États, 50 pays[1], 700 millions d'habitants en 2004, près de 22 millions de km²) a longtemps été considérée par les démographes comme une région relativement homogène et résistante aux changements sociodémographiques qui étaient en cours dans une bonne partie du monde dès les années 1950 ou 1960. Dans les années 1970, on parlait encore d'une démographie africaine ou d'une démographie de l'Afrique tropicale, globalement caractérisée par des mariages précoces et universels, des fécondités élevées, des mortalités importantes et finalement des croissances rapides. Depuis, la situation a bien changé et l'Afrique ne fait plus figure d'exception : globalement, elle est entrée dans le processus de la transition démographique.

Mais comme ailleurs il y a deux ou trois décennies, les changements se font à des rythmes divers selon les pays, en fonction des systèmes culturels (très nombreux), des économies (diversifiées), des régimes politiques, mais aussi des crises de nature diverse que connaissent régulièrement depuis trente ans des pays ou même des sous-régions entières du continent : des conflits et guerres civiles, des disettes allant parfois jusqu'à des famines, une dégradation des niveaux de vie et bien sûr le sida. Vulnérabilité, insécurité et pauvreté sont le lot d'un bon nombre de pays et, dans chacun, de larges couches de la population.

Au cours des années 1990, la démographie de l'Afrique et des sous-régions et pays qui la constituent a fait l'objet de quelques grandes synthèses, sous forme notamment d'ouvrages collectifs, axés sur l'ensemble des composantes des dynamiques démographiques ou plus souvent sur

---

* Institut de démographie, UCL, Louvain-la-Neuve.
[1] 50 pays en incluant le département d'outre-mer français de la Réunion et l'île britannique de Sainte-Hélène.

l'une ou l'autre problématique, dont notamment la fécondité et le sida[2]. Cette chronique, par définition moins ambitieuse, a un double objectif : 1) présenter les données les plus comparables, fiables et récentes possible, sur les évolutions depuis 1950 et les caractéristiques actuelles des populations de chaque pays. Ces données sont rassemblées dans l'annexe statistique qui comprend 14 grands tableaux correspondant à chaque point traité dans le texte ; 2) faire une synthèse dégageant les grands éléments des changements et la diversification croissante des situations dans la région. Graphiques et petits tableaux résumeront l'information. Cette chronique est centrée sur l'Afrique sub-saharienne, ce qui exclut les 5 pays d'Afrique du Nord dont l'histoire, la culture et la démographie sont autres : avec le Moyen-Orient, cette région fera l'objet d'une prochaine chronique.

Après quelques mots sur le contexte socio-économique africain par rapport aux autres régions, les progrès en matière de systèmes d'information et l'évolution de la population depuis deux millénaires, nous aborderons successivement : 1) les effectifs et croissances des populations depuis 1950, 2) les modèles sous-régionaux de transition démographique, 3) la nuptialité (âge au mariage, polygamie, ruptures d'union), 4) la fécondité (niveaux, tendances) et ses variables intermédiaires (allaitement, abstinence, contraception), 5) la mortalité générale, la mortalité maternelle et le sida, 6) la mortalité (de 0 à 5 ans) et la santé des enfants (vaccination, malnutrition, assistance médicale), 7) les structures par âge, 8) les migrations internationales à l'intérieur de l'Afrique et vers les pays riches, 9) l'urbanisation et l'exode rural, et enfin 10) les inégalités entre hommes et femmes en matière d'éducation.

Notre démarche est essentiellement *descriptive*. Nous étudions les niveaux et tendances dans l'ensemble des pays et des sous-régions, ainsi que les inégalités (instruction et milieu d'habitat) dans des pays qui en sont à des stades différents de transition ou de développement (ce seront notamment le Bénin, le Nigeria, le Mali, le Cameroun, le Kenya et le Zimbabwe). Nous procéderons de temps à autre à un examen des relations entre les indices démographiques des pays et des indicateurs de développement social, économique, humain et sanitaire, regroupés par pays dans les tableaux annexes A13 et A14.

Les sources privilégiées de données sont, d'une part, les banques de données des divers organismes des Nations unies (Division de la population, PNUD, OMS, Unesco, etc.), indispensables pour la reconstitution des

---

[2] Voir entre autres les ouvrages de D. Tabutin (1988) et de Foote *et al.* (1996) sur les différentes composantes de la démographie africaine, de R. Lesthaeghe (1989) sur les modèles de reproduction, de E. van de Walle et D. Foster (1990) et de Th. Locoh et V. Hertrich (1994) sur la fécondité, de E. van de Walle *et al.* (1992) sur la mortalité, de C. Bledsoe et G. Pison (1994) sur la nuptialité, de J. Coussy et J. Vallin (1996) sur les conséquences des crises sur les dynamiques démographiques et sociales, de J. Vallin (1994) sur le sida.

Signalons par ailleurs l'existence depuis 1984 d'une Union pour l'étude de la population africaine (UEPA/UAPS), responsable notamment d'une revue (*Études de la population africaine*) et de l'organisation des grandes conférences sur la population africaine (Dakar en 1988, Durban en 1999, Tunis en 2003).

grandes évolutions depuis 1950 ou la recherche d'indicateurs spécifiques, et d'autre part, les enquêtes démographiques et de santé (EDS) ou équivalentes : 81 enquêtes au total ont été effectuées depuis 1984, dont 47 depuis 1994 dans 30 pays africains. Nous utiliserons aussi, en les complétant, certains travaux récents comme ceux de V. Hertrich (2001) sur l'âge au mariage et de X. Thierry (2001) sur l'immigration en France.

Sur les 50 pays rattachés à l'Afrique sub-saharienne, deux, très petits et par ailleurs mal documentés, ont été exclus de cette chronique : les Seychelles (453 km^2, 80 000 habitants) et l'île Sainte-Hélène (410 km^2, 7 500 habitants). Les 48 autres pays sont regroupés dans les annexes statistiques selon les quatre sous-régions classiquement distinguées : Afrique de l'Ouest (16 pays), Afrique centrale (9 pays), Afrique de l'Est (18 pays) et Afrique australe (5 pays). La carte ci-après présente la localisation géographique des pays et leur regroupement par sous-région.

I. L'Afrique dans le monde : contexte général et historique

Globalement, l'Afrique au sud du Sahara (tableau 1) conserve toujours la croissance démographique la plus rapide du monde (2,4 % en 2001 contre 0,8 % à 2 % dans les autres régions en développement), une fécondité très élevée (5,5 enfants par femme contre 1,8 à 3,5 ailleurs) et une forte mortalité (espérance de vie de 47 ans contre au moins 63 ans partout ailleurs). Elle représente aujourd'hui 10 % de la population du monde et 13 % de celle des régions dites en développement.

La région est aussi – et de loin – la plus défavorisée du monde sur le plan économique et social. En 2001, son revenu par habitant en parité de pouvoir d'achat (1830 $) est d'un tiers inférieur à celui de l'Asie du Sud et près de trois fois plus bas que celui de l'Afrique du Nord et du Moyen-Orient. En matière de développement humain (IDH), la région est nettement derrière l'Asie du Sud et très loin de l'Amérique latine ou de l'Asie de l'Est. Dans le classement mondial du PNUD (2003), 34 des 40 derniers pays appartiennent à l'Afrique sub-saharienne[3]. De même, dans le classement selon le degré de pauvreté, la plupart des pays africains sont parmi les derniers. Seul l'analphabétisme adulte (38 %) n'est dans l'ensemble pas plus répandu en Afrique sub-saharienne qu'en Afrique du Nord et au Moyen-Orient (39 %) ou en Asie du Sud (44 %). Tout cela cache évidemment des inégalités non négligeables d'un pays à l'autre à l'intérieur du continent (tableau annexe A.13).

---

[3] Les différents indicateurs de développement par pays figurent dans les tableaux annexes A.13 et A.14.

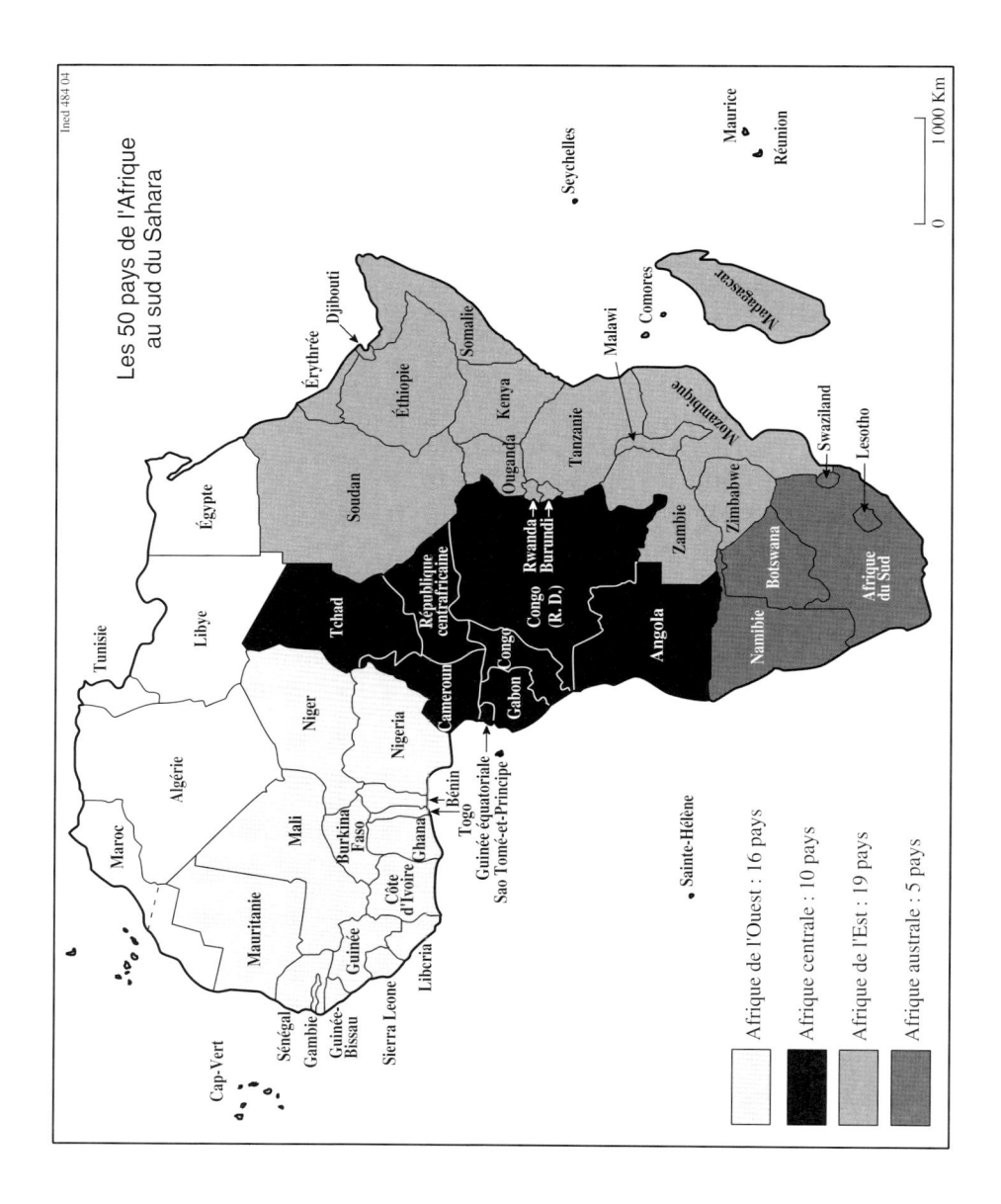

Les 50 pays de l'Afrique au sud du Sahara

Afrique de l'Ouest : 16 pays
Afrique centrale : 10 pays
Afrique de l'Est : 19 pays
Afrique australe : 5 pays

TABLEAU 1. – QUELQUES CARACTÉRISTIQUES SOCIODÉMOGRAPHIQUES DE L'AFRIQUE SUB-SAHARIENNE ET DES AUTRES GRANDES RÉGIONS DU MONDE EN 2001

Région	Population (millions)	Indice synthétique de fécondité (enfants/femme)	Espérance de vie (en années)	Croissance démographique (%)	Indicateur de développement humain[a]	RNB/habitant $ US PPA[a]	Analphabétisme adulte (%)
Afrique sub-saharienne	626	5,5	47	2,4	0,468	1 830	38
Afrique du Nord et Moyen-Orient	290	3,5	66	2,0	0,662	5 040	39
Amérique latine et Caraïbes	523	2,6	70	1,5	0,777	7 050	11
Asie du Sud	1 455	3,1	63	1,6	0,582	2 730	44
Asie de l'Est et Pacifique	1 900	1,8	69	0,8	0,722	4 230	13
Pays de l'OCDE	1 141	1,7	76	0,3	0,905	23 360	e
Monde entier	6 148	2,7	65	1,3	0,722	7 380	–

[a] Voir la signification des indicateurs dans le tableau A.13 (en annexe).
Sources : PNUD (2003), Nations unies (2003b).

Une autre caractéristique de la région relève de son histoire, avec une colonisation qui a été beaucoup plus longue qu'ailleurs. En dehors du Liberia (une création des États-Unis en 1847) et de l'Éthiopie, la plupart des pays africains seront en effet occupés, colonisés sous une forme ou sous une autre, à partir des années 1880. Quatre pays européens se partageront la plus grande partie de l'Afrique sub-saharienne : la France qui, outre Madagascar, les Comores et Djibouti, sera présente en Afrique de l'Ouest et centrale (18 pays d'aujourd'hui au total) ; la Grande-Bretagne (17 pays actuels) occupera quelques pays de l'Ouest (dont le Nigeria), mais surtout l'Afrique de l'Est (Kenya, Malawi, Ouganda...) et du Sud ; la Belgique (3 pays avec l'actuelle République démocratique du Congo, le Rwanda et le Burundi) ; le Portugal (5 pays dont le Mozambique et l'Angola). S'y ajoutent l'Allemagne qui jusqu'en 1918 occupera le Togo, une partie du Cameroun, le Tanganyika et la Namibie, et l'Espagne, présente en Guinée équatoriale.

En dehors de l'Afrique du Sud dont l'indépendance remonte à 1910, tous ces pays resteront sous occupation coloniale pendant 70 à 90 ans, et accéderont à l'indépendance à des dates variables (tableau annexe A.2). En 1960, la France se retire de la plupart de ses colonies, la Belgique du Congo R.D., et la Grande-Bretagne du Nigeria. En 1967, la plupart des pays sont libérés, en dehors cependant des colonies portugaises qui n'accéderont à l'indépendance qu'en 1974 et 1975, du Zimbabwe occupé par les Anglais jusqu'en 1980, des Comores et de Djibouti qui deviendront respectivement indépendants en 1975 et 1977, et de la Namibie sous mandat sud-africain jusqu'en 1990. La Réunion, quant à elle, deviendra un département français d'outre-mer en 1946.

II. D'énormes progrès récents en matière d'informations

Jusqu'à la fin des années 1960, l'Afrique dans son ensemble souffrait d'un manque flagrant de données sociodémographiques, avec des situations certes variables : on disposait de quelques recensements (plutôt légers) dans les pays sous domination anglaise ou portugaise, de quelques enquêtes auprès des ménages dans les pays sous domination française ou belge. Le plus souvent, l'état civil ne fonctionnait pas ou fort mal, tant en ce qui concerne l'enregistrement des événements que l'exploitation des données. Aujourd'hui encore, 40 ans plus tard, il ne fonctionne correctement[4] que dans quelques petits pays, comme le Cap-Vert, Maurice, la Réunion, Sao Tomé-et-Principe et les Seychelles, en Afrique du Sud ou simplement dans les capitales (Gendreau, 1993).

---

[4] Soit avec une couverture de plus de 90 % des naissances et décès (définition des Nations unies).

En revanche, en matière de recensements et d'enquêtes, la situation s'est améliorée considérablement *à partir des années 1970*, avec le développement des instituts de statistique, la formation de cadres (statisticiens et démographes), de gros appuis financiers extérieurs aux opérations de collecte et la mise en place de grands projets internationaux, comme le programme de l'enquête mondiale de fécondité (EMF) de 1974 à 1982 et le programme américain des enquêtes démographiques et de santé (EDS) depuis 1984[5].

Il en résulte (tableau 2) une augmentation sensible depuis 1970 et surtout 1980 du nombre d'opérations démographiques nationales conduites dans les 48 pays de la région : en moyenne, pratiquement un recensement et une enquête tous les dix ans. Mais les situations nationales varient énormément (tableau A.1 en annexe), allant de pays bien documentés avec 3 à 5 recensements et 5 à 8 enquêtes (Kenya, Ghana, Burkina Faso, Sénégal, Cameroun, Zambie) jusqu'à des pays fort dépourvus de statistiques (Congo R.D., Congo, Guinée, Gabon, Tchad, Somalie, Swaziland). Sur les 48 pays, 45 ont effectué depuis 1994 au moins un recensement, 30 au moins une enquête EDS. Ce sont essentiellement ces dernières qui permettent aujourd'hui de connaître les caractéristiques de la fécondité, de la mortalité et de la santé des mères et des enfants dans un bon nombre de pays africains.

TABLEAU 2.– ÉVOLUTION DU NOMBRE DE RECENSEMENTS
ET D'ENQUÊTES DÉMOGRAPHIQUES NATIONALES DEPUIS 1960
DANS L'ENSEMBLE DES 48 PAYS D'AFRIQUE SUB-SAHARIENNE

Type d'opération	1960-1969	1970-1979	1980-1989	1990-1999	2000-2004	Total
Recensements	28	41	42	37	34	182
Enquêtes EMF[a]	–	7	4	–	–	11
Enquêtes EDS[b]	–	–	18	44	19	81
Autres enquêtes démographiques[c]	25	23	24	14	3	89
Total	53	71	88	95	56	363

[a] Enquêtes effectuées dans le cadre du Programme de l'enquête mondiale de fécondité de 1974 à 1982.
[b] Enquêtes démographiques et de santé réalisées depuis 1984 sous la responsabilité de Macro International, Westinghouse et d'autres organismes.
[c] En dehors des enquêtes socio-économiques de la Banque mondiale (LSMS, enquête prioritaire) ou du programme MICS2 de l'Unicef.
Source : tableau A.1 en annexe.

---

[5] Ce bilan doit néanmoins être relativisé pour la décennie 1990 quand, dans nombre de pays, on voit la mobilité professionnelle des cadres des instituts de statistique et le fléchissement des fonds nationaux et internationaux pour la collecte et l'analyse de données.

III. Une histoire démographique mouvementée depuis deux millénaires

L'évolution du peuplement de l'Afrique depuis l'Antiquité est toujours mal connue et difficile à appréhender. Il en résulte, sans surprise, des estimations de population qui peuvent varier d'un auteur à l'autre pour le passé lointain (tableau 3) : 21 à 30 millions d'habitants vers l'an 1000, de 48 à 78 vers 1500, de 83 à 92 pour 1800. Pour les XIXe et XXe siècles, les estimations se rapprochent : de 95 à 101 millions vers 1900. En revanche, les historiens s'accordent sur le rôle important des facteurs climatiques et de leurs conséquences (sécheresses, disettes, famines, épidémies) dans le passé et sur les effets tragiques des traites négrières sur les dynamiques démographiques et sociales des sociétés concernées, qui du XVe à la fin du XIXe siècle auraient touché environ 25 millions de personnes[6].

TABLEAU 3.– ÉVOLUTION ET CROISSANCE DE LA POPULATION DE L'AFRIQUE SUB-SAHARIENNE DEPUIS LE DÉBUT DE NOTRE ÈRE

Dates	Population (en millions)		Croissance annuelle de la population (%) au cours de chaque siècle[a]	Part (%) de la population de l'Afrique dans la population mondiale[b]
	Biraben (2003)	Cordell (2001)		
J.C.	12	–	–	5
500	20	–	–	10
1000	30	21	0,13	12
1100	–	24	0,15	–
1200	–	28	0,13	–
1300	60	32	0,20	14
1400	60	39	0,21	16
1500	78	48	0,21	17
1600	–	59	0,19	–
1700	97	71	0,16	14
1800	92	83	0,20	10
1900	95	101	1,87	6
2000	657	657	–	11

[a] Taux calculés à partir des données de D. Cordell.
[b] Parts calculées à partir des données de J.-N. Biraben.
Sources : J.-N. Biraben (2003) et D. Cordell (2001).

De 1700 à 1900, contrairement aux autres régions du monde qui voient doubler ou tripler leur population, celle de l'Afrique noire stagnera selon J.-N. Biraben (2003) ou n'augmentera que légèrement selon D. Cordell (2001). Son poids dans la population mondiale, croissant depuis l'Antiquité, ne fera que reculer du XVIe siècle (17 %) à la fin du XIXe (6 %). Globalement, la croissance démographique du continent restera lente jusqu'au XXe siècle (de 0,13 % à 0,21 % par an selon les périodes). De l'avis unanime des historiens, la période de colonisation

---

[6] C. Coquery-Vidrovitch (1988) aboutit à ce chiffre en distinguant la traite saharienne vers le monde méditerranéen (dès l'Antiquité, la plus durable, environ 9 millions de personnes dont une grande partie après le XVe siècle), la traite atlantique (plus concentrée dans le temps, de 1450 à 1900, 12 millions d'individus) et la traite dans l'Océan indien (5 millions de personnes).

intense (1880-1920) fut même encore une phase de ralentissement ou parfois de régression démographique brutale dans certaines régions (en raison du travail forcé, des déplacements de populations, de l'importation de maladies, etc.). Il faudra attendre les années 1920 pour voir une reprise rapide de la dynamique démographique de l'Afrique.

IV. Populations et croissances depuis 1950 : rapidité et diversification

Après 1950, l'Afrique au sud du Sahara se peuple très rapidement, à des rythmes qui vont même croissant de 1950 à 1985, avec une diversification progressive entre pays, laquelle s'accentuera ensuite sous l'effet des reculs variables de la fécondité, mais aussi du sida dans les pays ou sous-régions les plus touchés.

1. Les plus fortes croissances du monde depuis cinquante ans

Contrairement aux autres régions du monde, l'Afrique a connu une augmentation régulière de sa croissance démographique de 1950 (2,2 %) à 1985 (2,8 %), résultat du maintien de la fécondité et du recul de la mortalité. En dehors de l'Afrique du Sud dont la croissance se maintient autour de 2,4 % et des îles de la Réunion et de Maurice où la fécondité baisse dès les années 1960, la plupart des pays gagnent près d'un point de croissance sur la période (tableau A.3 en annexe), pour atteindre tous près de 3 %[7] vers 1985. À ces rythmes, ils voient quasiment tous leur population tripler en 35 à 40 ans, l'Afrique sub-saharienne dans son ensemble passant de 177 millions d'habitants en 1950 à 504 millions en 1990 (tableau annexe A.2).

Depuis 1990, l'Afrique sub-saharienne, globalement, est entrée dans une phase de ralentissement démographique, passant de 2,9 % de croissance par an vers 1985 à 2,3 % en 2000. Mais ce ralentissement se fait à des rythmes variables, et même divergents entre les pays (figure 1). À un extrême, on trouve une petite vingtaine de pays, de différentes sous-régions, dont les croissances n'ont pas changé ou même ont légèrement augmenté depuis 1985 (le Niger, le Mali, le Mozambique, la Somalie, etc.) ; à l'autre extrême, les cinq pays d'Afrique australe, le Zimbabwe et la Zambie dont les taux de croissance s'effondrent littéralement à partir de 1995 avec la surmortalité due au sida (nous y reviendrons) : l'Afrique du Sud et le Botswana par exemple passent respectivement d'une croissance

---

[7] Le maximum sera alors atteint par le Kenya avec 3,8 %.

de 2,0 % et 2,8 % en 1990-1994 à 0,6 % et 0,9 % dix ans plus tard. C'est un exemple unique dans l'histoire.

Entre ces extrêmes, on compte près de 25 pays qui tous connaissent un fléchissement de leur croissance, mais à des rythmes divers (figure 1) : plutôt lents pour les pays d'Afrique de l'Ouest et du Centre, un peu plus rapides (en moyenne) pour les pays d'Afrique de l'Est. Et il n'y a pas de relation claire entre les rythmes de déclin et les niveaux de départ de 1980-1984.

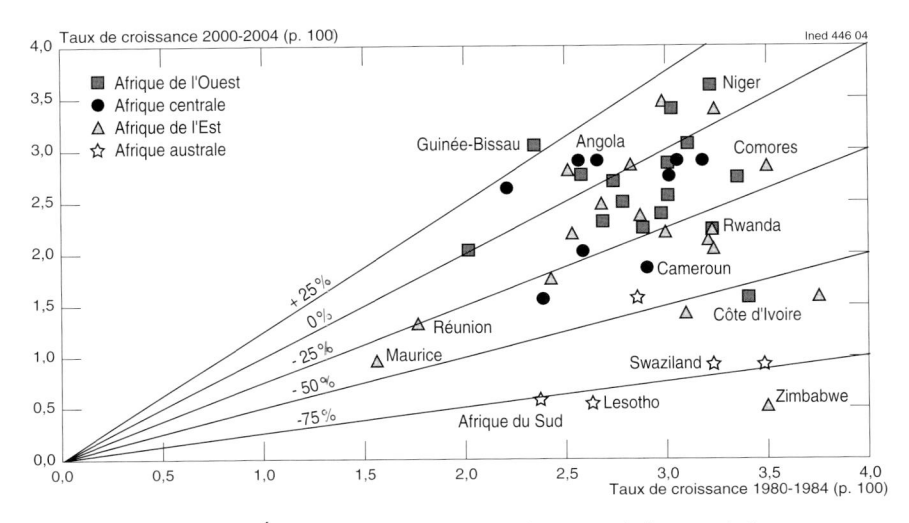

Figure 1.– Évolution des taux de croissance de la population de 1980-1984 à 2000-2004 dans 48 pays

Note : les diverses droites correspondent aux rythmes de croissance et de déclin indiqués.
Source : à partir des données des Nations unies (2003b).

Finalement, de 1990 à 2005, les populations des diverses sous-régions et de la plupart des pays augmenteront de près de 50 %, en dehors de l'Afrique australe (24 %).

2. *Quelques projections d'ici 2040*

Certes, les croissances ralentissent ou vont sous peu ralentir, mais encore très élevées dans l'ensemble, elles vont conduire à de fortes augmentations de population dans les trente à quarante prochaines années (tableau A.2 en annexe). L'ensemble de la région passerait de 732 millions d'habitants en 2005 à 992 dès 2020, puis à 1 374 en 2040 selon l'hypothèse moyenne des Nations unies (2003b). Trois sous-régions sur quatre et une grande majorité des pays doubleront probablement leur population en quarante ans, et certains (Niger, Mali, Burkina Faso, etc.) iront pratiquement jusqu'à la tripler. Même les pays aujourd'hui les plus avancés dans leur transition de la fécondité (Ghana, Côte d'Ivoire, Kenya par exemple) auront encore des progressions de 40 % à 50 %.

L'Afrique australe est une autre histoire. Toujours selon les projections des Nations unies, les taux de croissance qui se sont récemment effondrés seront sous peu négatifs et le resteraient jusqu'en 2040 (– 0,30 % environ entre 2010 et 2040). Les déclins de population seront importants : de 2005 à 2040, la région passerait de 52 millions d'habitants à 47, retrouvant alors le niveau de 1995. L'Afrique du Sud et le Swaziland perdraient 10 % de leur population, le Botswana 19 %. Les effets du sida, nous le verrons, conduiront aussi à des déstabilisations radicales des structures par âge.

3. *Il y a densités et... densités*

Composée d'une cinquantaine de pays de superficie on ne peut plus inégale, l'Afrique sub-saharienne a longtemps été considérée comme sous-peuplée, disposant d'énormes espaces non occupés ou exploités. L'Afrique, il est vrai, est très diversement peuplée, avec des densités nationales de population allant actuellement de moins de 10 hab./km^2 (Niger, Mauritanie, Centrafrique, Gabon, Namibie, etc.) à près de 250 au Burundi et même près de 300 au Rwanda[8], la moyenne sub-saharienne s'élevant à 27 (tableau A.2 en annexe).

Mais ces densités nationales cachent d'énormes inégalités internes aux pays. Au Bénin par exemple, le département côtier de l'Atlantique, où se situent la capitale et nombre des activités économiques, concentre à lui seul 25 % de la population sur 3 % du territoire, avec par ailleurs des densités rurales qui vont de 10 à 300 hab./km^2 selon la région. Au Kenya, 90 % de la population vit sur 20 % des terres. Au Burundi, certaines communes rurales dépassent les 350 hab./km^2, certaines collines en comptent plus de 700.

Par ailleurs, ces densités calculées classiquement (nombre d'habitants rapporté à la superficie totale) sont de piètres indicateurs de la relation entre pression démographique et ressources agricoles (Mathieu et Tabutin, 1996). En recalculant, comme nous l'avons fait, les densités à partir des superficies de terres arables et des cultures permanentes (tableau A.2 en annexe), la vision change totalement. Par exemple, la Mauritanie passe de 3 à 529 hab./km^2, le Sénégal de 48 à 391, le Kenya de 53 à 676, la Somalie de 14 à 817... En termes de terres utilisées ou cultivables, on est donc loin d'une Afrique sous-peuplée.

---

[8] Sans parler des petites îles que sont les Comores (315 hab./km^2), Maurice (581 hab./km^2) ou la Réunion (288 hab./km^2).

V. Quatre grandes situations ou modèles de transition

Dans son ensemble, l'Afrique au sud du Sahara est sans aucun doute entrée dans le processus global de la transition démographique, avec une baisse préalable de la mortalité dès les années 1950 et 1960, suivie plus récemment d'un début de recul de la natalité, mais seule une minorité de pays suivent le modèle classique, sans à-coup ni rupture ou retournement de situation.

En Afrique, coexistent actuellement quatre grandes situations ou modèles, qui apparaissent clairement en prenant 4 pays qui ont connu depuis vingt ans des histoires économiques, politiques et sanitaires diverses, le Mali, le Ghana, le Liberia et le Zimbabwe (figure 2) :

— *le modèle encore traditionnel*, illustré par le Mali, où la mortalité a reculé mais où la natalité se maintient à des niveaux très élevés (de 45 à 50 ‰). S'y rattachent une douzaine de pays, parmi les plus pauvres, de l'Ouest (Niger, Burkina Faso, Guinée), du Centre (Angola, Congo, Tchad) ou de l'Est (Ouganda, Somalie);

— *le modèle classique de changement*, illustré par le Ghana, où la mortalité baisse régulièrement depuis cinquante ans, la natalité diminue depuis vingt ans et la croissance ralentit tout en demeurant encore forte. Une dizaine de pays suivent ce schéma, comme le Sénégal, la Gambie, le Gabon, Sao Tomé-et-Principe, les Comores, le Soudan ou l'Érythrée;

— *le modèle perturbé par le sida*, illustré par le Zimbabwe : fécondité et mortalité ont reculé normalement jusque vers 1990, mais le processus a été brutalement interrompu par des reprises importantes de la mortalité, conduisant, nous l'avons dit, à des réductions parfois drastiques de la croissance. Ce modèle est celui des 5 pays d'Afrique australe, d'un certain nombre de pays de l'Afrique de l'Est (Kenya, Malawi, Tanzanie, Zambie), de la Côte d'Ivoire, du Cameroun et de la Centrafrique;

— *le modèle perturbé par des guerres*, illustré ici par le Liberia, avec des reprises brutales de mortalité dues aux conflits eux-mêmes, mais aussi à la paupérisation qui s'en suit, ainsi parfois qu'au sida. La Sierra Leone, le Congo (R.D.) sans doute, le Burundi et surtout le Rwanda (avec le génocide de 1994) entrent dans ce schéma.

Développement économique, pauvreté, politiques démographiques et sociales, pandémies comme le sida détermineront dans les deux ou trois décennies à venir les modèles de transition de chaque société, avec des chemins bien différents selon les pays.

Mais venons en plus précisément à l'examen des changements et situations de la nuptialité, de la fécondité, de la mortalité et des migrations, dont dépendent directement ces dynamiques démographiques passées ou récentes.

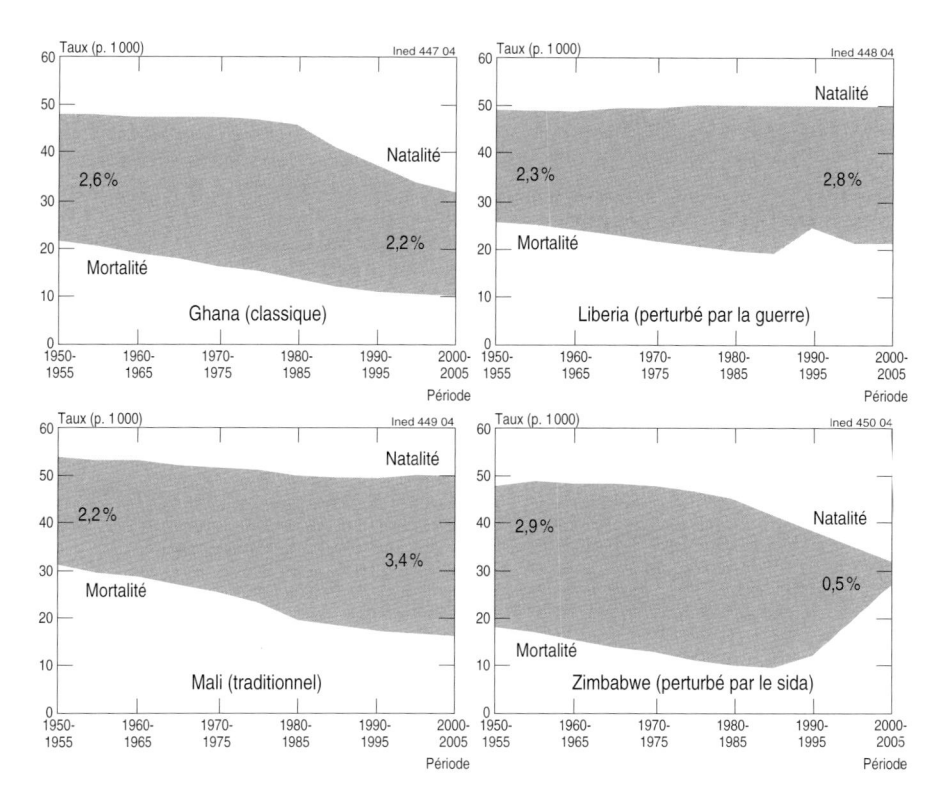

Figure 2.— Quatre modèles types de transition démographique
en Afrique sub-saharienne de 1950 à 2005
Source : à partir des données des Nations unies (2003b).

VI. La nuptialité :
des changements et des permanences

Dans la théorie de la transition démographique comme le plus souvent dans les faits depuis trente ans, l'évolution de la nuptialité, notamment de l'âge au premier mariage, précède celle du contrôle des naissances dans le mariage. L'âge d'entrée en union, le célibat définitif et le divorce sont par ailleurs des déterminants directs de la fécondité générale.

Globalement, les régimes traditionnels de nuptialité africains se caractérisaient par une entrée en union très précoce pour les femmes et beaucoup plus tardive pour les hommes, par un écart d'âge entre conjoints le plus élevé du monde, par un rejet du célibat, par un remariage fréquent des femmes veuves et divorcées et par une pratique de la polygamie, omniprésente et souvent importante (Hertrich, 2001)[9]. Où en est-on aujourd'hui ? Le tableau A.4 (en annexe) présente pour 48 pays les âges médians au mariage des hommes et des femmes à la fin des années 1970 et des années 1990, les écarts d'âge entre époux à ces deux dates et la situation actuelle du célibat définitif et de la polygamie. Le tableau 4 en fournit une synthèse par sous-région.

1. Une augmentation généralisée de l'âge au mariage

Dans la plupart des pays, l'âge médian au premier mariage des *femmes* augmente, passant grosso modo de 18-19 ans vers la fin des années 1970 à 19-20 ans vers la fin des années 1990, avec des progressions fréquentes de 1 à 1,5 année. Seuls quelques pays conservent aujourd'hui un modèle de mariage précoce : le Niger (16,8 ans), le Tchad (17,7 ans), l'Ouganda (17,5 ans) et le Mozambique (17,8 ans). À l'autre extrême se situent les pays d'Afrique australe et la Réunion, qui dès les années 1970 avaient déjà adopté un modèle tardif, et où l'âge au mariage est aujourd'hui de l'ordre de 28 ans. Entre les deux, on trouve une majorité de pays dans lesquels il se situe autour de 20 ans (figure 3). En définitive,

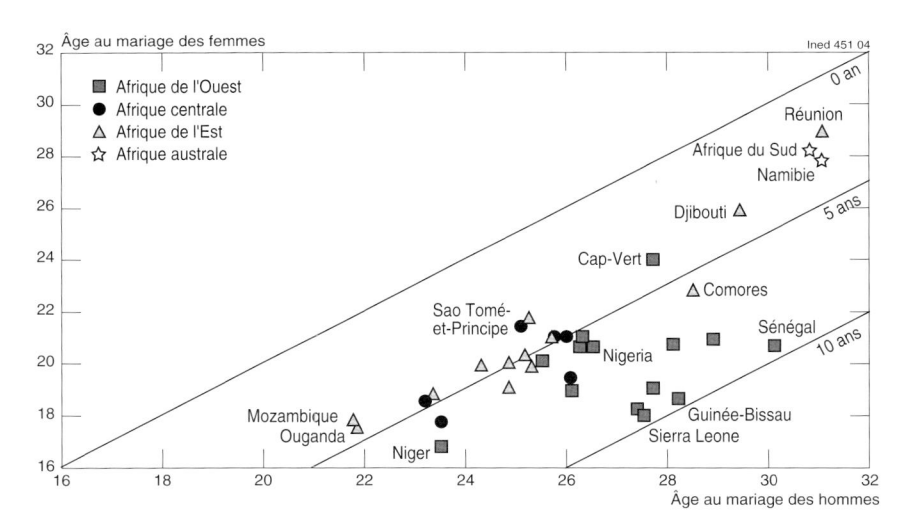

Figure 3.– Âges médians au premier mariage des femmes et des hommes à la fin des années 1990 (36 pays)

Note : les droites correspondent à des écarts d'âge de 0, 5 et 10 ans.
Source : à partir des données de V. Hertrich (2001) avec mise à jour.

---

[9] Voir aussi Nations unies (1990), van de Walle (1996) et Lesthaeghe *et al.* (1989).

l'Afrique sub-saharienne n'a pas connu de révolution matrimoniale comparable à celle qu'a connue l'Afrique du Nord en vingt-cinq ans, même si des changements sont survenus.

Chez les *hommes*, les âges médians d'entrée en union, déjà relativement élevés dans les années 1970, ont eux aussi souvent augmenté, mais moins que chez les femmes. Dans une majorité de pays, ils sont aujourd'hui autour de 25 ou 26 ans, en dehors de l'Afrique australe et de la Réunion où ils atteignent 31 ans (tableau annexe A.4).

En corollaire, les *écarts d'âge au premier mariage entre hommes et femmes*, en moyenne très élevés dans les années 1960 et 1970 (souvent de 6 à 7 ans), ont légèrement régressé, mais demeurent encore importants dans une majorité de pays (figure 3).

2. Le mariage demeure la règle

Se marier demeure la norme sociale largement prédominante en Afrique, tant pour les femmes que pour les hommes. En dehors encore une fois des pays d'Afrique australe où le célibat définitif n'est plus négligeable (environ 14 % des femmes à 40-49 ans), hommes et femmes finissent presque tous par entrer en union. Dans 40 pays, le célibat masculin dépasse rarement les 4 %, le célibat féminin les 2 %. Un mouvement s'amorce néanmoins dans les capitales ou grandes villes africaines, avec une montée du célibat prolongé qui conduira peut-être à terme à davantage de célibat définitif (Antoine, 2003).

3. Une bonne résistance de la polygamie

L'Afrique sub-saharienne a toujours été une terre de prédilection pour cette forme de mariage, qui est l'un des piliers essentiels des structures familiales de la région. Dans les années 1960 et 1970, on en prédisait le recul, sinon la disparition, sous l'effet de l'occidentalisation, de l'éducation et du développement socio-économique, plus récemment sous l'effet de « la crise ». Les données les plus récentes, provenant de recensements ou d'enquêtes, montrent qu'on en est encore loin : la polygamie résiste relativement bien aux divers changements contextuels.

Mais son intensité, en moyenne élevée, a toujours varié à l'intérieur du continent, entre sous-régions, entre pays appartenant à une même sous-région, ou au sein des pays en fonction de l'ethnie et du milieu de résidence (Sala Diakanda, 1980; Klissou, 1995). C'est de loin en Afrique de l'Ouest et sahélienne (tableau 4) que de tout temps elle a été la plus répandue : actuellement, à l'exception de la Mauritanie, entre 30 % et 60 % des femmes de 35-44 ans y vivent en union polygame (tableau A.4 en annexe). Elle n'est qu'un peu moins fréquente en Afrique centrale, mais son importance est nettement plus basse et variable dans les 17 pays

TABLEAU 4.– ÂGE MÉDIAN AU PREMIER MARIAGE DES FEMMES,
ÉCART D'ÂGE ENTRE ÉPOUX ET PROPORTION DE FEMMES (35-44 ANS)
EN UNION POLYGAME PAR SOUS-RÉGION

Sous-région	Âge médian au premier mariage des femmes		Écart d'âge entre époux		% de femmes en union polygame à 35-44 ans vers 1999	% de femmes célibataires à 40-49 ans vers 1999
	Vers 1979	Vers 1999	Vers 1979	Vers 1999		
Afrique de l'Ouest [15]	18,0	19,5	8,5	7,5	50	0,7
Afrique centrale [9]	19,5	20,2	5,8	5,1	39	1,6
Afrique de l'Est [17]	19,5	20,6	5,0	4,8	23	1,3
Afrique australe [5]	25,8	28,0	3,7	2,9	14	14,3
Ensemble de l'Afrique sub-saharienne [46]	19,4	20,5	6,1	5,6	35	2,0

Source : tableau A.4 en annexe. Les données par sous-région sont des moyennes non pondérées des résultats nationaux. Le Cap-Vert et la Réunion ont été exclus en raison de leur situation exceptionnelle en la matière. Les chiffres entre crochets indiquent le nombre de pays par sous-région.

d'Afrique de l'Est (de 4 % à Madagascar à 39 % en Ouganda), et surtout en Afrique australe (14 %).

On observe récemment quelques mouvements quasi généralisés de recul de la polygamie, mais qui concernent essentiellement les villes et les classes sociales les plus favorisées ou instruites. Pour le moment, une Africaine sur trois (de 40 ans) vit en union polygame (tableau 4) ; près d'une sur deux risque toujours de passer par ce système matrimonial à un moment ou à un autre de sa vie.

4. Le divorce et le remariage : importants mais mal connus

Polygamie, mais aussi divorce et veuvage demeurent les grands « risques » matrimoniaux pour une femme africaine, en raison de l'instabilité des mariages (mésentente entre époux, mariages arrangés, infécondité de la femme, etc.) et de la différence d'âge parfois importante entre époux, notamment dans les unions polygames[10]. Intensité et calendrier du divorce, du veuvage et du remariage sont parmi les éléments les moins bien documentés de la démographie africaine car ils nécessitent de recueillir les biographies matrimoniales complètes des hommes et des femmes ; celles-ci sont disponibles dans les quelques enquêtes EMF des années 1970 mais pas dans les nombreuses enquêtes EDS récentes[11]. Il est dès lors difficile de mesurer les changements.

---

[10] 15 à 20 ans d'âge peuvent séparer l'homme de sa deuxième ou de sa troisième épouse (Donadjé, 1992). Une grande différence d'âge entre époux est d'ailleurs la condition démographique nécessaire au fonctionnement du système polygame.

[11] On ne peut se baser sur les proportions de veuves (veufs) ou divorcées (és) à un moment donné (observées à partir d'un recensement ou d'une enquête) dans la mesure où le remariage est fréquent et même souvent rapide.

Les quelques travaux menés sur le *divorce* dans les années 1970 et 1980 montraient tous l'importance du phénomène, mais aussi sa diversité spatiale. Selon R. Lesthaeghe *et al.* (1989), le divorce, suivi en général d'un remariage rapide, était plus fréquent en Afrique de l'Ouest (45 % à 53 % des unions rompues selon les pays) qu'en Afrique de l'Est (29 % à 34 %). Bien que peu nombreuses, les études un peu plus récentes sur l'Afrique de l'Ouest confirment l'importance du phénomène : à 30 ans de mariage, la proportion des premiers mariages féminins rompus par divorce s'élève à 35 % au Ghana, 38 % au Togo et 29 % en Mauritanie ; à Dakar, le divorce frappe une union sur trois (Antoine et Dial, 2003). Au Burkina Faso (Thiombiano, 2004), pays essentiellement rural, le divorce, moins fréquent qu'ailleurs au niveau national (16 % après 30 ans de mariage), touche une femme sur cinq dans les villes, avec des risques accrus pour les mariages précoces, les femmes instruites et les jeunes générations.

Le *veuvage* est évidemment un autre grand facteur de rupture d'union en Afrique, dans des contextes de mortalité encore élevée, de surmortalité masculine et d'écarts d'âge entre époux souvent importants. Au Burkina Faso par exemple (Thiombiano, 2004), un premier mariage sur dix est dissous par le décès de l'époux avant 20 ans de durée, un sur cinq avant 30 ans. Si l'on cumule divorce et veuvage, cela conduit à des risques de rupture d'union particulièrement élevés pour la femme, avant même la fin de sa vie féconde.

Dans la mesure où le mariage demeure une norme sociale pratiquement universelle en Afrique, ces ruptures d'union, par divorce et par veuvage, sont fréquemment suivies de *remariages*, notamment quand les femmes sont encore relativement jeunes et fécondes. Là encore, le phénomène varie à l'intérieur du continent, il est dans l'ensemble plus intense et rapide à l'Ouest qu'à l'Est ou au Sud du continent, avec des différences assez notables entre villes et campagnes ou entre groupes sociaux.

5. Des grands modèles régionaux de nuptialité

L'Afrique, culturellement et ethniquement fort diversifiée, est plurielle en matière de nuptialité, comme elle l'est en matière de structures familiales, de rapports sociaux ou de genre. Et entre pays voisins, on observe parfois des différences sensibles.

Pour les années 1970 et 1980, R. Lesthaeghe *et al.* (1989) et V. Hertrich (2001) ont dégagé quelques grands modèles régionaux de nuptialité : le Sahel et les savanes de l'Ouest et du Centre avec un âge très précoce au mariage, une importante polygamie et de grands écarts d'âge entre époux, une Afrique de l'Est avec moins de polygamie et un âge plus élevé au mariage, et une Afrique australe avec peu de polygamie, un âge déjà élevé au mariage et un célibat non négligeable en raison, entre autres, des migrations de travail.

Nous retrouvons grosso modo cette régionalisation à la fin des années 1990, vingt ans plus tard, avec des résultats certes un peu différents (tableau 4), mais avec toujours aux deux extrêmes : d'une part, l'Afrique de l'Ouest, la région la plus polygame du monde et à écarts d'âge entre époux importants et, d'autre part, l'Afrique australe dans un tout autre schéma (mariage tardif, célibat important, peu de polygamie, de faibles différences d'âge entre époux).

Il conviendra de garder à l'esprit l'importance de ces disparités spatiales et culturelles en matière de mariage lors de l'examen des niveaux et tendances de la fécondité générale.

VII. La fécondité : des déclins qui s'amorcent peu à peu à des rythmes inégaux

La fécondité dans l'ensemble de l'Afrique sub-saharienne baisse depuis une quinzaine d'années : jusqu'en 1985, elle était restée autour de 6,7 enfants par femme (tableau A.5 en annexe), avant de passer à 6,1 en 1990-1994 et 5,4 en 2000-2004. Ce mouvement récent de recul se généralise peu à peu mais à des rythmes très variables selon les pays, dans un contexte également marqué par une demande d'enfants élevée et des disparités sociales croissantes dans les pays.

1. La diversité des rythmes de déclin

La figure 4, qui compare les indices synthétiques de fécondité dans 48 pays en 1960-1964 et 2000-2004[12], montre clairement qu'on est loin, aujourd'hui, de l'homogénéité des années 1960 où dans pratiquement tous les pays, les femmes avaient entre 6 et 7,5 enfants[13]. Depuis, on observe des déclins très rapides en Afrique australe (Afrique du Sud, Zimbabwe, Botswana), au Ghana et au Kenya et dans des pays insulaires (Maurice, Cap-Vert) ainsi qu'à la Réunion, des déclins beaucoup plus lents dans une vingtaine de pays (où la fécondité baisse grosso modo d'un enfant par femme en trente ans), mais aussi des stagnations ou même de légères augmentations dans une quinzaine d'États. Ces derniers, où la fécondité est toujours autour de 7 enfants par femme, se situent essentiellement en Afrique centrale et de l'Ouest, le Niger détenant le record mondial de fécondité (8 enfants par femme). Hormis les rares exceptions précitées, la fécondité des femmes africaines est passée, selon les pays, de 6 à 8 enfants dans les années 1960 à 2,6 à 8,0 aujourd'hui.

---

[12] Les données de base par pays sont issues du tableau annexe A.5.
[13] En dehors de quelques États où la stérilité était alors élevée, notamment le Gabon et la Centrafrique, ou des régions comme le Nord du Congo R.D. ou du Cameroun (Evina, 1994 ; Larsen, 1994).

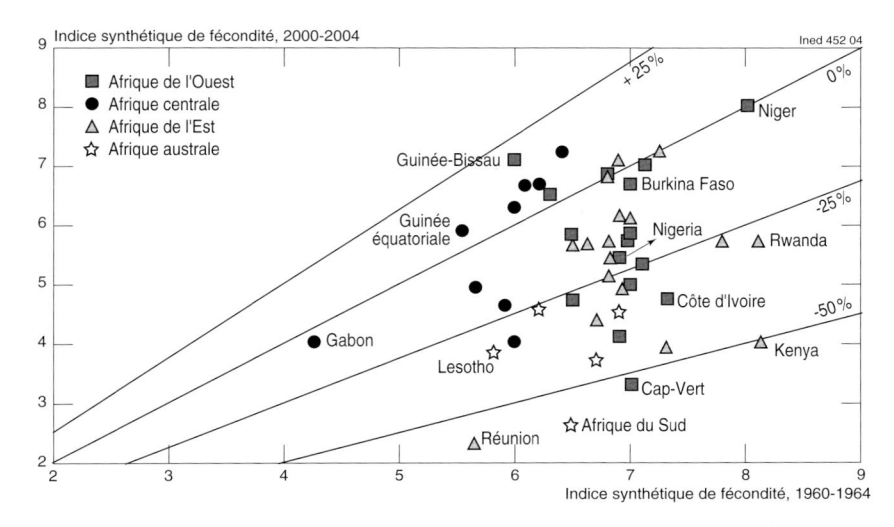

Figure 4. – Évolution de l'indice synthétique de fécondité de 1960-1964 à 2000-2004 dans 48 pays d'Afrique sub-saharienne (nombre d'enfants par femme)
Note : les diverses droites correspondent aux rythmes de croissance et de déclin indiqués.
Source : à partir des données des Nations unies (2003b).

2. Une fécondité dans l'ensemble toujours précoce

La fécondité en Afrique au sud du Sahara était traditionnellement caractérisée par sa précocité. Trois indicateurs permettent d'en mesurer l'intensité actuelle dans les 30 pays qui ont effectué au moins une enquête EDS depuis 1994 (tableau annexe A.6) : l'âge médian à la première naissance, la proportion d'adolescentes (15-19 ans) qui sont déjà mères ou enceintes au moment de l'enquête, et la proportion de la fécondité totale réalisée avant 25 ans.

Lié en partie à l'âge d'entrée en union[14], *l'âge médian à la première naissance* pour l'ensemble de l'Afrique sub-saharienne est de 19,7 ans (une Africaine sur deux a son premier enfant avant 20 ans), avec des moyennes régionales qui vont de 18,9 ans en Afrique centrale à 20,9 ans (seulement) en Afrique australe. Dans la majorité des pays, il se situe à 19 ou 20 ans révolus (tableau 5), quatre seulement étant juste au-delà de 21 ans : les Comores, l'Érythrée, la Namibie et le Rwanda où, avec le Burundi, de tout temps l'âge au mariage a été plus élevé et les conceptions hors mariage plus rares. En excluant quelques petits pays, comme Maurice, et la Réunion, l'Afrique a toujours une fécondité précoce, sans guère de changements importants.

---

[14] En partie seulement car les conceptions prénuptiales ou les naissances hors mariage ne sont pas rares dans nombre de pays.

L'importance de *la fécondité des adolescentes* le confirme clairement : la proportion de jeunes filles de 15-19 ans déjà mères ou enceintes, âgées de 17,5 ans en moyenne, est de 25 % pour l'ensemble de la région, allant de 19 % en Afrique australe à 34 % en Afrique centrale. Dans une majorité de pays, cette proportion dépasse 25 % (tableau 5), notamment dans des pays sahéliens proches de 40 % (Mali, Niger, Tchad), mais aussi Madagascar et le Mozambique. À l'autre extrême, on trouve le Ghana (14 %), les Comores (9 %) et le Rwanda (7 %).

TABLEAU 5.– NOMBRE DE PAYS PAR SOUS-RÉGION SELON L'ÂGE MÉDIAN
À LA PREMIÈRE NAISSANCE ET LA PROPORTION D'ADOLESCENTES (15-19 ANS)
AYANT COMMENCÉ LEUR VIE FÉCONDE

Sous-région	Âge médian à la première naissance			% d'adolescentes ayant débuté leur vie féconde[a]			Nombre total de pays
	< 19 ans	19-20 ans	≥ 21 ans	< 15%	15-24 %	≥ 25%	
Afrique de l'Ouest	3	9	–	1	5	6	12
Afrique centrale	2	2	–	–	–	4	4
Afrique de l'Est	2	7	3	3	3	6	12
Afrique australe	–	1	1	–	2	–	2
Total Afrique sub-saharienne	7	19	4	4	10	16	30

[a] Proportion de femmes de 15-19 ans déjà mères ou enceintes au moment de l'enquête.
Source : tableau A.6 en annexe. Dernières enquêtes EDS depuis 1994.

Quant à la *part de la descendance réalisée avant 25 ans*[15], elle est autour de 35 % dans une grande majorité de pays (tableau annexe A.6), avec aux extrêmes la Namibie (20 %) et le Mozambique (40 %).

Calendrier précoce de la fécondité (dans ou hors mariage) et fécondité élevée des adolescentes sont toujours deux des grandes caractéristiques des fécondités africaines.

3. Une demande d'enfants qui recule mais demeure élevée

Dans la grande majorité des pays et des sociétés, le désir d'enfants est toujours puissant et l'image de la famille nombreuse valorisée, même si dans l'ensemble la demande d'enfants recule depuis une quinzaine d'années. Par exemple, dans des contextes très différents, le nombre idéal d'enfants chez les femmes de 15-49 ans est passé en une dizaine d'années de 6,8 à 5,3 enfants au Sénégal, de 6,9 à 6,2 au Mali, de 5,3 à 4,3 au Ghana et de 4,4 à 3,8 au Kenya[16]. Mais calculé pour les femmes de 25-34 ans (en pleine activité féconde) dans les 30 pays ayant une EDS récente (entre 1995 et 2002), il s'élève encore à 5,4 enfants en moyenne, un chiffre élevé comparé à l'idéal de 2,8 enfants de l'Asie et de l'Amérique latine et de

---

[15] Proportion qui, elle, dépend aussi du niveau total de la fécondité.
[16] Données issues d'enquêtes EDS comparatives faites vers 1988 et 1998.

3,0 enfants de l'Afrique du Nord. Cette fécondité idéale des jeunes générations (25-34 ans) est d'ailleurs de même niveau que la fécondité du moment, mais nettement plus basse que la descendance réalisée des femmes de 45 ans (6,4 enfants).

Cette demande d'enfants varie bien sûr selon les sous-régions (de 3,9 en Afrique australe à 5,6 en Afrique de l'Ouest) et selon les pays. Dans 12 pays sur 30 (tableau annexe A.6), la fécondité désirée est encore supérieure à la fécondité réalisée (ISF) ; dans les 18 autres, elle est soit semblable, soit sensiblement inférieure.

Certes, des changements sont en cours : la demande d'enfants est plus basse aujourd'hui qu'hier, les proportions de femmes qui déclarent à un âge ou une parité donnée ne plus vouloir d'enfants augmentent, la variabilité sociale (selon le niveau d'instruction par exemple) et régionale s'affirme, suivant en cela la géographie de la fécondité. Comme nous l'écrivions dès 1997 (Tabutin, 1997) :

> « Cela reflète bien quelques mutations idéologiques, mais pas encore une transformation radicale et irréversible des opinions et des normes, comme ont pu en connaître d'autres régions du monde en une quinzaine d'années. L'Afrique rurale et pauvre notamment demeure toujours très nataliste. »

4. Une diversification sociale et régionale des modèles de reproduction dans les pays

Toutes les sociétés et régions du monde passent ou sont passées dans leur histoire démographique par une phase de croissance des disparités régionales et des inégalités sociales. Dans toute dynamique de changement social ou de crise, il est toujours des groupes sociaux (ou des régions) en avance sur d'autres, des groupes culturellement plus ouverts ou moins résistants, des groupes économiquement plus touchés par la crise ou le progrès, des groupes plus influents que d'autres. Cela conduit à différents modèles d'adaptation ou de réponse à la crise comme au progrès, en d'autres termes à une diversification des stratégies de vie (ou de survie), y compris la fécondité. À des degrés divers selon les pays, l'Afrique est désormais entrée dans cette phase d'hétérogénéité ou d'inégalités internes croissantes. Et comme dans bien d'autres sociétés du monde, les transitions de la fécondité passent par la ville, l'instruction et le groupe social. En guise d'illustration, le tableau 6 présente les différences de fécondité selon le milieu de résidence et le niveau d'instruction dans six pays qui en sont aujourd'hui à des stades différents de transition.

Mondes urbains et ruraux sont aujourd'hui bien distincts et dans l'ensemble, on est loin des fécondités voisines entre villes et campagnes que l'on observait dans les années 1970. Dans tous les pays, les fécondités sont sensiblement plus faibles en ville (Shapiro et Tambashe, 2003a)[17] : elles se situent souvent entre 3 et 4 enfants, contre 5 à 6 enfants en milieu

---
[17] En dehors de quelques pays comme le Niger et le Tchad.

rural (tableau 6). Dans les capitales et les grandes villes notamment, la fécondité est nettement plus basse qu'ailleurs, la demande d'enfants moins élevée, le mariage plus tardif, la polygamie moins répandue, et, nous le verrons, les durées d'allaitement et d'abstinence *post-partum* sont plus courtes tandis que la contraception est plus fréquente. Même dans les pays avancés dans leur transition de la fécondité (Ghana, Kenya et Zimbabwe dans le tableau 6), les écarts entre la capitale et le monde rural vont encore de 1 à 2.

TABLEAU 6.– ÉVOLUTION DES INDICES SYNTHÉTIQUES DE FÉCONDITÉ SELON LE MILIEU D'HABITAT ET LE NIVEAU D'INSTRUCTION DES FEMMES DANS SIX PAYS QUI EN SONT À DES STADES DIFFÉRENTS DE TRANSITION (NOMBRE D'ENFANTS PAR FEMME)

Pays et date de l'enquête EDS	Milieu d'habitat			Niveau d'instruction			Total
	Capitale	Autres villes	Rural	Illettrée	Primaire	Secondaire ou plus	
Mali							
1987	5,4	6,4	7,0	6,8	6,2	–	6,7
2001	4,9	6,3	7,3	7,1	6,6	4,1	6,8
Côte d'Ivoire							
1994	4,1	5,5	6,4	6,2	5,3	3,8	5,7
1999	3,4	4,9	6,0	6,1	4,7	2,3	5,2
Cameroun							
1991	4,4(a)	5,6	6,3	6,2	6,4	4,5	5,8
1998	3,1(a)	4,5	5,8	6,6	5,3	3,6	5,2
Ghana							
1988	4,5	5,6	6,6	6,7	6,0	3,6	6,4
1998	2,7	3,4	5,4	5,8	4,4	2,8	4,6
Kenya							
1989	4,2	5,0	7,1	7,5	6,9	4,8	6,7
1998	2,6	3,5	5,2	5,8	5,0	3,5	4,7
Zimbabwe							
1988	3,9		6,1	6,7	5,7	3,7	5,3
1999	2,9		4,6	5,2	4,5	2,8	3,9

(a) Moyennes sur Yaoundé et Douala
Source : rapports nationaux des enquêtes EDS.

De même, le rôle de l'*instruction* s'affirme partout, comme dans les autres régions du monde. En dehors de quelques rares pays en régime pré-transitionnel (Niger, Tchad ou Mali), le simple fait d'avoir suivi un enseignement primaire modifie déjà sensiblement les normes et les comportements, mais c'est surtout l'accès au niveau secondaire (ou plus) qui, pour le moment, conduit à une chute brutale de la fécondité (autour de 3 enfants dans de nombreux pays). L'instruction, nous le verrons, modifie radicalement le rôle des variables intermédiaires que sont notamment l'allaitement, l'abstinence et la contraception.

De même un peu partout les *différences régionales* de fécondité s'accroissent dans les pays, conséquence des inégalités souvent importantes de développement culturel, économique, éducatif ou sanitaire. Par exemple, en excluant les régions-capitales, la fécondité va aujourd'hui d'une région à l'autre de 5,0 à 6,9 enfants par femme au Bénin, de 4,4 à 6,6 au Cameroun et de 3,7 à 5,7 au Kenya. La relative homogénéité spatiale des années 1970 et 1980 est bien révolue.

5. *Développement humain et mortalité des enfants : les meilleures corrélations avec la fécondité*

Divers travaux portant sur la situation africaine au début des années 1990[18] ont déjà mis en évidence l'existence d'une relation étroite entre la fécondité et l'indicateur de développement humain[19], ainsi qu'entre la fécondité et la mortalité des enfants[20]. Les figures 5 et 6 présentent ces relations synchroniques vers 2002, sur la base des estimations les plus récentes faites par les Nations unies de la fécondité et de la mortalité infantile dans les 48 pays d'Afrique sub-saharienne (tableaux annexes A.5 et A.8).

Il n'y a pas eu de changement notable en dix ans, et l'on obtient des corrélations significatives du même ordre de grandeur en 2002 ($R^2=0,62$ pour le développement humain, $R^2=0,70$ pour la mortalité infantile). Globalement, plus l'indicateur de développement humain d'un pays est bon, plus la fécondité est basse ; plus la mortalité infantile est contrôlée, plus la fécondité est faible. En d'autres termes, il n'y a pas eu de transition de la fécondité sans recul de la mortalité des enfants et sans progrès socio-économiques et sanitaires. En cela, l'Afrique suivrait actuellement le chemin classique de la théorie de la transition démographique. Mais seules les situations extrêmes sont claires : la dizaine de pays les plus pauvres de la région ont tous des fécondités supérieures à 6 enfants par femme, alors que dans les 6 ou 7 pays les plus « développés » elles se situent de 2,2 à 3,9 enfants. Entre les deux, il y a de l'incertain et de la diversité[21]. En Afrique comme ailleurs, les chemins menant d'une forte fécondité à une basse fécondité seront sans doute multiples.

---

[18] Voir entre autres D. Tabutin (1997) sur 30 pays vers 1990, et D. Tabutin et B. Schoumaker (2001) sur 160 régions d'Afrique sub-saharienne.
[19] Indicateur qui, rappelons-le, combine l'espérance de vie, le PIB/habitant et le niveau d'instruction.
[20] Les corrélations avec d'autres variables comme le degré d'urbanisation, la part des actifs non agricoles ou le niveau d'instruction étant, elles, moins élevées.
[21] Par exemple, pour une mortalité infantile de 100 ‰, les fécondités vont de 4 à 7 enfants selon les pays ; pour un indicateur de développement humain de 0,400, elles vont de 4 à 7.

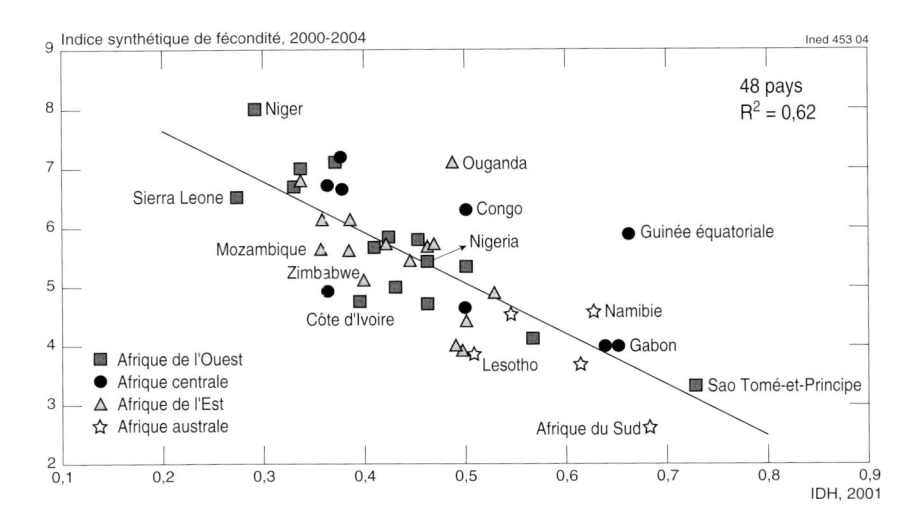

Figure 5.– Relation entre l'indice synthétique de fécondité et l'indice
de développement humain dans 48 pays vers 2002

Source : à partir des données des Nations unies (2003b) et du PNUD (2003).

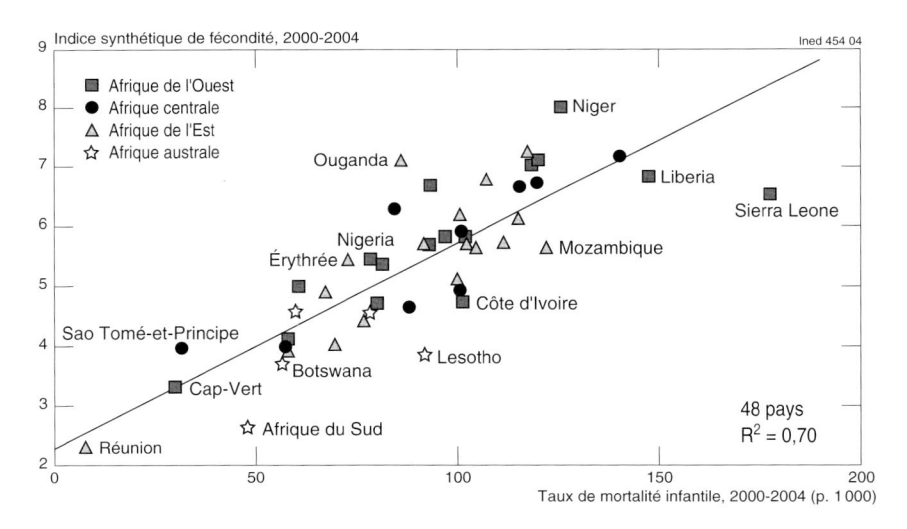

Figure 6.– Relation entre l'indice synthétique de fécondité et la mortalité
infantile dans 48 pays vers 2002

Source : à partir des données des Nations unies (2003b).

VIII. De l'allaitement et de l'abstinence à la contraception ?

Peut-être plus qu'ailleurs, les diverses sociétés et cultures africaines étaient et, pour bon nombre d'entre elles, sont encore acquises à l'idée d'un intervalle raisonnable entre naissances vivantes, ni trop court, ni trop long, qui était reconnu comme un « moyen rationnel d'assurer le bien-être de la mère et de son nourrisson » (van de Walle et van de Walle, 1988), sans qu'il ait été visé dans le passé une limitation de la descendance (Page et Lesthaeghe, 1981). Cette stratégie d'espacement était traditionnellement assurée par un allaitement prolongé, conduisant à de longues périodes d'aménorrhée *post-partum*, par une abstinence sexuelle largement répandue mais variable selon les ethnies, et bien sûr par des pratiques traditionnelles (et peu efficaces) de contraception. Qu'en est-il aujourd'hui ?

Traditionnellement de l'ordre de 3 années dans la plupart des cultures africaines, les *intervalles entre naissances* n'ont guère connu d'évolution notable (tableau annexe A.6) : en dehors du Zimbabwe et de l'Afrique du Sud où ils sont désormais plus élevés (plus de 40 mois en raison d'une contraception d'espacement), ils se situent toujours dans la plupart des pays autour de 34 mois[22], entre 29 mois aux Comores et 38 mois au Ghana.

1. Un allaitement toujours universel et long

Dans son ensemble, l'Afrique sub-saharienne a maintenu la pratique d'un allaitement universel et long : toutes les femmes allaitent et, pour une bonne partie d'entre elles, le plus longtemps possible. Dans 23 pays sur 30 (tableau annexe A.7), la durée médiane d'allaitement atteint plus de 20 mois à la fin des années 1990[23]. En Afrique du Sud et en Namibie, elle est encore respectivement de 16 et 17 mois. La moyenne de l'Afrique noire (21 mois, tableau 7) est bien au-delà, selon nos estimations, de celle de l'Amérique latine (13 mois) ou de l'Afrique du Nord (12 mois).

Les résultats des enquêtes EDS des années 1980, 1990 ou 2000 montrent que les durées d'allaitement n'ont pratiquement pas changé au niveau national. En revanche, elles sont souvent plus courtes dans les villes que dans les campagnes, chez les femmes instruites que chez les illettrées... Cela pourrait augurer de changements prochains, mais sans rupture brutale. En attendant, l'allaitement contribue toujours largement à l'allongement de l'intervalle intergénésique.

---

[22] Avec peu de différences en la matière entre sous-régions : 34,2 mois en Afrique de l'Ouest, 31,9 mois en Afrique centrale et 33,0 mois en Afrique de l'Est (nos propres calculs à partir du tableau annexe A.6).

[23] Seuls le Cap-Vert et le Gabon se caractérisent par des durées « courtes », de l'ordre néanmoins d'une année.

2. Une abstinence sexuelle diversifiée et en recul

De tout temps, le respect d'une durée d'abstinence sexuelle entre époux suite à une naissance a été une pratique courante, mais dont la durée varie selon les cultures, les ethnies et les religions. En dehors du Rwanda et du Burundi, où elles ont toujours été très courtes, ces abstinences *post-partum* sont actuellement de 2 à 4 mois dans une dizaine de pays (dont le Sahel musulman), de 9 à 12 mois dans 7 autres, et atteignent encore 19 mois au Burkina Faso et 22 mois en Guinée (tableau annexe A.7). Comme dans les années 1970 et 1980, elles sont globalement plus longues à l'Ouest et au Centre qu'à l'Est et au Sud du continent (tableau 7). Avec une durée moyenne d'abstinence de l'ordre de 7 mois, l'Afrique sub-saharienne se situe bien au-delà des autres régions en développement où elle est de 2 à 3 mois.

Si l'allaitement se maintient, l'abstinence, elle, est une pratique en pleine évolution, sa durée diminuant dans bon nombre de pays depuis une quinzaine d'années : elle est passée de 14 à 8 mois au Ghana, de 7 à 2 au Mali, de 6 à 3 au Kenya, de 4 à 3 au Zimbabwe. L'abstinence post-partum est sans doute la norme la plus sensible aux changements contextuels : c'est partout dans les grandes villes, chez les couples instruits ou les classes sociales les plus favorisées que sa durée recule le plus. Par exemple, au Bénin en 2001 (tableau 8), un pays pourtant pauvre et en tout début de transition, l'abstinence n'est plus que de 5 mois à Cotonou (la plus grande ville) et de 4 mois chez les femmes ayant atteint au moins le niveau secondaire, contre 10 mois en milieu rural et 13 mois chez les illettrées.

Tout en évoluant, ces pratiques *post-partum* d'allaitement et d'abstinence sexuelle demeurent nettement plus longues et répandues en Afrique que dans le reste du monde. Elles conduisent encore à de longues *périodes d'insusceptibilité post-partum*[24] (12 mois au Kenya, entre 14 et 16 mois au Ghana, Mali et Bénin, 19 mois en Côte d'Ivoire). Dans une grande majorité de pays, elles sont encore le principal régulateur de la fécondité en l'absence de diffusion importante de la contraception[25].

3. La contraception moderne : de lents progrès

L'Afrique n'est plus dans la situation des années 1970 ou 1980 où en dehors de quelques rares pays (Maurice, Cap-Vert, Afrique du Sud, Zimbabwe), le recours à la contraception était négligeable, avec des prévalences comprises entre 1 % et 5 % chez les femmes mariées. Depuis, il y a

---

[24] Définie comme la période pendant laquelle une femme n'est pratiquement pas soumise au risque de grossesse, par suite d'aménorrhée et/ou par abstinence sexuelle.
[25] Voir par exemple sur ce point les travaux de C. Jolly et J. Gribble (1996) appliquant le modèle de Bongaarts aux données de 12 pays au début des années 1990.

TABLEAU 7. – ALLAITEMENT, ABSTINENCE SEXUELLE *POST-PARTUM*,
CONTRACEPTION MODERNE ET STÉRILITÉ PAR GRANDE SOUS-RÉGION VERS 2000

Sous-région	Durée médiane d'allaitement (en mois)	Durée médiane d'abstinence sexuelle (en mois)	Prévalence de la contraception moderne en %[a]	% de femmes mariées de 40-49 ans sans enfant né vivant
Afrique de l'Ouest [11]	21,9	10,0	7	2
Afrique centrale [4]	18,2	8,9	6	6
Afrique de l'Est [11]	23,0	4,1	13	2
Afrique australe [3]	17,5	4,5	44	3
Ensemble Afrique sub-saharienne [29]	21,4	7,0	13	3

[a] Toutes femmes en union (15-49 ans).
Source : tableau A.7 en annexe (30 pays). Les données par sous-région et pour l'ensemble sont des moyennes non pondérées des résultats nationaux. Le Cap-Vert, avec un allaitement beaucoup plus court et une contraception très élevée, a été exclu de l'Afrique de l'Ouest, le Zimbabwe a été intégré à l'Afrique australe. Les chiffres entre crochets sont le nombre de pays par sous-région.

TABLEAU 8. – ÂGE AU PREMIER MARIAGE, ALLAITEMENT, ABSTINENCE SEXUELLE *POST-PARTUM*, CONTRACEPTION MODERNE
ET FÉCONDITÉ AU BÉNIN SELON LE MILIEU D'HABITAT ET L'INSTRUCTION DES FEMMES EN 2001

Variables	Milieu d'habitat			Niveau d'instruction			Total
	Cotonou	Autres villes	Rural	Illettrée	Primaire	Secondaire ou plus	
Âge médian à la première union	22,4	19,0	18,0	18,1	19,6	23,6	18,8
Durée médiane d'allaitement (mois)	19	22	23	23	21	20	22,0
Durée médiane d'abstinence (mois)	5	13	10	13	6	4	9,0
Prévalence de la contraception moderne (%)[a]	12	9	6	5	9	20	7,0
Indice synthétique de fécondité	3,4	4,9	6,4	6,3	4,9	3,5	5,6
Poids relatif de chaque groupe (%)	15	26	59	64	22	14	100,0

[a] Toutes femmes en union de 15 à 49 ans.
Source : rapport EDS du Bénin (2002).

eu des progrès réels, mais dans l'ensemble lents et souvent limités aux grandes villes et aux groupes sociaux les plus instruits ou favorisés.

Vers 2000, la prévalence de la contraception moderne chez les femmes en union de 15-49 ans n'atteint pas 8 % dans 15 pays (sur les 30 figurant dans le tableau annexe A.7), 6 sont entre 8 % et 15 %, 5 entre 15 % et 30 %. Seuls 3 pays (Cap-Vert, Afrique du Sud et Zimbabwe) frôlent ou dépassent les 50 %[26]. Il y a des changements un peu partout, mais le plus souvent timides : en dix ans, le Mali par exemple est passé de 1 % à 6 %, le Bénin de 2 % à 7 %, le Ghana de 5 % à 13 %, le Cameroun et la Côte d'Ivoire de 4 % à 7 %.

En dehors de quelque 7 ou 8 pays, l'Afrique est encore loin d'avoir véritablement entamé sa révolution contraceptive, mais on la voit poindre dans les grandes villes ou les capitales. Dans certaines d'entre elles, la prévalence de la contraception moderne n'atteint encore qu'autour de 15 % (Cotonou, Yaoundé, Abidjan, Libreville, etc.), mais dans d'autres elle est proche de 25 % (Ouagadougou, Dakar) ou dépasse déjà largement 35 % (Addis-Abeba, Nairobi, etc.). Les couples les plus instruits (niveau secondaire ou plus), mais minoritaires dans les pays, sont partout entre 30 % et 50 % à y recourir. Même si elle est encore souvent mal diffusée par les structures sanitaires parmi les femmes non mariées, la contraception pénètre peu à peu aussi dans cette population, mais à un rythme variable d'un pays à l'autre.

Ce n'est plus aujourd'hui un problème de connaissance des méthodes (les progrès en la matière ont, eux, été très importants)[27], mais bien un problème à la fois de demande de la part d'une grande majorité de la population (nous l'avons dit, le désir d'enfants est toujours fort chez les femmes et davantage encore chez les hommes) et d'offre de services (en termes d'accessibilité géographique ou culturelle et de qualité).

En matière de contraception, l'Afrique présente jusqu'à présent deux grandes différences avec ce qui se passe ou s'est passé en Asie ou en Amérique latine : 1) quand la contraception est pratiquée dans le mariage, elle l'est encore essentiellement dans un souci d'espacement, prenant en quelque sorte le relais de l'abstinence ; 2) dès lors, elle repose sur des méthodes non définitives (pilule, DIU, Ogino, etc.) tandis qu'il y a très peu de recours à la stérilisation féminine et pas de vasectomie. En dehors de l'Afrique australe ou du Kenya, rares sont les pays où les pratiques d'arrêt définitif de la fécondité sont répandues. Dans leur grande majorité, les cultures africaines ont toujours une aversion pour la stérilité, la sous-fécondité, l'infécondité précoce... Un peu partout la proportion de femmes qui déclarent ne plus vouloir d'enfants augmente sensiblement avec l'âge, mais un grand décalage persiste encore entre les désirs exprimés, les attentes réelles et les changements de comportements.

---

[26] Auxquels il faudrait ajouter Maurice, la Réunion et peut-être le Botswana qui, faute de données récentes, ne figure pas dans le tableau annexe A.7.

[27] Dans pratiquement tous les pays, entre 80 % et 95 % des femmes mariées connaissent au moins une méthode moderne.

Globalement et sans grande surprise, la pratique contraceptive moderne est négativement associée à la fécondité[28], même si son niveau général est encore faible (13 %). Mais la relation n'est pas aussi claire et parfaite que dans d'autres parties du monde (figure 7).

On observe en effet une grande diversité de situations : pour une fécondité actuelle de 6 enfants par femme, les prévalences vont de 5 % à 25 % ; à prévalence faible, les fécondités nationales vont de 4 à 6 enfants. Des pays comme le Ghana, la Mauritanie ou l'Érythrée ont réalisé une première transition de la fécondité (de 6 à 4,5 enfants) sans grande pénétration de la contraception. Mieux, dans des villes comme Lomé, Yaoundé et Douala, Accra ou Abidjan la fécondité est tombée à 3 enfants avec peu de recours à la contraception (de 10 % à 15 % seulement parmi les femmes mariées), tandis que dans d'autres villes, ce même niveau de fécondité a été atteint avec des prévalences plus ordinaires de 30 % à 40 %. En dehors de l'Afrique australe, de pays comme le Kenya, le Cap-Vert et de la Réunion, cela confirme le rôle fort variable et parfois encore peu important de la contraception dans la régulation de la fécondité.

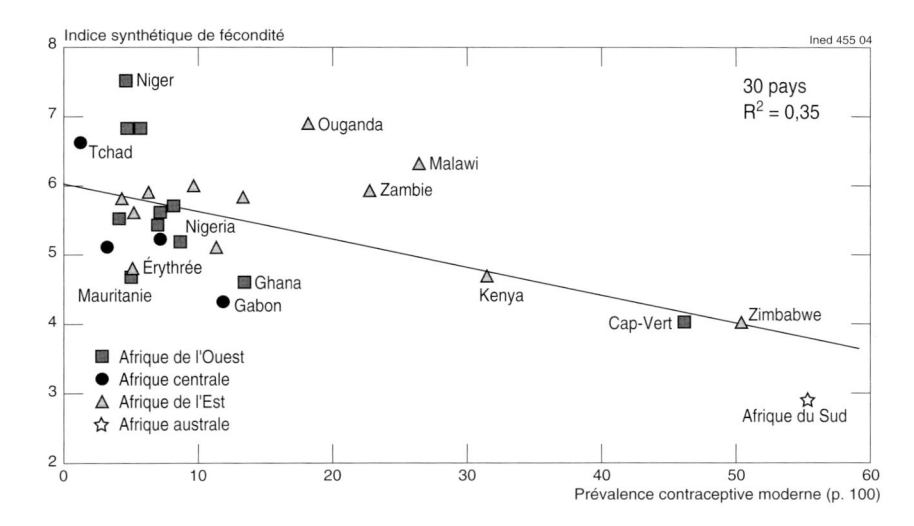

Figure 7.– Relation entre l'indice synthétique de fécondité et la prévalence contraceptive moderne (femmes en union 15-49 ans) dans 30 pays vers 2000

Source : à partir des données des rapports nationaux des dernières enquêtes démographiques et de santé (EDS).

---

[28] Par rapport aux autres variables intermédiaires (allaitement, abstinence, âge au mariage), elle était aussi et de loin la variable la plus étroitement associée à la fécondité ($R^2 = 0,56$) dans l'étude de D. Tabutin et B. Schoumaker (2001) sur 161 régions d'Afrique.

4. L'avortement provoqué ?

Sans doute encore davantage que dans d'autres régions du monde, l'avortement est en Afrique un sujet tabou, mal connu et peu abordé dans les enquêtes classiques. On en soupçonne l'importance dans les reculs de la fécondité, notamment dans les villes, mais rares sont les études qui ont pu véritablement le prendre en compte. Selon une revue récente et complète de littérature sur l'Afrique (Guillaume, 2003a), l'avortement ne concernerait pas que des femmes jeunes et célibataires, il serait aussi un moyen non négligeable de régulation du nombre d'enfants chez les femmes en union : « il serait plus une procédure d'espacement des naissances que d'arrêt de constitution de la descendance ».

À partir d'une enquête spécifique effectuée en 1998 auprès de 2 400 femmes vivant à Abidjan, A. Guillaume (2003b) a pu mesurer l'impact de l'avortement sur la fécondité. En 1998, il réduit l'indice synthétique de fécondité (entre 15 et 44 ans) de 12 %, soit de 0,6 enfant par femme, la baisse étant variable selon l'âge (– 22 % à 15-19 ans, – 16 % à 20-24 ans et – 9 % à 25-39 ans). Dans le recul de la fécondité survenu dans cette ville entre 1994 et 1999, le recours à l'avortement a pratiquement eu autant d'impact que l'augmentation de l'âge au mariage et de la contraception.

Lié à des raisons économiques, culturelles et sociales diverses selon les pays, le recours à l'avortement certainement croissant dans nombre de villes africaines a – et aura – des conséquences non seulement sur la fécondité, mais aussi sur la morbidité et la mortalité maternelles, en l'absence de légalisation des interruptions volontaires de grossesse et de structures de santé adéquates.

IX. Mortalité générale et espérances de vie : contrastes et retournements

L'Afrique, terre de contrastes, a enregistré de 1950 à 1990 des progrès de l'espérance de vie et de l'état de santé variables selon les pays. Cependant, la situation africaine est aussi marquée par des retournements, des régressions et des chocs, liés notamment au sida et aux guerres. Dans un bon nombre de pays, la transition sanitaire est désormais en panne. Rappelons néanmoins la prudence requise pour l'interprétation de la mortalité générale. Très peu de pays disposent en effet de bonnes données en matière de mortalité par sexe, âge et cause de décès, en particulier pour les adultes. La plupart des espérances de vie nationales depuis 1950 sont issues des estimations faites par la Division de la population des Nations unies, souvent les seules qui soient disponibles et comparables[29]. Les données par pays sont présentées dans le tableau annexe A.8.

1. Les progrès de 1950 à 1990

Partant d'espérances de vie particulièrement basses dans les années 1950 (37 ans pour la région entière), tous les pays africains ont progressé sensiblement dans les années 1960, 1970 et 1980, avec des gains moyens annuels d'espérance de vie souvent de l'ordre de 0,30 année (tableau 9). Mais pendant ces quarante ans, l'Afrique n'a pas rattrapé son retard : même les progrès les plus rapides réalisés sur le continent, en Afrique australe (0,42 année de gain annuel) ou au Botswana (0,48 année), sont restés en deçà de ceux des autres régions en développement, à espérances de vie presque aussi faibles au départ : 0,52 année en Afrique du Nord, 0,66 en Asie de l'Est, 0,56 en Asie du Sud-Est.

TABLEAU 9.– ÉVOLUTION DE L'ESPÉRANCE DE VIE DEPUIS LES ANNÉES 1950, MORTALITÉ MATERNELLE ET PRÉVALENCE DU VIH VERS 2001 PAR SOUS-RÉGION

Sous-région	Espérance de vie (en années)				Taux de mortalité maternelle en 2000[a]	Taux (%) de prévalence du VIH en 2002[b]
	1950-1954	1970-1974	1990-1994	2000-2004		
Afrique de l'Ouest	35,5	43,0	50,0	49,6	940	4,4
Afrique centrale	36,1	44,1	45,3	42,7	930	7,0
Afrique de l'Est	36,3	45,0	46,0	43,1	960	10,1
Afrique australe	44,5	53,2	61,3	46,4	310	29,2
Ensemble Afrique sub-saharienne	36,7	44,7	48,6	45,7	870	10,4
Afrique du Nord	41,9	51,2	62,7	66,3	130	0,1
Asie de l'Est	42,9	64,2	69,4	72,1	60	0,1
Asie du Sud-Est	41,0	52,0	63,3	66,7	260	0,6
Amérique du Sud	52,0	60,5	67,5	70,1	170	0,5

[a] Nombre de décès maternels pour 100 000 naissances vivantes.
[b] Hommes et femmes âgés de 15-49 ans. Le taux de prévalence du VIH mesure la proportion de personnes qui vivent avec le VIH, qu'elles soient ou non malades du sida.
Sources : tableaux annexes A.8 et A.10. Les moyennes sous-régionales calculées sont des moyennes non pondérées des résultats nationaux. Le Cap-Vert, la Réunion et Maurice ont été exclus de ces moyennes en raison de leur situation exceptionnellement bonne en Afrique.

Ces progrès enregistrés jusque vers la fin des années 1980 ont été divers d'un pays à l'autre et ont conduit à des inégalités croissantes dans la région en matière de santé et de mortalité : vers 1950, les espérances de vie (tableau annexe A.8) allaient déjà de 30 ans (Angola, Sierra Leone, Gambie) à 51 ans à Maurice et près de 53 ans à la Réunion ; vers 1990, elles allaient de moins de 40 ans (dans des pays touchés par la guerre, comme la Sierra Leone, le Burundi, l'Angola) à 66 ans (Cap-Vert, Sao

---

[29] Ces estimations sont le plus souvent basées actuellement sur la mortalité des enfants (relativement bien connue) avec, pour l'extrapolation aux autres âges, l'utilisation des tables types de mortalité de Coale et Demeny. Elles intègrent aussi les risques liés au sida dans les pays les plus touchés (pour plus de détails, voir Nations unies, 2002c). Dès lors, compte tenu de la fiabilité relative de ces données, nous renonçons ici à présenter les inégalités de mortalité entre hommes et femmes dans les différents pays. Nous y viendrons cependant pour ce qui concerne les enfants.

Tomé-et-Principe), atteignant même 70 ans à Maurice et 73,5 à la Réunion, un bon nombre de pays demeurant à l'époque entre 45 et 53 ans.

Avec le sida, les guerres et la récession économique, ces transitions sanitaires, déjà plus lentes qu'ailleurs dans l'ensemble, seront brutalement ralenties ou stoppées au cours de la décennie 1990.

2. *Stagnations et retournements spectaculaires depuis 1990*

De 1990-1994 à 2000-2004, toujours selon les estimations des Nations unies (tableau annexe A.8), l'espérance de vie régionale a stagné en Afrique de l'Ouest (à 50 ans), reculé de près de 3 ans en Afrique centrale et en Afrique de l'Est (43 ans en 2002) et s'est effondrée de 15 ans en Afrique australe qui retrouve aujourd'hui son espérance de vie de 46 ans en 1955 ! Sur les 48 pays au total, 20 (dont une dizaine en Afrique de l'Ouest) connaissent encore quelque recul de la mortalité, plus lent cependant qu'auparavant. En revanche, depuis le début des années 1990, la durée de vie moyenne a stagné dans 7 pays (Bénin, Nigeria, Éthiopie,...), elle a baissé de 1 à 5 ans dans 7 pays (Togo, Mozambique, Tanzanie,...), de 5 à 12 ans dans 5 pays (Côte d'Ivoire, Cameroun, Kenya,...), et dans près d'une dizaine d'autres (d'Afrique australe notamment), de 12 à... 25 ans[30]. Une évolution que l'on peut qualifier de crise ou parfois même de catastrophe sanitaire sans précédent, de paradoxe aussi puisque ce sont les pays économiquement émergents d'Afrique australe qui sont particulièrement touchés.

Cela dit, les pays africains connaissent des parcours sanitaires et des évolutions de la mortalité diversifiés depuis 15 ans, que nous illustrons dans la figure 8 en distinguant 5 types de pays selon l'évolution récente des espérances de vie : a) les pays en progrès régulier, b) les pays en stagnation récente, c) les pays en régression sensible, d) les pays en régression profonde et e) les pays perturbés par une guerre[31].

L'irruption du sida dans les années 1980 et son extension parfois rapide dans certains pays au cours des années 1990 est bien sûr à l'origine d'un bon nombre de ces retournements, parfois spectaculaires et rarement vus dans l'histoire de l'humanité. Une quinzaine de pays, nous l'avons dit, sont particulièrement touchés. Mais pour tous les pays en stagnation récente, il y a aussi les effets de la crise économique, des plans d'ajustement structurel qui ont déstructuré les secteurs de la santé et de l'éducation, conduit à l'aggravation de la pauvreté et à la recrudescence de maladies infectieuses jusqu'alors « contrôlées » (tuberculose, etc.). Il y a aussi le groupe de pays (figure 8) qui, au cours des quinze dernières années, ont

---

[30] Le Botswana, qui avait en 1990 l'une des meilleures espérances de vie africaines (65 ans), a reculé de plus de 60 années dans son histoire, en retrouvant aujourd'hui le niveau qui était le sien dans les années 1940.

[31] Voir F. Meslé (2003) pour une approche voisine.

LA DÉMOGRAPHIE DE L'AFRIQUE AU SUD DU SAHARA 553

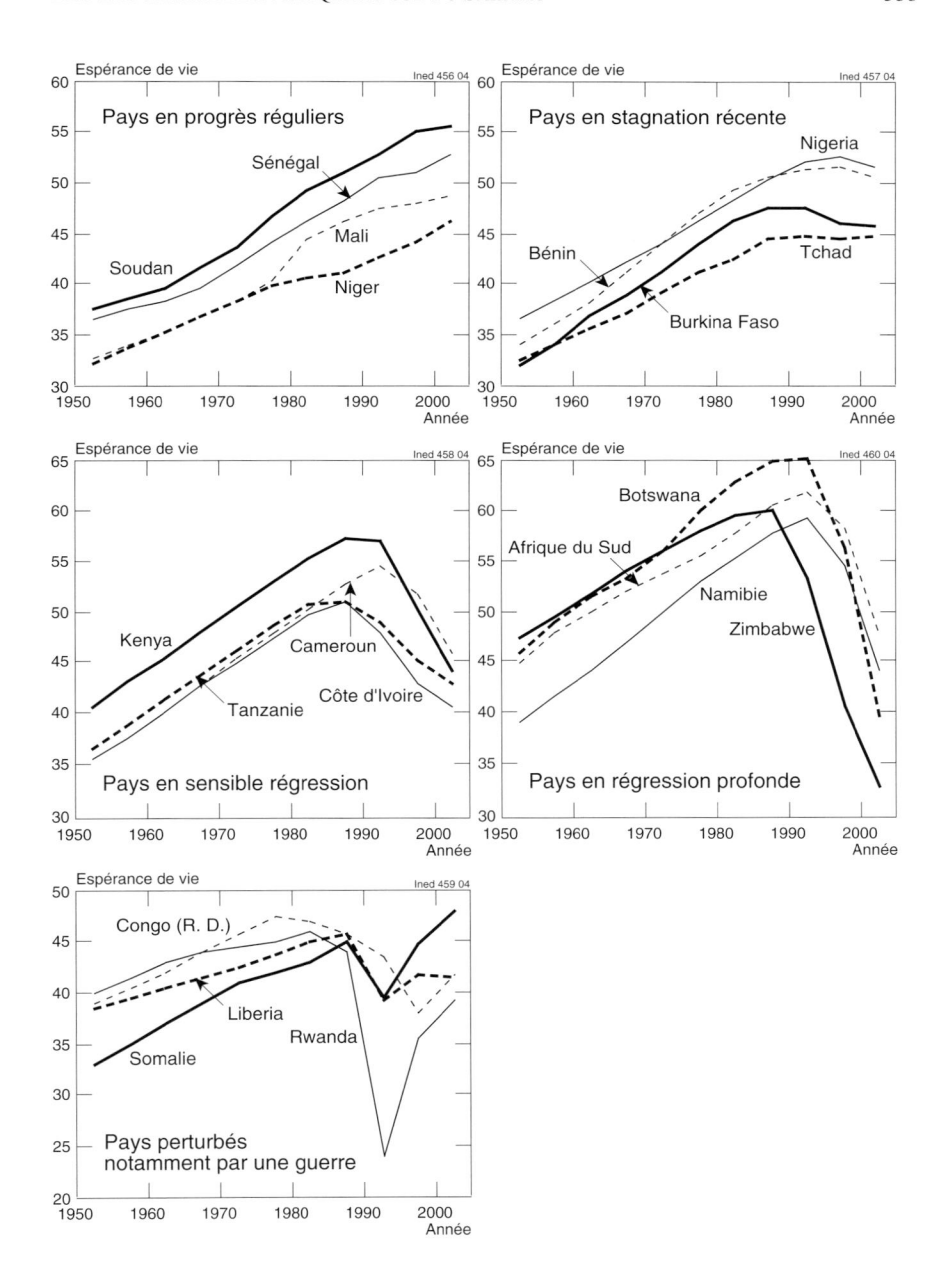

Figure 8.– Les différentes transitions sanitaires en Afrique sub-saharienne :
évolution des espérances de vie de 1950 à 2005

Source : à partir des données des Nations unies (2003b).

connu une guerre civile meurtrière, parfois longue, allant jusqu'à un génocide au Rwanda. Tous ces conflits ont des effets directs mais aussi indirects sur la santé et la mortalité des populations, par la désorganisation ou le démantèlement des systèmes fonciers et agricoles, le ralentissement ou l'arrêt de l'aide internationale, les déplacements de population...

3. Le sida : une menace générale

La dernière synthèse récente d'Onusida (2003) confirme l'importance de la pandémie en Afrique sub-saharienne. Elle est de loin la région la plus touchée du monde : en 2003, on compte près de 27 millions de personnes vivant avec le VIH/sida (sur un total de 40 millions dans le monde), 3,2 millions de nouvelles infections (sur un total de 5) et 2,3 millions de décès (sur 3 dans le monde)[32]. La prévalence du sida est actuellement de l'ordre de 10 % pour l'ensemble de l'Afrique au sud du Sahara, contre moins de 1 % partout ailleurs (tableau 9).

Mais la prévalence du VIH varie considérablement à travers le continent (tableau 9), allant rien qu'au niveau sous-régional de 4,5 % en Afrique de l'Ouest à près de 30 % en Afrique australe. Elle est inférieure à 2 % dans 6 pays seulement sur les 38 pour lesquels on dispose de l'information (tableau annexe A.10), de 2 % à 10 % dans 20 pays, au-delà de 20 % dans 7 pays, dont tous ceux d'Afrique australe. Une grande partie des pays et des sociétés africaines sont donc pleinement concernés par cette épidémie sans précédent, qui dans l'ensemble est loin d'être contrôlée. Si les prévalences du VIH diminuent bien dans quelques pays comme l'Ouganda, souvent cité, où la lutte contre le sida est devenue une priorité nationale, ou dans quelques capitales (Addis-Abeba en Éthiopie), le pire est encore à venir dans des pays où les prévalences ne montrent guère de signe de stabilisation (Afrique du Sud, Botswana, Lesotho, etc.) (Onusida, 2003).

Quelques mots simplement sur les grandes caractéristiques et conséquences actuelles ou prévisibles du sida en Afrique, bien documentées par ailleurs.

Contrairement aux pays développés, la transmission du VIH en Afrique est principalement hétérosexuelle, et la plupart des femmes infectées l'ont en fait été par leur conjoint (Cohen et Reid, 1999). La transmission mère-enfant du VIH au cours de la grossesse, de l'accouchement ou de l'allaitement représente l'autre grand mode de transmission du virus dans la région. L'allaitement serait responsable du tiers des cas de transmission du VIH de la mère à l'enfant, un risque qui constitue un véritable problème de santé publique. En assurer la prévention est une affaire complexe, car aucune solution simple n'existe : l'utilisation des substituts au lait maternel comporte, elle aussi, de forts risques nutritionnels et infectieux, peut-être

---

[32] Ces chiffres sont les centres des fourchettes des estimations présentées par Onusida, qui sont de l'ordre de plus ou moins 15 %.

même supérieurs à ceux du VIH. Le dilemme est d'autant plus grand que le risque de transmission d'une mère séropositive à son enfant n'est pas absolu, entre 20 % et 40 % des cas (Desclaux et Taverne, 2000). Autre caractéristique de l'épidémie en Afrique sub-saharienne, les femmes sont en proportion nettement plus touchées que les hommes, l'écart atteignant au moins 20 % (Onusida, 2003), en raison d'une activité sexuelle plus précoce, avec des partenaires sexuels plus âgés, et d'un risque de transmission du VIH plus élevé de l'homme à la femme que l'inverse.

Les conséquences démographiques du sida ont déjà été évoquées à plusieurs reprises. L'augmentation de la mortalité aux âges adultes en est la conséquence la plus évidente (Timaeus, 1999), et le sida est aujourd'hui parfois considéré comme la première cause de mortalité adulte en Afrique au sud du Sahara. Une étude sur le Zimbabwe a par exemple montré que les quotients de mortalité entre 15 et 50 ans avaient pratiquement triplé en une quinzaine d'années, passant d'environ 150 pour mille au début des années 1980 à plus de 400 pour mille à la fin des années 1990 (Feeney, 2001). La mortalité des enfants, nous le verrons, augmente aussi de manière significative dans les pays fortement concernés.

Le ralentissement des croissances démographiques, voire l'apparition de croissances négatives dans les pays les plus touchés dont nous avons déjà parlé, est une conséquence des augmentations de la mortalité. Ce ralentissement, apparent mais modéré au niveau de l'Afrique dans son ensemble, est extrêmement important dans les pays d'Afrique australe. Par exemple, le taux d'accroissement naturel du Botswana devrait être légèrement négatif au cours de la période 2000-2015, alors qu'il aurait été d'environ 2,2 % en l'absence du sida. Le Lesotho devrait également voir sa population décroître légèrement, alors qu'un taux de croissance de l'ordre de 1,6 % aurait été observé en l'absence du sida (Nations unies, 2003b). Les structures par âge, nous le verrons avec l'exemple du Zimbabwe, seront également bouleversées par cette recrudescence de la mortalité[33].

L'épidémie de sida, au-delà de ses effets démographiques, a aussi d'énormes conséquences économiques, sociales et sanitaires. La population d'âge actif est en effet la plus touchée par le VIH/sida, avec pour effets une perte de capital humain due à l'augmentation de la mortalité et une diminution de la productivité parmi les malades du sida. De même les systèmes sanitaires se trouvent fortement affaiblis par l'épidémie, qui absorbe une part croissante des ressources disponibles. Les systèmes éducatifs sont aussi touchés, notamment par l'augmentation de la mortalité des enseignants. Autre conséquence importante de l'épidémie : la croissance rapide du nombre absolu et relatif des orphelins. Le Zimbabwe comptait

---

[33] L'impact du VIH/sida sur la fécondité est moins bien connu, mais il semble que la fécondité des femmes séropositives serait de l'ordre de 25 % à 40 % plus faible que celle des femmes non infectées, des différences qui s'expliqueraient dans une large mesure par les effets d'autres maladies sexuellement transmissibles associées à l'infection par le VIH (Nations unies, 2002a). Les influences indirectes de l'épidémie de sida sur la fécondité, en particulier à travers la modification des comportements des individus non infectés, sont potentiellement importantes mais encore mal connues (Nations unies, 2002a).

déjà en 2001 près de 18 % d'orphelins parmi les moins de 15 ans, dont les trois quarts en raison du sida.

4. Une mortalité maternelle toujours très élevée

Peut-être encore davantage que pour le sida, les estimations nationales de mortalité maternelle sont à prendre avec beaucoup de prudence, en Afrique comme ailleurs. En l'absence de statistiques de causes de décès, on ne dispose souvent que d'estimations indirectes, basées sur différentes définitions et méthodes de calcul possibles, qu'il convient simplement de considérer comme des ordres de grandeur probables[34].

La mortalité des femmes pendant leur grossesse, au moment de l'accouchement ou dans les 42 jours qui suivent (définition OMS de la mortalité maternelle) est dans l'ensemble très élevée en Afrique au sud du Sahara. Avec une moyenne régionale estimée à 870 décès pour 100 000 naissances (près de 1 femme pour 100 naissances), elle y est trois fois plus élevée qu'en Asie du Sud-Est, cinq fois plus qu'en Amérique latine, sept fois plus qu'en Afrique du Nord et quinze fois plus qu'en Asie de l'Est (tableau 9). Pratiquement 11 % de la population mondiale (celle de l'Afrique noire) rassemble 47 % des décès maternels de la planète, estimés en 2000 à 529 000. Une Africaine sur seize court un risque de décès maternel au cours de sa vie reproductive, contre une Asiatique de l'Est sur 840 et une Européenne sur 2 400 (OMS, 2003). Ces quelques chiffres illustrent les risques énormes qu'encourent toujours les Africaines au cours de leur vie féconde.

Cela dit, comme pour les autres phénomènes, la mortalité maternelle varie en Afrique (tableau annexe A.10) : en moyenne très élevée (autour de 950 pour 100 000 naissances) en Afrique de l'Ouest, centrale et de l'Est, elle s'élève encore à 310 pour 100 000 en Afrique australe (trois fois plus qu'en Afrique du Nord). En dehors de Maurice et de la Réunion où elle est basse, elle va selon les pays de 100 décès pour 100 000 naissances (Botswana) à 2 000 (Sierra Leone), avec de nombreux pays entre 700 et 1 200. La mortalité maternelle est bien un problème majeur de santé publique pour toute la région.

Sans entrer ici dans plus de détails, la mortalité maternelle est liée à la fois à l'offre de santé (quantité et qualité des services) et à la demande de santé de la part de la population en matière de suivi des grossesses, de conditions d'accouchement (lieu et type d'assistance) et de suivi post-natal des mères. Elle est aussi liée à la fécondité (nombre d'enfants, âge à l'accouchement, etc.) et à l'état de santé des mères. Nous aborderons certains de ces aspects dans le point suivant.

---

[34] Ce qui conduit un organisme comme l'OMS à présenter toute estimation pour un pays dans une large fourchette dont nous retiendrons ici la valeur centrale (OMS, 2003).

X. Mortalité et santé des enfants : progrès, problèmes et incertitudes

La santé et la mortalité des enfants (de 0 à 5 ans) sont toujours une priorité, une préoccupation majeure, tant dans le monde de la recherche que dans celui de l'action médicale en Afrique sub-saharienne. D'énormes progrès ont eu lieu depuis les années 1950 ou 1960, mais globalement l'Afrique demeure de loin la région la plus défavorisée à tout point de vue en matière de santé infanto-juvénile (mortalité, consultations pré ou post-natales, vaccination, malnutrition), avec même quelques retournements récents de tendance. Les disparités géographiques ou sociales y sont néanmoins importantes. La mortalité élevée des enfants est toujours considérée comme un frein sérieux aux changements de comportements reproductifs et au recul de la fécondité.

Comme pour la fécondité et l'espérance de vie, les évolutions par pays depuis 1950 sont tirées des estimations[35] des Nations unies (tableau annexe A.8), tandis que les données récentes sur la mortalité par âge (en dessous de 5 ans), les conditions d'accouchement, la couverture vaccinale et la malnutrition proviennent des dernières enquêtes EDS de 30 pays (tableau annexe A.9).

1. Des progrès importants depuis 1950, mais plus lents qu'ailleurs

Dans les années 1950, tous les pays en développement connaissaient une énorme mortalité des enfants, près d'un sur six disparaissant avant l'âge d'un an, autour d'un sur quatre avant 5 ans. Et les différences entre grandes régions n'étaient pas énormes (tableau 10). L'Afrique sub-saharienne était alors pratiquement au même niveau que l'Afrique du Nord, l'Asie du Sud ou l'Asie de l'Est[36]. En cinquante ans, les progrès ont été importants, mais ils se sont produits à des rythmes divers.

De 1952 à 1972, la mortalité infantile a baissé quasiment aussi vite en Afrique qu'ailleurs, de 1972 à 1992 déjà un peu moins rapidement, mais c'est surtout depuis le début des années 1990 que les signes de ralentissement et d'essoufflement se multiplient : 10 % de baisse de 1992 à 2002 pour l'ensemble de l'Afrique noire contre 25 % environ dans toutes les autres régions (tableau 10). Des reprises de la mortalité, nous le verrons, apparaissent même dans certains pays.

Aujourd'hui, avec une mortalité infantile de l'ordre de 95 ‰, l'Afrique est désormais bien loin des autres régions, toutes ayant un taux

---

[35] Avec une certaine prudence requise pour les données du passé. En revanche, la mortalité des enfants est aujourd'hui relativement bien mesurée, notamment par les enquêtes EDS, même si elle y est sans doute un peu sous-estimée.

[36] L'Amérique du Sud étant déjà en meilleure position.

TABLEAU 10. – ÉVOLUTION DE LA MORTALITÉ INFANTILE DEPUIS LES ANNÉES 1950 PAR SOUS-RÉGION

Sous-région	Taux de mortalité infantile (‰)				Évolution (%)		
	1952	1972	1992	2002	1952-1972	1972-1992	1992-2002
Afrique de l'Ouest	192	143	104	90	− 26	− 27	− 13
Afrique centrale	186	137	118	116	− 26	− 14	− 2
Afrique de l'Est	182	134	109	97	− 26	− 19	− 11
Afrique australe	105	82	52	52	− 21	− 37	0
Ensemble Afrique sub-saharienne	180	134	105	95	− 26	− 22	− 9
Afrique du Nord	188	132	67	49	− 30	− 49	− 27
Asie de l'Est	181	56	43	34	− 69	− 23	− 21
Asie du Sud-Est	168	108	55	41	− 36	− 49	− 25
Amérique du Sud	126	84	42	32	− 33	− 50	− 24

Source : tableau annexe A.8.

compris entre 30 ‰ et 50 ‰. En outre, la mortalité entre 1 et 5 ans y est très élevée, de l'ordre de 75 ‰ (tableau 11) ; il en résulte qu'un petit Africain sur sept disparaît aujourd'hui avant l'âge de cinq ans.

Malgré tout, des progrès ont été réalisés, mais plus lents qu'ailleurs et plus lents que ceux que l'on attendait dans les années 1980, variables aussi selon les sous-régions et les pays. L'Afrique australe conserve toujours son avance (52 ‰ de mortalité infantile), mais ne fait plus de progrès depuis l'extension du sida (avec sa transmission de la mère à l'enfant). À l'autre extrême, l'Afrique centrale, meurtrie par les conflits et la pauvreté, a la mortalité la plus élevée (116 ‰), sans aucun progrès non plus. Afrique de l'Est et Afrique de l'Ouest progressent toujours, mais assez lentement. Mais venons-en à une vision plus fine des changements.

2. Une hétérogénéité croissante entre pays

En comparant les mortalités infantiles de 48 pays africains en 1960-1964 et 2000-2004, la figure 9 illustre à la fois la diversité des situations et des progrès réalisés en une cinquantaine d'années.

Les inégalités géographiques en matière de mortalité infantile se sont fortement accrues des années 1950 aux années 2000 : en 1950-1954, les taux allaient déjà de 100 ‰ environ (Afrique du Sud, Maurice) à 240 ‰ (Mali, Gambie, Angola) ; ils vont aujourd'hui de 30 ‰ (Cap-Vert, Sao Tomé-et-Principe)[37] à près de 180 ‰ (Sierra Leone), avec de nombreux pays entre 90 ‰ et 110 ‰ (tableau annexe A.8). Le risque de mortalité de 0 à 5 ans varie actuellement d'environ 40 ‰ à près de 300 ‰ (Niger), dans un rapport proche de 1 à 7.

Cette hétérogénéité croissante est le résultat de la diversité des rythmes de progrès, qui n'ont d'ailleurs guère de relation avec le niveau de

---

[37] En excluant Maurice et la Réunion où ils s'établissent respectivement à 16 ‰ et 8 ‰.

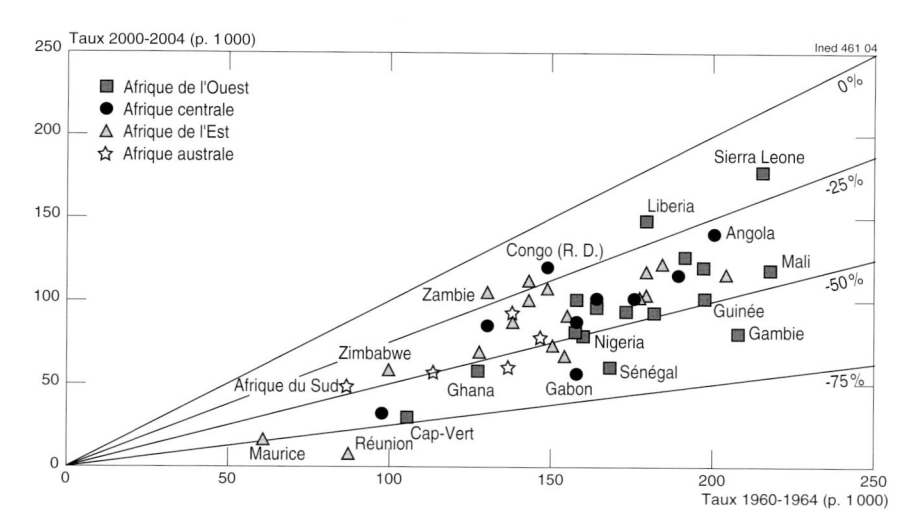

Figure 9. – Évolution de la mortalité infantile de 1960-1964 à 2000-2004 dans 48 pays d'Afrique sub-saharienne

Note : les droites correspondent à des baisses de 25 %, 50 % et 75 %.
Source : à partir des données des Nations unies (2003b).

départ. Elle est liée aux politiques sociales (santé, éducation, planification familiale), à l'histoire politique, à l'environnement et au degré de développement économique de chaque pays. En Afrique, la mortalité des enfants est très liée à l'indice de développement humain[38]. Et l'on voit des pays proches, ayant grosso modo un même environnement climatique et culturel, connaître des situations différentes : par exemple, au Ghana, le quotient de mortalité de 0 à 5 ans est de 108 ‰, tandis que dans les pays voisins, Togo, Côte d'Ivoire et Bénin, il atteint respectivement 146 ‰, 181 ‰ et 160 ‰. Un ensemble de facteurs concourent à expliquer cette moindre mortalité au Ghana. Guère plus riche que ses trois voisins (tableau annexe A.13), le Ghana est en Afrique sub-saharienne parmi les pays les mieux placés en matière de développement humain (8e rang sur 47 pays), avec notamment un niveau d'alphabétisation des adultes relativement élevé (72 %), une politique de santé infanto-juvénile un peu plus efficace (tableau annexe A.9), une prévalence contraceptive moderne plus forte (13 % contre 7 % dans les pays voisins) et une fécondité un peu plus basse (4,6 enfants par femme en 1998 contre 5,2 à 5,6 chez les autres).

Dans tous les pays, les mortalités à moins d'un an ainsi qu'entre 1 et 5 ans se caractérisent par de fortes inégalités spatiales et sociales, avec des écarts qui vont fréquemment de 1 à 3 entre villes et campagnes ou entre groupes sociaux. Nous y reviendrons.

---

[38] Dont, il est vrai, une des composantes (l'espérance de vie) dépend directement du niveau de mortalité infanto-juvénile.

3. Des ralentissements dans les progrès et des reprises récentes de la mortalité des enfants

La décennie 1990 aura été défavorable aux enfants dans une grande partie de l'Afrique. Certains pays (Sénégal, Bénin, Tanzanie, etc.) connaissent toujours un recul de la mortalité, mais d'autres (nombreux) sont en phase de ralentissement ou d'arrêt des progrès. Plus encore, une dizaine de pays (Zambie, Zimbabwe, Ouganda, Kenya, Côte d'Ivoire, Cameroun, etc.) sont confrontés à une reprise plus ou moins importante de la mortalité depuis une dizaine d'années.

La figure 10 fournit une illustration de cette diversité des évolutions. Elle est basée sur les résultats des deux dernières enquêtes EDS de six pays représentatifs de cette diversité (Burkina Faso, Tanzanie, Ghana, Côte d'Ivoire, Cameroun et Zimbabwe), qui couvrent au total les années 1975 à 1998[39]. Y figurent l'évolution des quotients de mortalité de 0 à 5 ans et de la mortalité de 1 à 5 ans, toujours et partout plus sensible aux « chocs » ou aux progrès que la mortalité infantile.

Le Malawi, la Guinée, l'Érythrée ou l'Éthiopie, la Tanzanie et le Ghana (ces deux derniers pays étant représentés dans la figure 10) sont globalement en progrès depuis 25 ans, même si au Ghana il semble y avoir eu un ralentissement récent de la baisse de la mortalité de 1 à 5 ans. Avec un peu plus d'incohérences entre les deux enquêtes, le Burkina Faso enregistre un arrêt des progrès, une stagnation de la mortalité, comme le Mali et le Gabon par exemple. Plus grave, le Cameroun et la Côte d'Ivoire, eux, sont confrontés à une reprise de la mortalité, avec des résultats concordants entre les deux enquêtes; comme au Togo, en Zambie, au Nigeria ou au Kenya, cette reprise touche surtout les enfants de 1 à 5 ans, plus sensibles aux maladies infectieuses. Le Zimbabwe, enfin, est l'exemple même de l'impact négatif du sida sur la mortalité des enfants, comme en Zambie, au Botswana ou dans une moindre mesure en Afrique du Sud. En définitive, en 2000, de nombreux pays ont retrouvé le niveau de mortalité infanto-juvénile des années 1980.

Ces évolutions différentes, parfois même divergentes entre pays, qui n'ont pas de relation avec le niveau de développement sanitaire atteint en 1990, sont à attribuer à un ensemble de facteurs qui s'enchevêtrent et dont le poids varie d'un pays à l'autre : le sida bien sûr, notamment dans les pays très touchés, mais aussi la dégradation des conditions de vie et du pouvoir d'achat dans nombre de pays, la déstructuration des systèmes de santé publique, l'augmentation, partout, des coûts de la santé pour la population, conduisant comme au Cameroun (Beninguisse, 2003) à des chan-

---

[39] Chaque enquête EDS fournit trois estimations relativement fiables sur les périodes 0-4 ans, 5-9 ans et 10-14 ans précédant l'enquête. En combinant deux enquêtes effectuées dans un pays à 6 ou 8 ans d'intervalle, on couvre ainsi 20 à 25 ans d'histoire de la mortalité des enfants. Ces observations rétrospectives (interviews des mères sur la survie des enfants nés il y a 5, 10 ou 15 ans) ne sont pas exemptes d'omissions ou d'incohérences, mais dans l'ensemble elles ne sont pas mauvaises.

La démographie de l'Afrique au sud du Sahara 561

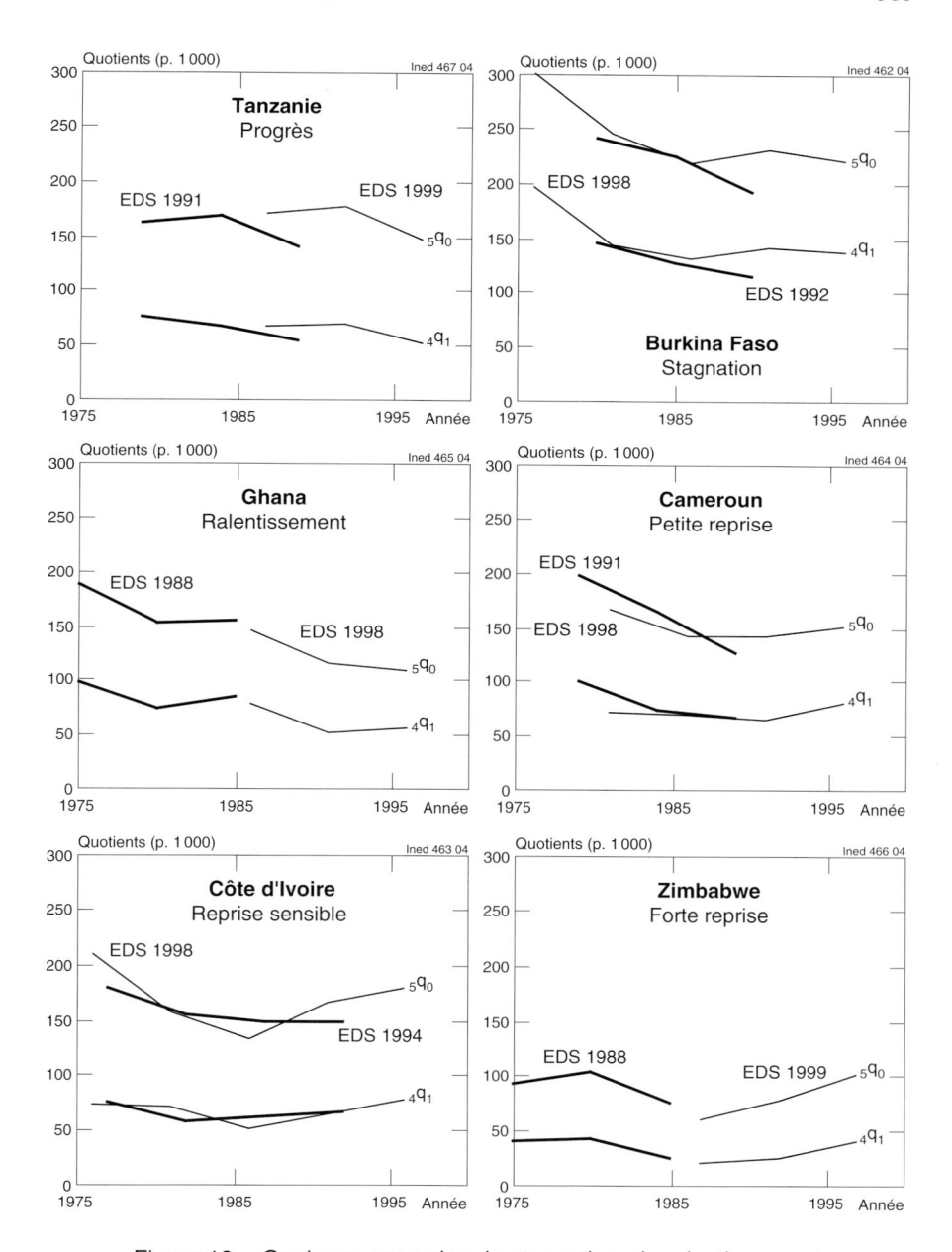

Figure 10. – Quelques exemples de stagnation, de ralentissement des progrès et de reprise récente de la mortalité des enfants

Source : à partir des données des rapports nationaux des enquêtes démographiques et de santé (EDS).

gements notables de comportements de la population (des classes pauvres comme des classes moyennes) en matière de soins prénataux, d'accouchements ou de vaccination.

4. Les manques en matière médicale : quelques exemples

Pour illustrer la situation sanitaire de l'Afrique et comprendre un peu mieux ces fortes mortalités infanto-juvéniles, examinons trois pratiques importantes pour la santé de la mère et de l'enfant : la consultation prénatale, l'assistance à l'accouchement et la vaccination.

Le tableau annexe A.9 présente pour 30 pays ayant réalisé une enquête EDS récente la proportion de naissances survenant sans aucune consultation prénatale, la proportion d'accouchements sans assistance de personnel médical ou formé, la proportion d'enfants qui ont reçu une vaccination complète (BCG, DTCoq, polio et rougeole) et enfin la proportion d'enfants souffrant de malnutrition (moyenne et sévère). Le tableau 11 reprend trois de ces indicateurs sous forme de moyennes régionales[40], avec les mortalités néonatales, à moins d'un an, de 1 à 5 ans et de 0 à 5 ans correspondantes.

La proportion de femmes ayant bénéficié d'au moins une *consultation prénatale* varie énormément dans la région et parfois d'un pays voisin à un autre : de plus de 92 % (Cap-Vert, Afrique du Sud, Kenya, Gabon, Ouganda) à moins de 40 % dans des pays sahéliens comme le Niger, le Tchad ou l'Éthiopie (de loin le pays le plus défavorisé en matière de santé des enfants), avec entre les deux beaucoup de pays où elle se situe autour de 70 %. Partout, c'est de loin dans les villes et chez les femmes (ou couples) instruits et économiquement les plus favorisés que le suivi des grossesses est le mieux assuré.

De même, l'Afrique est encore très loin de fournir une bonne *assistance médicale à l'accouchement* : 50 % des naissances totales de la région surviennent en l'absence de médecin, sage-femme, infirmière ou équivalent (tableau 11), la plupart se déroulant alors à domicile[41]. Mais là encore, et sans surprise, il existe de fortes inégalités entre les pays : moins de 16 % d'accouchements sans assistance au Cap-Vert, au Gabon et en Afrique du Sud, jusqu'à près de 70 % dans des pays comme le Burkina Faso, le Tchad et le Rwanda, et même 90 % en Éthiopie (tableau annexe A.9). Sans entrer dans les détails, il n'y a pas de relation claire entre le degré d'assistance médicale et le niveau de mortalité néo-natale dans les différents pays.

---

[40] Nous en avons exclu la proportion de naissances survenant sans consultation prénatale, qui varie beaucoup trop d'un pays à un autre dans une même sous-région pour calculer une moyenne (tableau annexe A.9).

[41] Avec l'aide de matrones, de parentes, d'amies ou parfois sans aucune aide.

TABLEAU 11.– MORTALITÉ PAR ÂGE À MOINS DE 5 ANS, CONDITIONS D'ACCOUCHEMENT, VACCINATION ET MALNUTRITION PAR SOUS-RÉGION VERS 2000 (29 PAYS)

Sous-région	Quotients (‰) de mortalité				% d'accouchements sans personnel formé	% d'enfants souffrant de malnutrition	% d'enfants vaccinés
	Néonatale	< 1 an	1-5 ans	0-5 ans			
Afrique de l'Ouest [11]	40	90	90	172	51	33	36
Afrique centrale [4]	38	84	70	148	44	31	25
Afrique de l'Est [11]	38	92	66	152	58	42	55
Afrique australe [3]	27	56	26	81	26	28	65
Ensemble Afrique sub-saharienne [29]	37	86	72	152	50	36	45

Source et définition des indicateurs : tableau annexe A.9. Les moyennes sous-régionales sont des moyennes non pondérées des résultats nationaux. Le Cap-Vert a été exclu en raison de sa situation exceptionnellement bonne en Afrique de l'Ouest. Le Zimbabwe a été intégré à l'Afrique australe. Les chiffres entre crochets indiquent le nombre de pays par sous-région.

La diversité des situations en matière de *vaccination* n'est pas moindre : un enfant sur trois en Afrique de l'Ouest, un sur quatre seulement en Afrique centrale, un sur deux en Afrique de l'Est et deux sur trois en Afrique australe ont reçu l'ensemble des quatre vaccins de base, avec à un extrême le Tchad, l'Éthiopie, le Niger et le Nigeria (moins de 20 % d'enfants vaccinés) et de l'autre des pays comme le Rwanda, la Tanzanie, la Zambie et le Zimbabwe (plus de 70 %). Au total, moins d'un jeune enfant africain sur deux était vers 2000 correctement protégé.

Conditions de vie, faiblesse des pouvoirs d'achat, pauvreté et parfois misère font de l'Afrique une région de *malnutrition* fréquente et répandue, sans progrès en la matière au vu des enquêtes successivement réalisées depuis quinze ans. En dehors des petits pays (Cap-Vert, la Réunion, Sao Tomé-et-Principe) où elle est très faible, elle touche toute l'Afrique, avec des proportions d'enfants souffrant de malnutrition (moyenne et sévère) qui vont de 20 % (Gabon et Togo) à près de 50 % en Éthiopie, à Madagascar, en Zambie et encore une fois au Nigeria (tableau annexe A.9). Même l'Afrique australe, la plus riche, n'est pas exempte du problème, loin s'en faut. Compte tenu des relations étroites de la malnutrition avec la morbidité et la mortalité infectieuses, on comprend les niveaux souvent élevés de la mortalité à 1, 2 ou 3 ans.

5. *De fortes inégalités sociales et spatiales dans les pays*

En dépit d'une situation économique et sanitaire pourtant plus précaire et difficile qu'ailleurs, l'Afrique n'échappe pas à la croissance des inégalités sociales et des disparités spatiales en matière de santé et de mortalité des enfants. Sans s'étendre ici sur cette question importante, prenons simplement l'exemple du Nigeria, le pays le plus peuplé (120 millions d'habitants) d'Afrique. Le tableau 12 présente la variabilité des indicateurs de mortalité et de santé selon le milieu d'habitat et le niveau d'instruction des mères.

TABLEAU 12. – MORTALITÉ DES ENFANTS, CONDITIONS D'ACCOUCHEMENT,
VACCINATION ET MALNUTRITION AU NIGERIA SELON LE NIVEAU D'INSTRUCTION
ET LE MILIEU D'HABITAT DES MÈRES EN 1999

Variables	Milieu d'habitat		Niveau d'instruction				Total
	Urbain	Rural	Aucun	Primaire	Secondaire	Supérieur	
Mortalité infantile[a]	59	75	77	71	59	40	71
Mortalité 1-5 ans[a]	52	74	87	55	39	13	67
Mortalité 0-5 ans[a]	108	143	157	122	96	53	133
% de naissances avec consultation prénatale	84	56	38	82	91	95	64
% d'accouchements avec personnel formé	58	35	15	55	74	89	42
% d'enfants vaccinés (tous vaccins)	32	11	6	18	33	53	17
% d'enfants souffrant de malnutrition[b]	42	47	56	40	38	37	46
Poids relatif de chaque groupe (%)	31	69	41	23	30	6	100

[a] Il s'agit respectivement des quotients de mortalité (probabilités de décès) de la naissance à 1 an, de 1 à 5 ans et de la naissance à 5 ans (p. mille). Ces quotients diffèrent légèrement de ceux du tableau A.9 car les périodes de référence utilisées pour les calculs sont différentes.
[b] Indice taille-pour-âge, mesure de la malnutrition chronique (moyenne et sévère).
Source : Rapport national de l'EDS 1999.

Comme partout ailleurs en Afrique et dans le monde, le Nigeria *urbain* est nettement favorisé par rapport aux zones rurales, même si la situation des villes est très loin d'être parfaite. Tous les indicateurs, de mortalité ou de santé, y sont nettement meilleurs, en dehors de la malnutrition des enfants qui y est presque aussi élevée (42 %) que dans les campagnes (47 %).

De même, au Nigeria comme ailleurs, l'*instruction des mères* (ou des couples) comme leur niveau de vie (non présenté ici) ont une influence considérable sur les comportements et pratiques de santé. La mortalité de 0 à 5 ans va de 1 à 3 entre niveaux d'instruction extrêmes, celle de 1 à 5 ans (la plus sensible à l'action sanitaire) de 1 à 7 (tableau 12). Les inégalités sont tout aussi fortes pour les autres indicateurs de santé, en dehors encore une fois de la malnutrition qui, au Nigeria, touche aussi énormément les enfants des femmes les plus instruites (37 %, un résultat un peu surprenant). Les femmes sans instruction (41 % de la population), souvent en situation de pauvreté, sont pour la plupart exclues du système moderne de santé, notamment pour les accouchements et la vaccination.

6. *Une surmortalité des petites filles dans près d'un pays sur deux*

Les différences de mortalité entre garçons et filles dans l'enfance dépendent à la fois de facteurs biologiques et socioculturels. Du côté biologique, les faits sont relativement clairs et universels : la moindre résistance des garçons au départ par rapport aux filles et donc leur plus grande vulnérabilité à un grand nombre de maladies infectieuses ou congénitales conduit – ou doit conduire – à une surmortalité masculine dans les premières années de la vie. Mais l'histoire européenne, comme celle des pays du Sud depuis 40 ans, ont souvent infirmé cette « loi » : dans deux pays en voie de développement sur trois dans les années 1970 et 1980, dans près d'un sur deux encore dans les années 1990, la surmortalité des petites filles était nette, entre 1 et 5 ans notamment (Tabutin et Willems, 1995 ; Nations unies, 1998). La surmortalité biologique et « naturelle » des garçons a souvent fait place à une surmortalité sociale des filles, qu'on attribue couramment à des différences de comportements (attention, soins, etc.) des communautés, des familles ou des couples face à l'état de santé et à la maladie d'un garçon ou d'une fille.

Pendant longtemps, on a cru que l'Afrique sub-saharienne échappait à ce problème, particulièrement aigu en Afrique du Nord, au Moyen-Orient, en Asie du Sud et de l'Est. Mais les études les plus récentes (Tabutin *et al.*, 2001 ; Nations unies, 1998), basées sur un meilleur appareil statistique, confirment l'existence d'une surmortalité des petites filles dans un bon nombre de pays africains.

Au niveau de l'ensemble de l'Afrique sub-saharienne, il y a en moyenne égalité de la mortalité des garçons et des filles entre 1 et 5 ans[42], mais cela cache des situations bien diverses. Quand elle existe, la surmortalité féminine à ces âges n'y est point aussi intense (de l'ordre de 7 %) et généralisée qu'en Afrique du Nord (15 %), en Asie de l'Ouest et du Sud (de 15 à 20 %) ; elle y a peut-être même reculé des années 1970-1985 aux années 1986-1998, mais elle est présente dans près d'un pays sur deux (Tabutin *et al.*, 2001). Elle est là sans géographie précise (on la trouve un peu partout, sauf en Afrique australe où elle a disparu), sans lien avec une religion (on l'observe aussi bien dans des sociétés islamisées que non islamisées), sans relation avec la richesse du pays et avec l'état sociosanitaire des populations (on la trouve dans des pays aussi différents que l'île Maurice et le Niger). La ville n'apparaît pas non plus systématiquement comme un milieu plus favorable aux filles. Quant à l'instruction des mères, si elle a un impact toujours très positif sur la mortalité et la santé des enfants, elle joue un rôle beaucoup moins clair sur les inégalités entre sexes.

La vaccination, souvent faite par grandes campagnes, n'opère pas de discrimination particulière vis-à-vis des petites filles. En revanche, dans nombre de pays, notamment les plus pauvres, les filles sont défavorisées en matière de consultations médicales ou de recours aux soins en cas de maladie.

Devant l'hétérogénéité des situations dans la région, parfois entre pays voisins, on est loin d'avoir compris ces inégalités entre sexes face au décès, dans des sociétés, certes très diverses, mais où les filles comme les garçons représentent encore souvent une source potentielle de prospérité pour le groupe familial ou lignager.

---

[42] Alors que l'on devrait avoir de 5 % à 10 % de surmortalité des garçons.

XI. Structures par âge : de lentes modifications en dehors de l'Afrique australe

Avec un âge médian de la population de 17,5 ans, 44 % de jeunes de moins de 15 ans et moins de 5 % de personnes âgées de plus de 60 ans, l'Afrique sub-saharienne est – de loin – la région la plus jeune du monde (tableau 13). Les causes démographiques en sont bien connues : la fécondité de l'Afrique a peu évolué depuis les années 1950 et elle est aujourd'hui bien supérieure à celle des autres régions du globe (cf. section VII). La baisse de la mortalité des dernières décennies, plus rapide aux jeunes âges, a même contribué à un léger rajeunissement des structures par âge entre 1950 et 2000, l'âge médian étant passé de 18,8 ans à 17,5 au cours de cette période. Sous l'effet de la baisse prévisible de la fécondité, la population de l'Afrique vieillira au cours des prochaines décennies. D'abord par la base, avec la diminution de la proportion de jeunes, par le sommet plus tard, avec l'augmentation de la part des personnes âgées. Les évolutions des prochaines années seront toutefois modérées, et l'Afrique restera jeune encore longtemps : selon l'hypothèse moyenne des dernières projections des Nations unies (2003b), la part des moins de 15 ans devrait être de 40 % en 2020 (44 % en 2000), l'âge médian de 19,4 ans (17,5 ans en 2000) et la proportion des 60 ans ou plus de 5,3 % (4,7 % en 2000).

TABLEAU 13.– INDICATEURS DE STRUCTURE PAR ÂGE ET PAR SEXE, PAR SOUS-RÉGION EN 2000

Sous-région	Âge médian de la population	Part des moins de 15 ans (%)	Part des 60 ans ou plus (%)	Rapport de masculinité H/F (%)
Afrique de l'Ouest	17,2	45,1	4,6	100,2
Afrique centrale	16,9	46,0	4,7	97,7
Afrique de l'Est	17,0	45,6	4,4	97,4
Afrique australe	22,0	35,0	5,8	95,7
Ensemble Afrique sub-saharienne	17,5	44,3	4,7	98,5
Afrique du Nord	21,6	35,8	6,4	100,8
Asie de l'Est	30,8	23,8	11,3	104,7
Asie du Sud-Est	23,8	32,4	7,2	99,7
Amérique du Sud	24,9	30,8	8,3	98,1

Source : Nations unies (2003b).

La baisse de la fécondité étant la principale cause du vieillissement de la population, du moins dans des contextes où la fécondité et la mortalité sont encore élevées, les populations les plus avancées dans la transition de la fécondité le sont également dans le processus de vieillissement. En Afrique australe, l'âge médian de la population est ainsi de 4 à 5 ans supérieur à celui des autres régions d'Afrique, avec nettement moins de jeunes (35 %, contre environ 45 %)[43]. Avec moins de 30 % de jeunes et un âge médian de 28 ans, la Réunion et Maurice sont déjà âgées par rapport au reste de l'Afrique. L'Afrique du Sud, le seul autre pays où l'âge médian dépasse 20 ans, est aussi bien entrée dans le processus de vieillissement. À l'opposé, cinq pays à fécondité très élevée (Burkina Faso, Mali, Niger, Burundi, Ouganda) sont particulièrement jeunes, avec un âge médian inférieur à 16 ans. Pour le reste, l'hétérogénéité entre pays reste relativement faible : en 2000, dans la grande majorité des pays (37 sur 48), l'âge médian de la population se situe entre 16 et 19 ans (tableau annexe A.11).

Voyons plus en détail les évolutions des structures par âge de 1950 à 2000 et les perspectives jusqu'en 2020 pour l'Afrique sub-saharienne dans son ensemble et trois pays à différents stades de la transition de la fécondité et différemment touchés par le sida (figure 11). La comparaison des pyramides de 1950 et 2000 pour l'Afrique sub-saharienne montre bien ce que nous soulignions plus haut : la structure par âge du continent n'a pratiquement pas bougé en cinquante ans. En revanche, au cours des prochaines décennies, sa base connaîtra un léger rétrécissement sous l'effet de la baisse de la fécondité prévue dans les projections (l'ISF passerait de 5,1 enfants par femme en 2000 à 3,3 en 2020). Le Mali, par contre, après un léger rajeunissement de sa population entre 1950 et 2000, ne vieillira que légèrement d'ici 2020 : l'âge médian devrait être d'à peine 16 ans à cette date, la proportion de jeunes de 47,5 % (49,1 % en 2000). À l'image de l'Afrique, la structure par âge du Cameroun n'a guère évolué au cours de la période 1950-2000. Mais les changements d'ici 2020 devraient y être nettement plus prononcés, la transition de la fécondité étant bien engagée dans ce pays (ISF de 4,6 enfants par femme vers 2002). Enfin, la base de la pyramide du Zimbabwe a, quant à elle, déjà sensiblement rétréci entre 1950 et 2000, résultat du déclin de la fécondité amorcé au début des années 1980. Si la baisse de la fécondité contribuera encore aux changements de la pyramide de ce pays dans les prochaines années, elle sera également totalement bouleversée par un élément d'une tout autre nature, le sida. S'il est difficile de prévoir avec précision les implications du sida sur les structures par âge, il est cependant clair que la surmortalité énorme aux âges adultes provoquée par cette pandémie va conduire à un déficit important d'individus, notamment après 40 ans.

En définitive, la structure par âge de l'Afrique sub-saharienne dans son ensemble évoluera lentement au cours des deux à trois prochaines décennies. Mais certains pays connaîtront toutefois des modifications sensibles de leur pyramide dues à la baisse de la fécondité, quelques autres des modifications brutales et rapides en raison du sida.

---

(43) En revanche, avec 5,8 % de personnes âgées de 60 ans ou plus, la proportion de personnes âgées n'est que légèrement plus élevée en Afrique australe. Le vieillissement par le sommet s'y accentuera notablement dès 2010.

568   D. TABUTIN, B. SCHOUMAKER

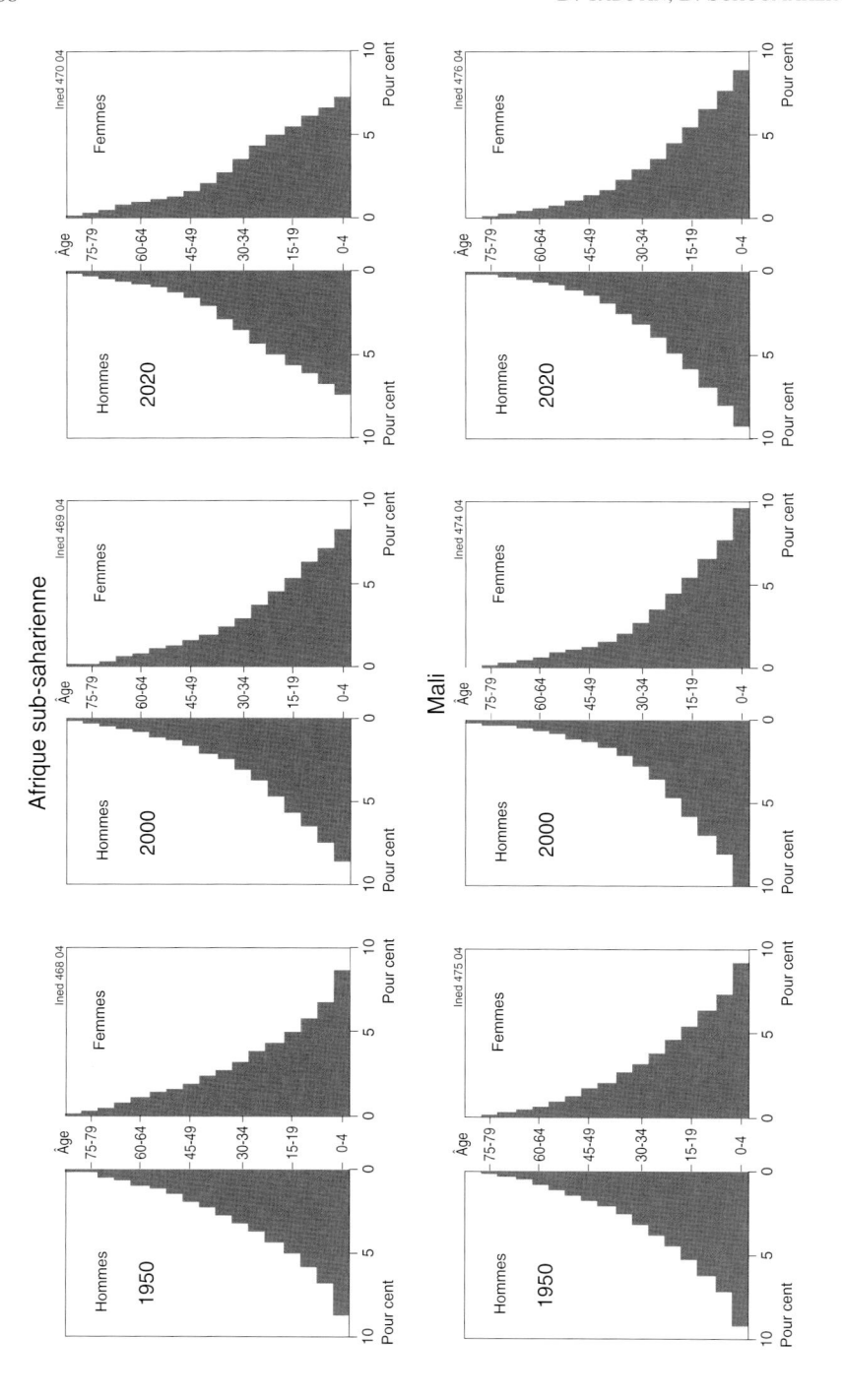

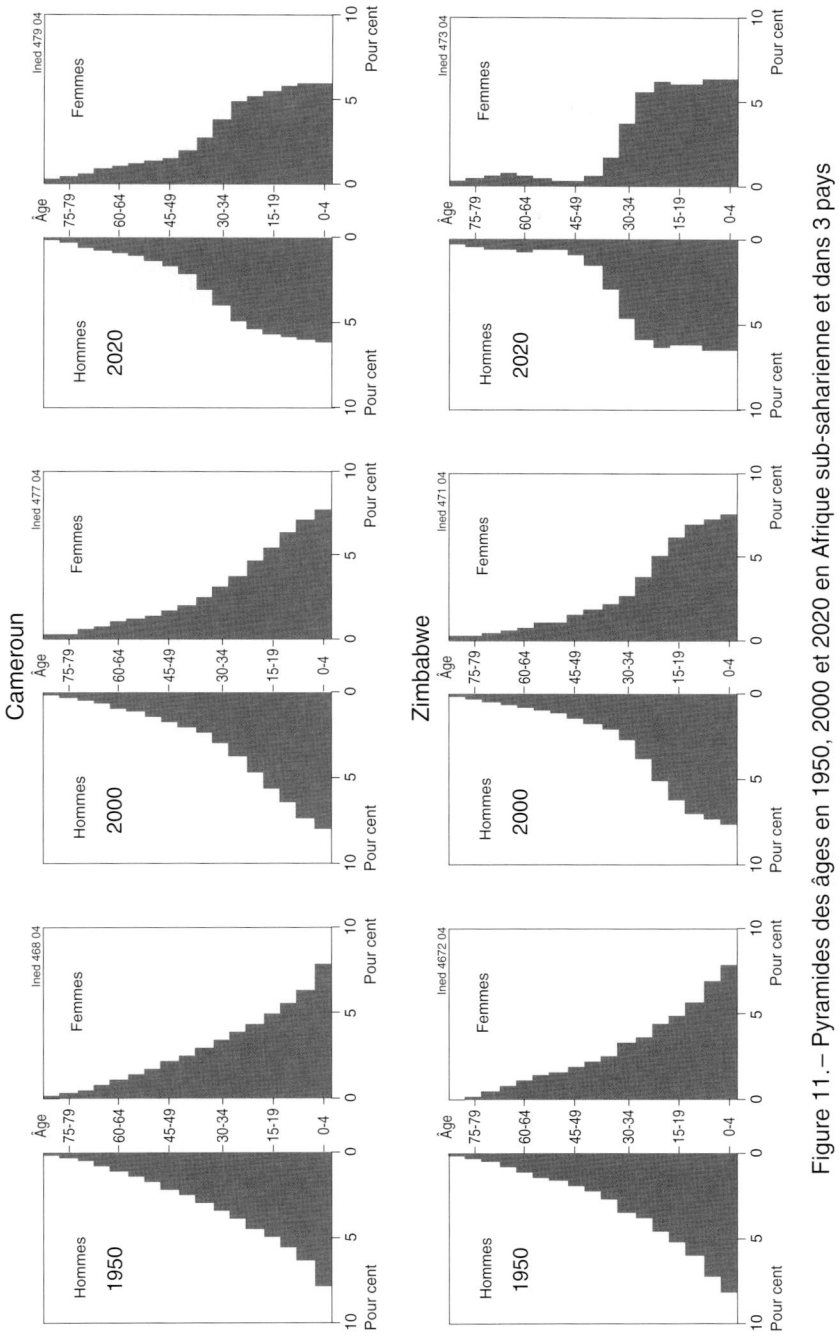

Figure 11.– Pyramides des âges en 1950, 2000 et 2020 en Afrique sub-saharienne et dans 3 pays

Source : à partir des données des Nations unies (2003b).

XII. Urbanisation et exode rural : de profonds changements depuis 1950

L'urbanisation est l'une des transformations les plus importantes qu'a connues l'Afrique sub-saharienne au cours des cinquante dernières années. Alors que seulement 13 % de sa population résidait dans des villes en 1950, plus du tiers de sa population vit aujourd'hui en milieu urbain (tableau 14)[44]. Le niveau d'urbanisation reste faible par rapport à l'Amérique du Sud et l'Afrique du Nord[45] – qui enregistraient déjà des taux d'urbanisation bien supérieurs dès les années 1950 – mais la croissance urbaine y a été bien plus rapide au cours des cinquante dernières années. La population urbaine totale de la région a ainsi été multipliée par 11 au cours de cette période, passant de quelque 20 millions en 1950 à près de 220 millions en 2000, alors que la population rurale passait de 156 à 430 millions (multiplication par 2,7). Selon les projections des Nations unies, cette croissance urbaine devrait se poursuivre : en 2030, plus de 600 millions d'individus, soit un Africain sur deux, résideraient en ville.

La croissance urbaine s'explique bien sûr par la croissance naturelle des villes (natalité et mortalité), mais aussi – et c'est ce qui explique son évolution bien plus rapide que celle de la population rurale – par les migrations des campagnes vers les villes et par les reclassements de localités rurales en localités urbaines. Dans l'ensemble, migrations et reclassements rendaient compte d'environ la moitié de la croissance de la population des villes en Afrique dans les années 1960 et 1970, mais la croissance naturelle semble aujourd'hui avoir pris le dessus, expliquant, selon certains auteurs, près des trois quarts de la croissance urbaine du continent dès les années 1980 (Chen *et al.*, 1998).

TABLEAU 14.– ÉVOLUTION DU TAUX D'URBANISATION PAR SOUS-RÉGION DE 1950 À 2000 ET PERSPECTIVES POUR 2030 (EN %)

Sous-région	1950	1975	2000	2030
Afrique de l'Ouest	10	26	39	57
Afrique centrale	14	27	35	53
Afrique de l'Est	5	12	24	42
Afrique australe	38	44	54	70
Ensemble Afrique sub-saharienne	13	21	34	54
Afrique du Nord	25	39	49	63
Asie de l'Est	18	25	42	63
Asie du Sud-Est	15	22	37	56
Amérique du Sud	44	64	80	88

Source : Nations unies (2002d).

---

[44] Les indicateurs retenus ici, qui proviennent des Nations unies, reposent sur les définitions nationales qui ne sont pas homogènes. Les niveaux et rythmes d'urbanisation ne sont donc pas parfaitement comparables ni entre pays, ni au cours du temps.

[45] Il se situe par contre au même niveau qu'en Asie de l'Est et du Sud-Est.

1. Une forte hétérogénéité de l'urbanisation entre pays

Ici encore, il y a une grande diversité des niveaux d'urbanisation entre sous-régions et entre pays d'Afrique (tableau 14 et tableau annexe A.13). L'Afrique australe est aujourd'hui, comme au début des années 1950, bien plus urbanisée que les autres régions du continent. Plus de la moitié de sa population réside déjà dans des villes, en raison notamment du taux d'urbanisation relativement élevé de l'Afrique du Sud (58 %). À l'inverse, à peine un quart de la population de l'Afrique de l'Est est urbaine, avec des niveaux extrêmement faibles au Rwanda (6 %) et au Burundi (9 %) et une majorité de pays autour de 30 % (Comores, Kenya, Madagascar, Mozambique, etc.). L'Afrique de l'Ouest compte, elle, 39 % de citadins, cette proportion allant de 17 % au Burkina Faso à plus de 60 % au Cap-Vert et tournant autour de 40 % dans environ la moitié des pays de la sous-région (Bénin, Nigeria, Côte d'Ivoire, etc.). Enfin, l'Afrique centrale, dont un peu plus d'un tiers (35 %) de la population est urbaine, se situe dans la moyenne de l'Afrique sub-saharienne, mais compte cependant certains des pays les plus urbanisés d'Afrique : le Gabon (82 %) et le Congo (66 %).

Globalement toutefois, l'hétérogénéité des degrés d'urbanisation entre sous-régions s'est réduite depuis les années 1950, les régions les moins urbanisées il y a cinquante ans ayant connu les croissances urbaines les plus fortes. Ainsi, l'Afrique de l'Est, qui partait d'un niveau très bas en 1950, a enregistré une croissance particulièrement rapide de sa population urbaine, multipliée pratiquement par 20 entre 1950 et 2000 (croissance annuelle moyenne de 5,9 %), et le taux d'urbanisation y a été multiplié par 5. La croissance urbaine a également été très soutenue en Afrique de l'Ouest (population multipliée par 15 en cinquante ans, soit une croissance annuelle de 5,4 %, taux d'urbanisation multiplié par 4). En revanche, elle a été plus modérée en Afrique centrale (population urbaine multipliée par 9, croissance de 4,4 %) et relativement faible en Afrique australe (multiplication par 4, croissance de 2,8 %), qui, nous l'avons dit, partait de plus haut. Finalement, pour l'ensemble de l'Afrique sub-saharienne, la population urbaine a crû à un rythme annuel moyen de près de 4,8 % sur une cinquantaine d'années. Cette moyenne masque cependant un léger tassement de la croissance urbaine, plus lente dans les années 1980 et 1990 (croissance annuelle de 4,6 %) que dans les années 1960 et 1970 (5,0 %).

2. L'émergence de mégapoles

La croissance rapide de la population urbaine s'est accompagnée de l'émergence de grandes villes et même de quelques mégapoles à travers le continent (tableau 15)[46]. En 2000, l'Afrique sub-saharienne compte en effet 27 villes de plus d'un million d'habitants (dont 19 capitales), alors qu'on n'en dénombrait que quatre (Lagos, Kinshasa, Le Cap, Johannesburg) vingt-cinq ans auparavant et aucune en 1950. La population de Lagos, l'agglomération la plus peuplée d'Afrique, frôle aujourd'hui les 9 millions d'habitants, soit près de cinq fois plus qu'en 1975 et trente fois plus qu'en 1950 ! Kinshasa atteint aujourd'hui 5 millions d'habitants, c'est-à-dire également trente fois plus qu'il y a cinquante ans, et trois fois plus qu'en 1975. Abidjan s'approche des 4 millions d'habitants et plusieurs villes dépassent aussi les deux millions (Luanda, Addis-Abeba, Khartoum, etc.). Dans quelques pays, ces grandes villes (Abidjan) ou capitales (Dakar, Luanda, Brazzaville) concentrent à elles seules plus de 20 % de la population totale et plus de la moitié de la population urbaine (tableau 15) ; d'autres ont un poids bien moindre, malgré leur taille parfois importante. C'est donc la diversité des systèmes urbains qui prévaut en Afrique, et non pas un modèle unique macrocéphale (Dubresson, 2003).

La population de ces grandes villes continuera à croître et se multiplier dans les prochaines décennies, et elles abriteront une part grandissante de la population urbaine africaine (Dubresson, 2003)[47]. Leur rythme de croissance devrait toutefois diminuer, poursuivant une tendance au ralentissement déjà bien amorcée. Ainsi, pour les 12 villes du tableau 15, le taux de croissance annuelle, en moyenne de 6,7 % sur la période 1950-1975, a été de 5,0 % entre 1975 et 2000, et devrait être de l'ordre de 3,8 % entre 2000 et 2015 selon les projections des Nations unies.

3. Un ralentissement de la croissance urbaine

Ce phénomène de ralentissement concerne non seulement les grandes villes mais aussi, souvent, le reste du monde urbain. Bien que l'ampleur du ralentissement de la croissance urbaine soit actuellement débattue, dépendant notamment des sources de données utilisées, plusieurs études récentes indiquent un tassement de la croissance des villes en Afrique (Potts, 1995), voire une désurbanisation dans certains pays comme la Côte d'Ivoire ou la Zambie (Beauchemin *et al.*, 2004). D'ampleur variable selon les régions et les pays, ce ralentissement s'explique à la fois par la baisse de la croissance naturelle des villes, mais surtout semble-t-il par un

---

[46] Les grandes villes d'Afrique concentrent toutefois une plus faible partie de la population urbaine que dans les autres régions du monde, et l'Afrique urbaine reste dominée par des villes petites et moyennes (Chen *et al.*, 1998). Ainsi, en 2000, les villes de plus d'un million d'habitants regroupent 28,5 % de la population urbaine du continent, contre, par exemple, 42,2 % en Amérique latine et Caraïbes (Nations unies, 2002d).

[47] Avec bien sûr une variabilité certaine entre régions et pays.

Tableau 15. – Évolution de la population de quelques capitales de 1950 à 2000 et perspectives pour 2015

Villes	Pays	Population (en milliers)				Rapport 2000/1950	Rapport 2000/1975	% dans la population totale du pays en 2000	% dans la population urbaine du pays en 2000
		1950	1975	2000	2015				
Abidjan[a]	Côte d'Ivoire	59	960	3790	6076	64,2	3,9	24	54
Addis-Abeba	Éthiopie	392	926	2645	4932	6,7	2,9	4	27
Bamako	Mali	62	377	1114	2143	18,0	3,0	10	32
Brazzaville	Congo	216	340	1306	2259	6,0	3,8	43	66
Dakar	Sénégal	223	768	2078	3481	9,3	2,7	22	46
Dar-es-Salam	Tanzanie	78	638	2115	4080	27,1	3,3	6	19
Harare	Zimbabwe	84	529	1791	3013	21,3	3,4	14	40
Khartoum	Soudan	182	896	2742	4687	15,1	3,1	9	24
Kinshasa	Congo RD	173	1735	5054	9883	29,2	2,9	10	33
Lagos	Nigeria	288	1890	8665	15966	30,1	4,6	8	17
Luanda	Angola	138	669	2697	5144	19,5	4,0	20	60
Yaoundé	Cameroun	50	276	1420	2281	28,4	5,1	9	19

[a] Capitale de la Côte d'Ivoire jusqu'en 1983.
Source : Nations unies (2002d).

ralentissement de la migration vers les villes et parfois aussi par une accentuation récente des migrations de retour en milieu rural (Beauchemin et Bocquier, 2003 ; Potts, 1995 ; 2000). Le rôle de la migration dans la croissance urbaine en Afrique a donc sensiblement diminué depuis les années 1960 (Bocquier, 2003 ; Chen *et al.*, 1998), notamment sous l'effet des crises économiques et des programmes d'ajustement structurel mis en place à partir des années 1980 (Beauchemin et Bocquier, 2003 ; Becker *et al.*, 1994), qui ont freiné les recrutements dans la fonction publique et augmenté le chômage urbain, celui des jeunes notamment.

XIII. La migration internationale à l'intérieur de l'Afrique : migrations de travail et migrations forcées

La migration internationale reste le phénomène démographique le plus mal connu et le plus mal mesuré, en Afrique encore plus qu'ailleurs dans le monde. Les principaux indicateurs de migrations internationales disponibles pour une majorité de pays d'Afrique sont le nombre d'individus résidant dans un pays qui sont nés à l'étranger (immigrants internationaux), et ce nombre rapporté à la population du pays d'accueil, que l'on qualifie de proportion de migrants (Zlotnik, 2003)[48]. Ces indicateurs, obtenus à partir d'une question sur le lieu de naissance dans les recensements, font donc référence aux stocks de migrants et non pas aux flux migratoires, très rarement disponibles[49]. Ils mesurent imparfaitement la complexité du phénomène migratoire, avec une mauvaise appréhension des migrations temporaires, des migrations circulaires, des fluctuations conjoncturelles, etc.[50] Malgré leurs lacunes, ces indicateurs permettent toutefois de dégager quelques grands traits de la migration internationale en Afrique et de discerner les principaux pôles d'attraction des migrants.

En 2000, l'Afrique sub-saharienne comptait environ 15,1 millions d'immigrants internationaux (au sens défini précédemment), soit 2,2 % de sa population totale, une proportion en sensible régression depuis les années 1960 où elle était de près de 4 % (Zlotnik, 2003). Elle reste toutefois bien supérieure à celles de la plupart des autres régions du monde en développement (1,4 % en Asie, 1,1 % en Amérique latine et Caraïbes)[51].

---

[48] Les migrants comprennent les individus nés à l'étranger auxquels sont ajoutés les réfugiés (Nations unies, 2002b).

[49] À l'exception de données obtenues dans le cadre d'opérations de collecte spécifiques, telles que les données des enquêtes du REMUAO effectuées dans sept pays d'Afrique de l'Ouest au début des années 1990 (Cerpod, 1995).

[50] La fiabilité des données sur les stocks de migrants est aussi affectée par plusieurs facteurs. Ainsi, dans certains pays, le stock de migrants est estimé à partir d'une question sur la nationalité plutôt que sur le lieu de naissance. Par ailleurs, les réfugiés peuvent dans certains cas être comptés deux fois, dans la mesure où les réfugiés sont parfois inclus parmi les migrants dans les données des recensements (Zlotnik, 2003).

La migration internationale à l'intérieur de l'Afrique demeure donc importante. Les volumes et les causes des migrations, ainsi que les caractéristiques des migrants varient toutefois sensiblement à l'intérieur du continent.

Avec près de 7 millions d'immigrants internationaux en 2000, l'Afrique de l'Ouest est la région qui concentre aujourd'hui la plus grande partie des migrants d'Afrique, devant l'Afrique de l'Est qui en compte 5,3 millions, et l'Afrique centrale et l'Afrique australe qui en comptent toutes deux 1,5 million. En termes relatifs, l'Afrique de l'Ouest et l'Afrique australe sont en tête du classement : 3 % de leur population est composée d'immigrants internationaux, alors que l'Afrique centrale et l'Afrique de l'Est n'en comptent respectivement que 1,6 % et 1,9 %.

Les données par pays (tableau annexe A.12) montrent par ailleurs la très grande hétérogénéité des situations au sein de l'Afrique et font ressortir les quelques grands pôles d'attraction migratoire. L'exemple le plus frappant et bien connu est la Côte d'Ivoire qui, avec plus de 2,3 millions d'immigrants en 2000, concentrait le plus grand nombre d'immigrants internationaux en Afrique, loin devant l'Afrique du Sud (1,3 million) et le Burkina Faso (1,1 million)[52]. Ils représentaient près de 15 % de la population de la Côte d'Ivoire, une proportion nettement plus élevée que dans la plupart des autres pays d'Afrique. Cela reflète la place prépondérante que la migration a tenue et tient encore dans l'économie de ce pays et des pays francophones limitrophes (Burkina Faso et Mali), principaux pays d'origine de ces immigrants (Makinwa-Adebusoye, 1992)[53]. Quelques autres petits pays d'Afrique (Gabon, Gambie) et la Réunion atteignent ou dépassent aussi les 15 % de migrants, mais cela ne représente respectivement que 250 000, 185 000 et 106 000 individus, donc une petite proportion de l'ensemble des migrants d'Afrique. À l'inverse, des grands pays comme le Nigeria et l'Afrique du Sud, même s'ils ne comptent que des proportions relativement faibles de migrants (moins de 1 % au Nigeria, 3 % en Afrique du Sud), accueillent un nombre important d'individus (plus de 2 millions pour ces deux pays réunis).

Les motifs des migrations internationales en Afrique sont bien sûr divers, ont varié au cours du temps et diffèrent sensiblement entre régions et pays. Les *migrations de travail* constituent une part importante de l'ensemble des mouvements de population en Afrique comme ailleurs dans le

---

[51] Elle est par contre nettement plus faible que dans les pays développés, qui comptaient près de 9 % d'immigrants internationaux vers 2000.

[52] Rappelons ici que les immigrants internationaux sont définis comme des individus nés en dehors de leur pays de résidence. Il peut donc s'agir de citoyens d'autres pays, comme c'est le cas pour la plupart des immigrants de Côte d'Ivoire, mais également de citoyens du pays nés à l'étranger, comme c'est vraisemblablement le cas pour une bonne part des immigrants du Burkina Faso.

[53] La détérioration de la situation économique en Côte d'Ivoire depuis les années 1980 y a toutefois sensiblement modifié les échanges migratoires, conduisant même à un solde migratoire négatif avec le Burkina Faso à la fin des années 1980 (Bocquier, 1996). Le conflit qui a éclaté en 2002 en Côte d'Ivoire a également provoqué le retour de nombreux migrants dans leur pays d'origine.

monde. Par exemple, les migrations vers la Côte d'Ivoire, l'Afrique du Sud ou le Gabon, pour ne citer que quelques pays, sont dans une large mesure dictées par la recherche de travail et de revenus dans des économies plus prospères et demandeuses de main-d'œuvre que celles des pays d'émigration.

Les *réfugiés* représentent une autre grande catégorie de migrants internationaux en Afrique, qui a crû sensiblement au cours des dernières décennies à la suite notamment des conflits ou des guerres civiles qu'ont connus et que connaissent encore divers pays de ce continent. Le nombre de réfugiés en Afrique sub-saharienne serait passé de moins de 100 000 au début des années 1960 à plus de 5 millions au milieu des années 1990, pour redescendre à 3 millions vers 2000 (Zlotnik, 2003). Ils constituaient à peine 1 % de l'ensemble des migrants au début des années 1960, près de 40 % vers 1995, 20 % aujourd'hui. En 2000, l'Afrique rassemble un quart de l'ensemble des réfugiés du monde. Depuis le début des années 1980, c'est l'Afrique de l'Est qui compte le plus de réfugiés (1,9 million aujourd'hui), la Tanzanie en abritant à elle seule près de 700 000, soit plus de 20 % de l'ensemble des réfugiés en Afrique. Les autres grands pays d'accueil actuellement sont la Zambie, le Soudan, l'Ouganda, le Kenya, le Congo R.D. et la Guinée (tableau annexe A.12). En 2002, les principaux pays d'origine des réfugiés en Afrique étaient le Burundi, le Soudan, l'Angola, la Somalie et le Congo R.D.

L'absence de données détaillées permet difficilement d'examiner les évolutions des flux migratoires en provenance ou à destination de certains pays, et les éventuels renversements de tendances dans ces flux. On connaît néanmoins la grande sensibilité des migrations aux crises économiques et aux bouleversements politiques. Les mouvements de réfugiés en sont bien sûr l'illustration la plus évidente, mais les migrations de travail (légales ou illégales) sont également affectées par ces changements. Par exemple, la fin du régime d'apartheid en Afrique du Sud et l'ouverture du pays au début des années 1990 ont provoqué un afflux d'immigrants, notamment en provenance du Congo R.D., du Nigeria et du Sénégal (Adepoju, 2000). À l'inverse, en Côte d'Ivoire et au Gabon, la crise économique et la mise en place de politiques migratoires plus restrictives dans les années 1990 auraient non seulement ralenti les migrations vers ces pays, mais aussi accéléré les migrations de retour (Adepoju, 2000).

XIV. Les migrations vers les pays riches : augmentation des flux, diversification des destinations

Tout comme les migrations internationales à l'intérieur de l'Afrique, les migrations africaines vers les pays développés restent insuffisamment documentées. Malgré les efforts récemment déployés en Amérique du Nord et dans la Communauté européenne, les données permettant d'appréhender ce phénomène, qui proviennent essentiellement des statistiques d'immigration des pays développés, sont non seulement peu abondantes, mais aussi de qualité variable d'un pays à l'autre. Ces statistiques excluent également, par définition, les migrations illégales, si bien qu'elles sous-estiment souvent les flux migratoires en provenance d'Afrique. Dans l'ensemble, elles sont à considérer avec précaution[54].

1. Des années 1960 aux années 1980

Depuis le début des années 1960, c'est-à-dire la période de décolonisation, on assiste à une augmentation des flux migratoires de l'Afrique sub-saharienne vers les pays développés[55]. Au début des années 1960, on comptait annuellement environ 17 000 immigrants d'Afrique sub-saharienne vers l'Europe occidentale, l'Amérique du Nord et l'Océanie réunies, contre près de 80 000 à la fin des années 1980 (tableau 16)[56]. L'Europe a d'abord connu une phase de forte augmentation entre les an-

TABLEAU 16.– NOMBRE ANNUEL MOYEN D'IMMIGRANTS D'AFRIQUE SUB-SAHARIENNE VERS LES PAYS DU NORD DE 1960 À 1990

Destination	1960-1964	1965-1969	1970-1974	1975-1979	1980-1984	1985-1989	1990-1991
Amérique du Nord	1 900	4 105	10 094	15 817	17 506	20 942	16 191
Océanie	2 072	2 722	3 832	3 124	4 454	5 708	3 960
Europe occidentale	13 287	37 688	50 998	42 254	37 368	51 644	–
Total	17 259	44 515	64 924	61 195	59 328	78 294	–
% du total vers l'Europe	77,0 %	84,7 %	78,5 %	69,0 %	63,0 %	66,0 %	–

Note : l'Amérique du Nord comprend les États-Unis et le Canada, l'Océanie inclut l'Australie et la Nouvelle-Zélande, et l'Europe occidentale inclut ici l'Allemagne, la Belgique, la France, les Pays-Bas, le Royaume-Uni et la Suède.
Source : Zlotnik (1993).

---

[54] Pour une présentation des statistiques de migrations des pays en développement vers les pays développés, voir notamment H. Zlotnik (1996). Soulignons que ces statistiques n'incluent pas les demandeurs d'asile.
[55] Les migrants originaires d'Afrique sub-saharienne ne représentent malgré tout qu'une faible proportion de l'ensemble des migrants vers les pays du Nord (3,7 % en 1985-1989) et de l'ensemble des migrants Sud-Nord (environ 10 %) (Zlotnik, 1993).
[56] Nous ne disposons malheureusement pas de données comparables pour les années 1990.

nées 1960 et 1970, le volume annuel passant de moins de 14 000 à plus de 50 000 migrants, suivie d'un ralentissement à la fin des années 1970 et au début des années 1980, et d'une nouvelle reprise pour atteindre 51 000 migrants vers 1990. La croissance des flux à destination de l'Amérique du Nord et de l'Océanie a par contre été plus continue, passant de 4 000 migrants annuels vers ces deux régions au début des années 1960 à environ 26 000 à la fin des années 1980. Les États-Unis, le Canada, l'Australie et la Nouvelle-Zélande accueillaient donc vers 1990 une part plus importante des migrants africains qu'au début des années 1960 (34 % contre environ 20 %). Avec les deux tiers du total, l'Europe restait toutefois de loin la première destination parmi les régions développées.

L'augmentation des flux vers les États-Unis, le Canada et l'Australie témoigne de la diversification des destinations des migrants africains, diversification qui s'observe également au sein de l'Europe. Alors que dans les années 1960 et 1970, les principaux flux migratoires allaient essentiellement des anciennes colonies vers les anciennes puissances coloniales (France, Grande-Bretagne, Portugal, Belgique), cette orientation privilégiée n'est plus de mise aujourd'hui, avec l'importance accrue des migrations vers des pays tels que l'Italie, les Pays-Bas ou encore l'Allemagne (Hamilton, 1997; Zlotnik, 1996). Les pays du Golfe semblent également attirer un nombre croissant d'Africains, en particulier parmi les plus instruits (Adepoju, 2000).

2. Depuis le début des années 1990

Par ailleurs, contrairement à ce que l'on pouvait attendre avec la mise en place de politiques migratoires de plus en plus strictes dans les pays riches, les migrations vers ces pays ont continué de croître dans les années 1990 (Hamilton, 1997). Prenons l'exemple de la France : le nombre annuel de migrants en provenance d'Afrique sub-saharienne a plus que doublé entre 1994 et 2001, passant de 11 000 à 26 000 individus, soit une augmentation bien plus rapide que pour les migrants provenant des autres régions, à l'exception de l'Afrique du Nord (tableau 17)[57]. Globalement, les anciennes colonies demeurent les principaux pays d'émigration vers la France : en 2001, le Sénégal venait en tête, devant le Cameroun et la Côte d'Ivoire. Une exception cependant, avec la République démocratique du Congo, principal pays d'origine des migrants d'Afrique sub-saharienne en 1994 et 1997. La part des originaires d'Afrique sub-saharienne dans

---

[57] Soulignons ici que les effectifs d'immigrants repris dans le tableau 17 sont classés par année d'admission au séjour régulier et non par année d'arrivée en France. Pour certains immigrants, l'année d'arrivée en France peut être antérieure à l'année d'admission au séjour régulier, notamment pour les demandeurs d'asile et les personnes régularisées. Ceci pourrait expliquer en partie l'augmentation importante du nombre de Maliens comptabilisés en 1998, suite à l'opération de régularisation de 1997-1998. Pour plus de détails sur la méthode de comptabilisation des immigrants, voir X. Thierry (2001).

TABLEAU 17. – ÉVOLUTION DE L'IMMIGRATION RÉGULIÈRE DE LONG TERME PAR ANNÉE D'ADMISSION AU SÉJOUR EN FRANCE, 1994-2001

Origine	1994	1995	1996	1997	1998	1999	2000	2001
Afrique sub-saharienne	11 316	9 852	10 179	18 652	27 880	19 776	22 427	26 325
Dont :								
Sénégal	1 249	1 282	1 257	2 023	3 175	2 678	3 422	3 694
Cameroun	675	668	768	1 239	1 798	1 499	2 039	2 672
Côte d'Ivoire	812	831	958	1 402	2 020	1 688	2 187	2 648
Mali	441	416	491	1 533	3 962	2 051	1 856	2 124
Congo (RD)	1 293	767	785	2 784	3 620	1 623	1 369	1 620
Afrique du Nord	23 432	18 758	19 164	27 963	37 004	34 230	41 754	52 428
Europe (y c. Turquie)	61 216	55 680	54 212	54 232	59 322	61 195	61 912	64 010
Asie	13 123	11 177	11 447	14 972	19 668	17 759	21 001	25 234
Amériques	9 797	9 216	9 352	10 256	11 255	11 498	12 776	14 083
Autres	679	1 497	1 632	1 356	750	662	558	614
Total	119 563	106 180	105 986	127 431	155 879	145 120	160 428	182 694

Source : données aimablement fournies par X. Thierry avec mise à jour de son article de 2001 (Thierry, 2001).

l'immigration en France est passée de 9 % en 1994 à plus de 14 % en 2001, celle des originaires d'Afrique du Nord de 20 à 29 %.

Nous n'entrerons pas ici dans les facteurs, divers, à l'origine de ces migrations régulières provenant d'Afrique noire. Signalons simplement que les motifs d'entrée en Europe, et notamment en France, ont sensiblement évolué : la migration était essentiellement liée au travail jusqu'au milieu des années 1980, elle est aujourd'hui davantage liée au regroupement familial, aux études et aux demandes d'asile (Thierry, 2001).

XV. L'accès à l'éducation des hommes et des femmes : un facteur clé

Sans entrer ici dans la vaste problématique des relations entre éducation et développement économique et social, « l'enseignement est, aux yeux de nombreux économistes, un investissement en formation et en information favorable à la fois à la croissance économique et à la modernisation des comportements démographiques » (Hugon, 1996, p. 209). Le rôle essentiel de l'éducation en tant que facteur de développement humain et de progrès social est aujourd'hui universellement reconnu, tant dans le monde scientifique que dans celui de l'action.

Sans négliger celui de l'homme, le niveau d'instruction de la femme est en démographie l'une, sinon la variable la plus discriminante quant aux comportements individuels en matière de fécondité, de nuptialité ou de santé[58]. Nous en avons vu rapidement quelques exemples très simples. À

---

[58] Après contrôle des autres variables comme le milieu de résidence, la religion, l'ethnie ou l'activité économique, pour ne citer que celles-ci.

un autre niveau plus contextuel, celui des pays par exemple, le développement de l'accès à l'éducation dans une société est de première importance pour les transitions démographiques en cours ou à venir.

Où en sont en Afrique l'alphabétisation et la scolarisation ? Où en sont les inégalités entre hommes et femmes ? Y a-t-il une relation claire entre le niveau de développement éducatif des pays et la fécondité ou encore la mortalité des enfants ? Le tableau annexe A.14 présente par sexe et pour 48 pays les taux d'alphabétisation adulte et de scolarisation primaire[59]. Le tableau 18 présente la situation de l'Afrique sub-saharienne par rapport aux autres régions en développement en matière d'enseignement primaire, d'analphabétisme et d'inégalités entre sexes.

1. L'analphabétisme : un problème toujours réel, notamment chez les femmes

Au cours des trente ou quarante dernières années, d'énormes progrès en matière d'éducation ont été réalisés dans le monde. On a même parlé d'explosion scolaire, liée à la croissance démographique et à l'expansion des systèmes scolaires (Unesco, 2003 ; Nations unies, 2003a). Mais en dépit de ces avancées substantielles, l'analphabétisme demeure très important : il touche 40 % des adultes dans le monde arabe et en Afrique sub-saharienne, 45 % en Asie du Sud et de l'Ouest. Seules l'Amérique latine et l'Asie de l'Est sont à des niveaux beaucoup plus bas, de l'ordre de 12 % (tableau 18). En Afrique, le taux d'analphabétisme adulte a reculé de 1980 à 2000 (de 60 % environ à 40 %), mais le nombre d'analphabètes continue à augmenter en raison de la croissance de la population.

TABLEAU 18.– TAUX (%) NET DE SCOLARISATION PRIMAIRE, PROPORTIONS (%) D'ADULTES ANALPHABÈTES ET DIFFÉRENCES ENTRE SEXES DANS QUELQUES RÉGIONS DU MONDE EN 2000

Régions	Scolarisation primaire[a]		Analphabétisme (15 ans et plus)[b]	
	Taux (sexes réunis)	Rapport des taux F/H	Taux (sexes réunis)	Rapport des taux F/H
Afrique sub-saharienne	64	0,92	40	1,54
Afrique du Nord et États arabes	81	0,90	40	1,86
Asie de l'Est	93	1,00	13	2,37
Amérique latine	97	0,98	11	1,20
Asie du Sud et de l'Ouest	81	0,85	45	1,65

[a] Le taux net de scolarisation primaire est le rapport entre le nombre d'élèves du groupe d'âges correspondant officiellement à l'école primaire et la population totale de ce groupe d'âges.
[b] Le taux d'analphabétisme (ou proportion d'analphabètes) à 15 ans et plus est la part de la population adulte de 15 ans et plus ne sachant ni lire ni écrire. Le taux d'alphabétisation est son complément.
Source : Unesco (2003).

---

[59] Compte tenu de la fiabilité toute relative des informations sur les niveaux d'instruction, nous renonçons ici à la présentation des données sur les niveaux secondaire et supérieur.

Partout dans le monde, les femmes sont de loin les plus touchées, avec des taux d'analphabétisme qui sont de 1,2 fois à 2,4 fois plus élevés que les taux masculins. À des niveaux équivalents, les différences entre hommes et femmes sont en moyenne un peu moindres en Afrique sub-saharienne qu'en Asie du Sud et de l'Ouest ou que dans le monde arabe.

Dans ce domaine aussi, la situation africaine actuelle est très inégale, avec des proportions d'individus sachant lire et écrire qui sont en moyenne[60] de 45 % en Afrique de l'Ouest, de 64 % et 68 % en Afrique centrale et de l'Est et de 81 % en Afrique australe ; au niveau national, on trouve d'un côté des pays sahéliens comme le Niger, le Mali ou le Burkina Faso où cette proportion se situe autour de 20 % seulement et, de l'autre, l'ensemble des pays d'Afrique australe où elle dépasse 80 % (figure 12).

En dehors des quelques pays où la grande majorité des individus savent lire et écrire, tous les autres pays africains se caractérisent par de fortes inégalités entre hommes et femmes, qui sont généralement d'autant plus élevées que le niveau d'alphabétisation est bas (figure 12). La lutte contre l'analphabétisme et les disparités de genre est loin d'être terminée. Mais venons-en à la scolarisation des jeunes.

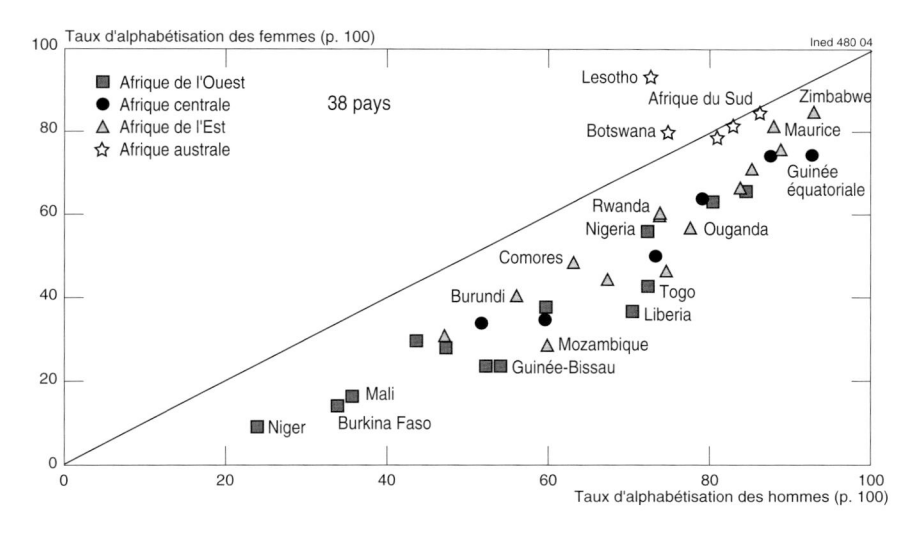

Figure 12.– Taux d'alphabétisation des hommes et des femmes dans 38 pays d'Afrique sub-saharienne en 2000 (en %)
Source : à partir des données de l'Unesco (2003).

---

[60] Nous avons calculé ces moyennes (non pondérées) à partir des données par pays du tableau annexe A.14.

2. Une Afrique sous-scolarisée et très disparate

Si en matière d'analphabétisme, l'ensemble de l'Afrique ne se distingue guère d'autres régions du monde (Afrique du Nord, Asie du Sud et de l'Ouest), les différences sont là en matière de scolarisation primaire (tableau 18) : en 2000, avec un taux de 64 % (sexes réunis), la région est loin derrière le monde arabe (81 %), l'Asie du Sud et de l'Ouest (81 %) et l'Asie de l'Est (93 %). En revanche, avec une sous-scolarisation des filles de l'ordre de 10 % en moyenne, les inégalités entre sexes, réelles, n'y sont pas plus importantes qu'en Afrique du Nord ou en Asie du Sud.

Comme pour l'analphabétisme, les disparités entre pays demeurent élevées (figure 13) : d'un côté, on trouve toujours les pays d'Afrique australe qui, avec le Gabon et le Cap-Vert, assurent une scolarisation primaire à plus de 80 % de leurs enfants, de l'autre, des pays comme le Niger, le Burkina Faso, l'Angola et Djibouti qui sont autour de 30 % seulement.

Quant aux inégalités entre sexes, elles sont dans l'ensemble moins importantes qu'en matière d'analphabétisme adulte : sur l'ensemble de la région, il y a bien au niveau primaire une sous-scolarisation des filles par rapport aux garçons, de l'ordre de 10 %[61], mais 13 pays en sont à une quasi-égalité entre sexes, à des niveaux pourtant sensiblement différents

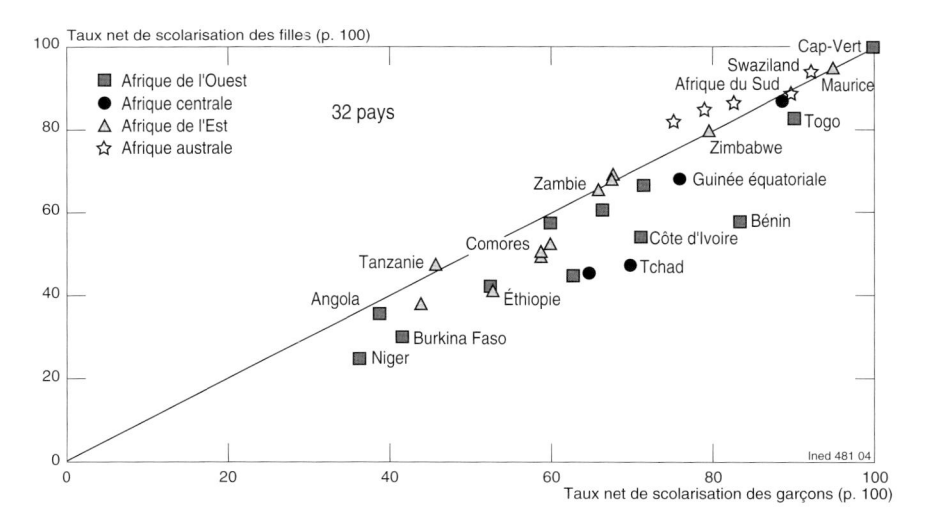

Figure 13. – Taux nets de scolarisation primaire par sexe
dans 32 pays d'Afrique sub-saharienne en 2000 (en %)
Source : à partir des données de l'Unesco (2003).

---

[61] Ce taux est calculé à partir des données du tableau annexe A.14 : les taux moyens de scolarisation primaire (non pondérés) pour l'ensemble de la région sont de 68 % pour les garçons et de 61 % pour les filles.

de scolarisation. En revanche, dans des pays comme le Bénin, la Côte d'Ivoire, le Tchad ou la Centrafrique, la sous-scolarisation des filles atteint environ 30 %. Depuis trente ans, bien des progrès ont été réalisés mais sans qu'il y ait nécessairement eu un recul important de la discrimination à l'encontre des filles. On s'interroge même actuellement, à juste titre, sur les effets des récessions économiques, des déclins fréquents de pouvoir d'achat et du coût croissant de l'éducation (par exemple en cas de privatisation d'une partie du système éducatif) sur la demande de scolarisation de la part des parents et sur les effets que cela peut avoir sur les disparités entre garçons et filles. Nous n'entrerons pas ici dans les divers facteurs historiques, économiques et culturels à l'origine de cette persistance fréquente des inégalités[62].

3. Des relations avec la fécondité et la mortalité infantile des pays

Calculée sur l'ensemble des pays en développement, on observe classiquement une relation assez étroite entre la fécondité ou la mortalité des enfants et le niveau d'éducation. Qu'en est-il en 2000 pour l'Afrique sub-saharienne avec le niveau d'alphabétisation des femmes ?

La corrélation avec *la fécondité* est relativement bonne, avec un coefficient de détermination (R^2) de 0,45, et elle est bien sûr négative (figure 14) : globalement, plus la proportion de femmes alphabétisées est élevée, plus la fécondité des pays est basse. Cette relation est sensiblement meilleure que celle (non présentée ici) que nous avons calculée avec le taux d'alphabétisation des hommes ($R^2 = 0,31$). Elle est par ailleurs voisine de celle que nous avions obtenue ($R^2 = 0,39$) sur 152 régions d'Afrique en utilisant la proportion de femmes de 15-49 ans sans instruction (Tabutin et Schoumaker, 2001). Cela dit, la corrélation entre fécondité et éducation est un peu moins bonne en Afrique qu'ailleurs, où les coefficients de détermination peuvent atteindre 0,60. Elle existe, mais elle est, sans grande surprise, loin d'être parfaite (figure 14) : il y a notamment une assez forte variabilité de la fécondité dans les pays où le taux d'alphabétisation des femmes dépasse 60 %.

La corrélation avec *la mortalité infantile* (figure 15) est plus faible ($R^2 = 0,31$), sans toutefois être négligeable. Elle est bien sûr globalement négative mais avec plus de variabilité aux faibles niveaux d'alphabétisation (autour de 30 %) comme aux niveaux les plus élevés (au-delà de 60 %). Calculé avec le taux d'alphabétisation masculin, le coefficient chute à 0,20.

---

[62] Pour beaucoup plus d'informations, voir les dix communications de la session sur « Les inégalités persistantes en matière d'éducation » du colloque *Genre, Population et Développement*, qui s'est tenu à Abidjan en juillet 2001. Voir notamment la communication de synthèse historique de M.-F. Lange ainsi que celle de R. Clignet et M. Pilon sur la méthodologie de mesure des inégalités (http://www.ined.fr/rencontres/colloques/coll_abidjan/genre/colgens6.htm).

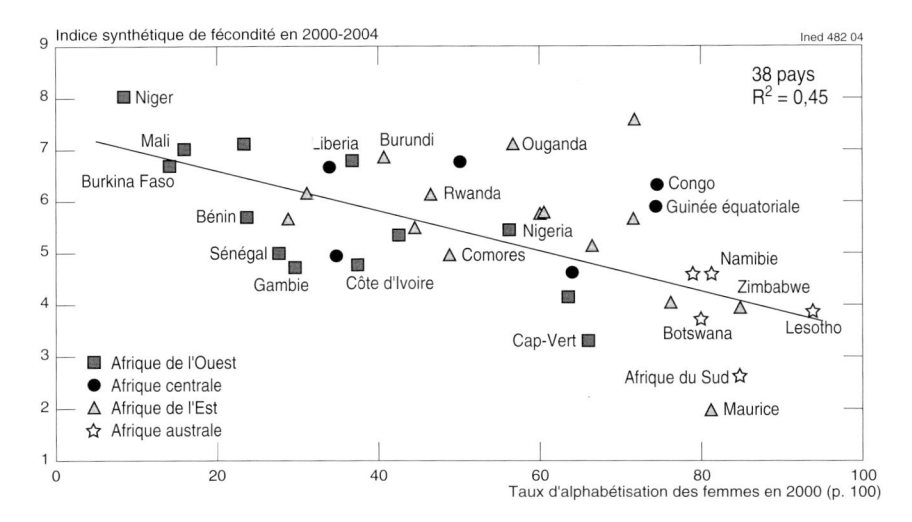

Figure 14.— Relation entre la fécondité et l'alphabétisation
des femmes adultes dans 38 pays d'Afrique sub-saharienne en 2000

Source : à partir des données des Nations unies (2003b) et de l'Unesco (2003).

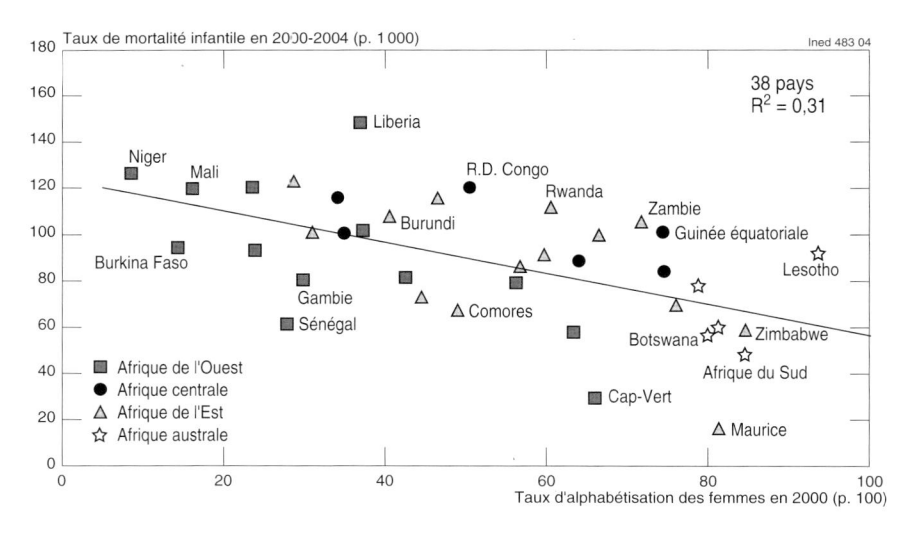

Figure 15.— Relation entre la mortalité infantile et l'alphabétisation
des femmes adultes dans 38 pays d'Afrique sub-saharienne en 2000

Source : à partir des données des Nations unies (2003b) et de l'Unesco (2003).

Cette rapide analyse synchronique, à un niveau agrégé, confirme simplement le rôle non négligeable du développement éducatif, et celui sensiblement plus important de l'instruction des femmes.

Conclusion

Depuis longtemps, les démographes s'interrogeaient sur les spécificités de la démographie de l'Afrique sub-saharienne (est-elle une région à part ?), sur les dates et rythmes des déclins prévisibles de la fécondité ou de certains paramètres de la nuptialité (la polygamie, le divorce), sur les incertitudes en matière de santé, sur la pertinence des comparaisons avec d'autres expériences régionales dans le monde, sur les rôles respectifs des cultures, des religions et des politiques dans les « retards » pris dans l'ensemble par l'Afrique par rapport aux autres régions. Plus récemment, on s'interroge en outre sur le rôle que peuvent avoir sur la dynamique des systèmes démographiques africains la pauvreté et les récessions économiques, le sida, les conflits et les guerres ainsi que l'évolution du statut de la femme.

Cette chronique, qui englobe l'ensemble de l'Afrique au sud du Sahara, ne pouvait pas – et ce n'était pas son objectif – répondre à l'ensemble de ces questions, vastes, complexes et pluridisciplinaires, mais cruciales pour la compréhension de ce qui se passe ou risque sous peu de se passer. Avec le matériel statistique dont on dispose sur l'Afrique, et qui s'améliore sensiblement depuis une quinzaine d'années, nous avons simplement essayé de dégager les grandes tendances depuis cinquante ans, en particulier depuis les années 1970, et les caractéristiques actuelles des diverses composantes des dynamiques démographiques des 48 pays et des 4 sous-régions qui constituent l'Afrique sub-saharienne.

Très brièvement, quelques grandes caractéristiques nous paraissent définir l'évolution sociodémographique récente de l'Afrique :

— *des informations démographiques de base encore insuffisantes*, notamment sur les pays les plus défavorisés ou les plus touchés par les guerres et conflits (Congo R.D., Congo, Angola, Somalie, etc.). La statistique sociale et sanitaire est souvent particulièrement pauvre ;

— *la diversification rapide et sans doute irréversible* des régimes démographiques africains. Depuis dix ou quinze ans, il n'y a plus *une* démographie africaine mais *des* démographies africaines ;

— *la fragilité ou l'incertitude de certains changements* récents, en matière par exemple de polygamie, de contraception, d'éducation ou encore de mortalité adulte dans les pays assez peu touchés par le sida ;

— *la réversibilité, parfois brutale, de certains progrès*, particulièrement notable en matière de mortalité et de santé adulte ou infanto-juvénile, avec le sida, les conflits et la pauvreté. Région de loin la plus développée mais particulièrement frappée par le sida, l'Afrique australe se retrouve paradoxalement avec l'espérance de vie la plus basse ;

— *l'accroissement des inégalités sociales et des disparités spatiales* au sein des pays, tant pour la fécondité que pour la nuptialité et la mortalité, notamment entre les mondes paysans et urbains, entre les groupes sociaux pauvres et les autres ;

— *l'incertitude existant encore sur le rôle de la pauvreté* économique ou culturelle des ménages ou des individus dans le devenir des transitions démographiques aujourd'hui amorcées. Incertitude qui s'applique également au rôle des rapports de genre.

L'avenir des transitions africaines est sans doute plus qu'ailleurs et plus que jamais fait d'interrogations et de paradoxes. Leur cheminement et leur rythme seront sans doute différents de ceux de nombreux pays d'Amérique latine, d'Asie ou d'Afrique du Nord, au vu des tendances des années 1980 et 1990 et des situations économiques, sociales et politiques actuelles et à moyen terme. Les transitions sociodémographiques récentes dans le monde, certes extrêmement diversifiées, présentent globalement des différences avec celles de l'Afrique au sud du Sahara : elles ont pour cadre des cultures et des structures familiales souvent plus « individualistes », des économies en moyenne plus performantes, des États plus forts et stables, un développement social (éducation, santé) plus avancé et des politiques de planification familiale beaucoup plus fermes. Mais comment être sûr que globalement les changements seront plus lents en Afrique qu'ailleurs ?

L'avenir démographique de l'Afrique sub-saharienne sera sans doute conduit par le *développement* pour les quelques pays les plus avancés et stables à tout point de vue (transitions plutôt classiques, assez rapides et irréversibles), par la *pauvreté* pour un bon nombre (transitions, à notre avis, plutôt lentes, tardives et fragiles), et par les *crises* pour quelques-uns (transitions accidentées, faites d'avancées et de reculs conjoncturels). Dans un contexte économique qui, globalement, restera sans doute très difficile pendant quelques décennies, le rythme et les modalités des transitions dépendront en grande partie des politiques et des priorités d'action en matière de développement social, d'éducation, de santé et de planification familiale dont se doteront les pays, les sociétés et les communautés concernés.

Remerciements. Nous remercions Jean-Pierre Zamwangana, chercheur-doctorant à l'Institut de démographie de l'UCL, pour son aide précieuse au rassemblement des données.

ANNEXE STATISTIQUE

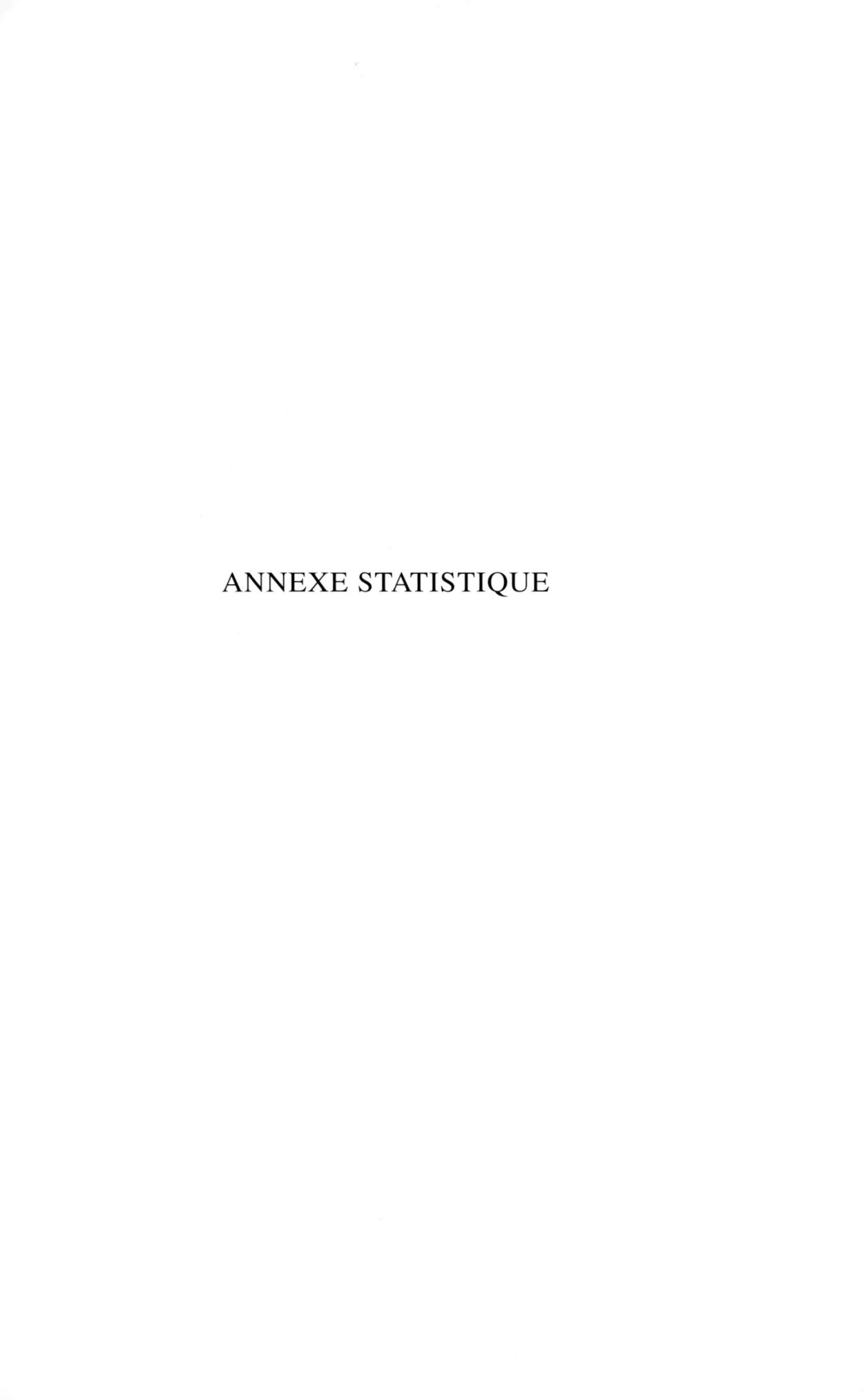

TABLEAU A.1. – RECENSEMENTS, ENQUÊTES NATIONALES DE FÉCONDITÉ-SANTÉ
ET AUTRES ENQUÊTES DÉMOGRAPHIQUES NATIONALES AUPRÈS DES MÉNAGES DE 1960 À 2004 (48 PAYS)

Sous-régions et pays	Recensements	Enquêtes fécondité-santé (EMF, EDS et équivalents)	Autres enquêtes démographiques auprès des ménages
Afrique de l'Ouest			
Bénin	1979 1992 2002	1982 1996 2001	1961
Burkina Faso	1975 1985 1996	1992 1998 2003	1960-1961 1974-1975[a] 1984 1991 1993[a] 2000[a]
Cap-Vert	1960 1970 1980 1990 2000	1988 1998	
Côte d'Ivoire	1975 1988 1998	1981 1994 1998	1962-1964 1978-1979[b] 1993[a]
Gambie	1963 1973 1983 1993 2003		1990
Ghana	1960 1970 1984 2000	1979-1980 1988 1993 1998 2003	1960[c] 1968-1969 1970[c]
Guinée	1983 1996	1992 1999	1993[a]
Guinée-Bissau	1960 1970 1979 1991 2000		
Liberia	1962 1974 1984 2003	1986	1970-1971 1974[c] 1978-1979 1988
Mali	1976 1987 1998	1987 1995 2001	1960-1961 1992-1993[a]
Mauritanie	1977 1988 2000	1981 1991 2000	1964-1965 1993[a]
Niger	1977 1988 2001	1992 1998	1959-1960 1993[a]
Nigeria	1963 1973 1991 2004	1981-1982 1990 1999 2003	1980-1981 1993[a]
Sénégal	1976 1988 2002	1978 1986 1992 1997 1999 2004	1960 1970-1971 1979-1980 1993[a]
Sierra Leone	1963 1974 1985 2003		1969-1970 1987
Togo	1970 1981 2002	1988 1998	1961 1971 1996
Afrique centrale			
Angola	1960 1970 1984 2002		1960-1962
Cameroun	1976 1987 2002	1978 1991 1998 2004	1959-1960
Centrafrique	1962 1975 1988 1998	1980 1994	1960-1961
Congo	1974 1984 1996		1975-1976[d]
Congo (RD)	1984		1960-1961
Gabon	1960 1970 1980 1993 2003	2000	1981
Guinée équatoriale	1960 1971 1983 1994 2002		
Sao Tomé-et-Principe	1960 1970 1981 1991 2001		
Tchad	1993 2003	1996	1964 1980 1998[a]

Sous-régions et pays	Recensements	Enquêtes fécondité-santé (EMF, EDS et équivalents)	Autres enquêtes démographiques auprès des ménages
Afrique de l'Est			
Burundi	1979 1990 2000	1987	1960 1965 1970-1971[b]
Comores	1966 1980 1991 2001	1996	
Djibouti	1983 2003		1991 1996 2002
Érythrée	1984 2003	1995 2002	
Éthiopie	1984 1994 2004	1990 1995 2000	1964-1967 1968-1971 1981 1989-1990
Kenya	1962 1969 1979 1989 1999	1977-1978 1989 1993 1998 2003	1962[c] 1973 1977 1984[e]
Madagascar	1975 1993 2003	1992 1997 2003	1966 1984
Malawi	1966 1977 1987 1998	1984 1992 2000	1961 1970-1972 1982
Maurice	1962 1972 1983 1990 2000	1985[e] 1991[e]	
Mozambique	1960 1970 1980 1997	1987 1997	1991
Ouganda	1969 1980 1991 2002	1988 1995 2000	2002
Réunion	1961 1967 1974 1982 1990 1999		1963 1986[e] 1990[e] 1997
Rwanda	1978 1991 2002	1983 1992 2000	1970 1981[c]
Somalie	1975 1986		1980-1981
Soudan	1973 1983 1993	1978-1979 1989-1990 1992-1993	1964-1966
Tanzanie	1967 1978 1988 2002	1991 1996 2003	1973
Zambie	1963 1969 1980 1990 2000	1992 1996 2001	1974 1988
Zimbabwe	1962 1969 1982 1992 2002	1988 1994 1999	1982-1983 1984 1987-1988
Afrique australe			
Afrique du Sud	1960 1970 1980 1985 1991 1996 2001	1989 1998	
Botswana	1964 1971 1981 1991 1996 2001	1988	1961 1978-1979 1983 1984[e] 1986-1987 1999[a]
Lesotho	1966 1976 1986 1996 2001	1977	1971 1973 1988-1989 1993
Namibie	1960 1970 1981 1991 2001	1992 2000	
Swaziland	1966 1976 1986 1997	1986	1973 1988

Notes : deux petits pays sont exclus : les Seychelles (environ 80000 hab. en 2000) et Sainte-Hélène (environ 7500 hab.).
(a) Enquêtes sur les migrations.
(b) Enquêtes à passages répétés.
(c) Enquêtes complémentaires ou de vérification du recensement.
(d) Enquête démographique à objectifs multiples sur l'Ouest du Zaïre (EDOZA).
(e) Enquêtes sur la prévalence de la contraception et la fécondité.
Sources : Gendreau (1993), *Bureau of Census*, diverses recherches personnelles.

TABLEAU A.2. – SUPERFICIES ET DENSITÉS EN 2000, ÉVOLUTION DE LA POPULATION DE 1950 À 2040 (48 PAYS)

Sous-régions et pays	Histoire		Superficie[a] (milliers de km²)	Densité (hab./km²) (2000)		Effectifs de la population (milliers d'habitants)[b]								
	Pays colonisateur	Indépendance en		Brute[b]	Terres arables[c]	1950	1970	1990	2000	2005	2010	2020	2040
Afrique de l'Ouest			6145	37	–	60408	96713	171509	226129	256918	289381	357841	502003
Bénin	France	1960	113	55	281	2046	2705	4650	6222	7103	8068	10122	13960
Burkina Faso	France	1960	274	43	309	3960	5441	8921	11905	13798	16018	21403	35130
Cap-Vert	Portugal	1975	4	108	1063	146	267	349	436	482	529	623	769
Côte d'Ivoire	France	1960	323	49	215	2775	5521	12505	15827	17165	18526	21026	25519
Gambie	Grande-Bretagne	1965	11	116	558	294	469	936	1312	1499	1680	2015	2644
Ghana	Grande-Bretagne	1957	239	82	337	4900	8623	15277	19593	21833	24117	28521	36423
Guinée	France	1958	246	33	547	2550	3897	6122	8117	8788	9990	12478	17340
Guinée-Bissau	Portugal	1974	36	38	391	505	584	1016	1367	1584	1827	2421	3934
Liberia	–	–	111	26	495	824	1387	2135	2943	3603	4130	5367	8327
Mali	France	1960	1242	10	255	3520	5607	9046	11904	13829	16208	22140	37893
Mauritanie	France	1960	1027	3	529	825	1262	2030	2645	3069	3520	4473	6510
Niger	France	1960	1268	8	239	2500	4141	7650	10742	12873	15388	21731	41145
Nigeria	Grande-Bretagne	1960	925	124	372	29790	47980	86018	114746	130236	145922	177158	234501
Sénégal	France	1960	197	48	391	2500	4158	7345	9393	10587	11869	14422	19404
Sierra Leone	Grande-Bretagne	1961	72	62	803	1944	2657	4054	4415	5340	5859	6979	9348
Togo	France	1960	57	80	173	1329	2014	3455	4562	5129	5730	6962	9156
Afrique centrale			6620	14	–	26316	40610	71053	92960	106241	120960	153827	229816
Angola	Portugal	1975	1248	10	375	4131	5588	9340	12386	14533	16842	22036	35882
Cameroun	France	1960	476	32	211	4466	6631	11661	15117	16564	17775	19874	23499
Centrafrique	France	1960	624	6	184	1314	1871	2943	3715	3962	4265	4900	6038
Congo	France	1960	342	10	1567	808	1323	2494	3447	3921	4532	5960	9159
Congo (RD)	Belgique	1960	2348	21	616	12184	20603	37370	48571	56079	64714	84418	129973
Gabon	France	1960	268	5	254	469	529	953	1258	1375	1509	1781	2284
Guinée équatoriale	Espagne	1968	28	16	198	226	294	354	456	521	590	736	1040
Sao Tomé-et-Principe	Portugal	1975	1	155	317	60	74	116	149	169	190	232	316
Tchad	France	1960	1285	6	221	2658	3697	5822	7861	9117	10543	13890	21625

LA DÉMOGRAPHIE DE L'AFRIQUE AU SUD DU SAHARA

Sous-régions et pays	Histoire		Superficie[a] (milliers de km²)	Densité (hab./km²) (2000)		Effectifs de la population (milliers d'habitants)[b]							
	Pays colonisateur	Indépendance en		Brute[b]	Terres arables[c]	1950	1970	1990	2000	2005	2010	2020	2040
Afrique de l'Est			8877	40	–	74720	122746	219705	283873	317226	352643	429974	594934
Burundi	Belgique	1962	28	225	497	2456	3514	5609	6267	7319	8631	11072	16546
Comores	France	1975	2	315	551	173	275	527	705	812	927	1154	1613
Djibouti	France	1977	23	29	–	62	157	528	666	721	773	912	1235
Érythrée	–	1993	118	32	741	1140	1831	3103	3712	4456	5256	6584	9294
Éthiopie	–	–	1106	59	611	18434	29035	48856	65590	74189	83530	104797	149336
Kenya	Grande-Bretagne	1963	581	53	676	6265	11370	23585	30549	32849	34964	38507	42987
Madagascar	France	1960	588	27	456	4230	6939	11956	15970	18409	21093	27077	39947
Malawi	Grande-Bretagne	1964	119	96	508	2881	4518	9456	11370	12572	13796	16668	22927
Maurice	Grande-Bretagne	1968	2	581	1119	493	826	1057	1186	1244	1294	1382	1465
Mozambique	Portugal	1975	803	22	432	6442	9392	13465	17861	19495	21009	24004	29068
Ouganda	Grande-Bretagne	1962	241	100	337	5210	9428	17359	23487	27623	32996	46634	83344
Réunion	DOM	–	3	288	1903	248	461	604	723	777	821	900	996
Rwanda	Belgique	1962	26	293	672	2162	3776	6775	7724	8607	9559	11557	15310
Somalie	Grande-Bretagne	1960	638	14	817	2264	3601	7163	8720	10742	12948	17928	31936
Soudan	Grande-Bretagne	1956	2509	13	191	9190	14469	24927	31437	35040	38323	44493	55895
Tanzanie	Grande-Bretagne	1961	946	37	704	7886	13756	26068	34837	38365	41931	49784	63445
Zambie	Grande-Bretagne	1964	753	14	197	2440	4228	8200	10419	11043	11768	13558	16899
Zimbabwe	Grande-Bretagne	1980	391	32	378	2744	5170	10467	12650	12963	13024	12963	12691
Afrique australe			2676	19	–	15620	25628	42028	50448	52040	51667	50349	47382
Afrique du Sud	Grande-Bretagne	1910	1222	36	280	13683	22657	36848	44000	45323	44939	43683	40940
Botswana	Grande-Bretagne	1966	582	3	46	419	700	1354	1725	1801	1767	1665	1463
Lesotho	Grande-Bretagne	1966	30	59	549	734	1028	1570	1785	1797	1757	1663	1461
Namibie	Afrique du Sud	1990	825	2	231	511	800	1409	1894	2032	2120	2276	2539
Swaziland	Grande-Bretagne	1968	17	60	549	273	443	847	1044	1087	1084	1062	979
Total Afrique sub-saharienne			24318	27	–	177064	285697	504295	653410	732425	814651	991991	1374135

[a] Les superficies sont tirées de G. Pison (2003), « Tous les pays du monde », *Population et sociétés*, n° 392.
[b] Les densités brutes ainsi que les effectifs de population (1950 à 2040) proviennent du *World Population Prospects. The 2002 Revision*, Population database on-line (www.unpopulation.org). Hypothèse moyenne des Nations unies pour les projections.
[c] Les densités par km² de terres arables ont été calculées à partir des superficies des terres arables et des cultures permanentes, issues de FAOSTAT 2000 (www.fao.org).

TABLEAU A.3. – TAUX DE NATALITÉ, DE MORTALITÉ ET D'ACCROISSEMENT NATUREL DE 1950 À 2005 (48 PAYS)

Sous-régions et pays	Taux de natalité (p. mille)						Taux de mortalité (p. mille)						Taux d'accroissement naturel annuel moyen (p. cent)[a]					
	1950-1954	1960-1964	1970-1974	1980-1984	1990-1994	2000-2004	1950-1954	1960-1964	1970-1974	1980-1984	1990-1994	2000-2004	1950-1954	1960-1964	1970-1974	1980-1984	1990-1994	2000-2004
Afrique de l'Ouest																		
Bénin	50,3	49,7	49,1	48,4	44,3	40,6	28,7	25,1	21,6	18,2	15,5	14,9	2,2	2,5	2,8	3,0	2,9	2,6
Burkina Faso	48,2	53,9	52,4	51,5	45,7	41,5	35,8	30,3	23,7	18,0	15,2	14,3	1,2	2,4	2,9	3,4	3,1	2,7
Cap-Vert	47,4	51,8	52,6	50,6	49,0	47,8	31,7	27,6	24,0	19,6	17,6	17,4	1,6	2,4	2,9	3,1	3,1	3,0
Côte d'Ivoire	50,9	48,5	38,8	39,5	34,8	27,7	18,6	15,0	11,7	10,7	7,5	5,4	3,2	3,4	2,7	2,9	2,7	2,2
Gambie	53,5	52,6	50,9	49,9	40,4	35,5	27,9	23,8	19,4	15,9	15,7	20,0	2,6	2,9	3,2	3,4	2,5	1,6
Ghana	47,6	51,3	49,0	47,3	41,0	35,8	34,0	31,4	26,0	20,5	14,9	12,7	1,4	2,0	2,3	2,7	2,6	2,3
Guinée	48,0	47,6	47,4	45,8	37,5	31,9	21,6	18,7	16,0	13,4	10,7	10,0	2,6	2,9	3,1	3,2	2,7	2,2
Guinée-Bissau	54,7	52,3	51,6	51,4	44,0	42,9	34,1	30,1	27,5	24,2	18,7	16,1	2,1	2,2	2,4	2,7	2,5	2,7
Liberia	43,8	44,9	50,3	49,0	50,0	49,9	31,0	29,0	28,4	25,6	22,1	19,6	1,3	1,6	2,2	2,3	2,8	3,0
Mali	48,8	49,1	49,5	49,8	50,1	50,0	25,7	23,8	21,8	19,8	24,2	21,5	2,3	2,5	2,8	3,0	2,6	2,9
Mauritanie	53,5	53,0	51,6	49,8	49,7	49,9	31,3	28,3	25,3	19,6	17,3	16,2	2,2	2,5	2,6	3,0	3,2	3,4
Niger	44,4	46,8	45,4	43,2	42,4	41,8	26,7	23,7	20,6	17,5	16,2	14,2	1,8	2,3	2,5	2,6	2,6	2,8
Nigeria	57,7	55,9	56,2	56,4	55,2	55,2	33,3	29,8	26,7	24,3	22,1	19,1	2,4	2,6	3,0	3,2	3,3	3,6
Sénégal	50,1	48,4	47,6	47,5	44,0	39,1	27,7	24,2	20,6	17,5	14,3	13,7	2,2	2,4	2,7	3,0	3,0	2,5
Sierra Leone	49,0	49,6	49,2	46,0	41,3	37,1	27,8	26,8	23,9	18,2	14,2	12,2	2,1	2,3	2,5	2,8	2,7	2,5
Togo	47,9	48,4	48,9	48,9	49,6	49,6	34,3	32,2	29,2	28,8	29,6	29,3	1,4	1,6	2,0	2,0	2,0	2,0
	49,3	48,3	47,5	45,4	42,5	38,5	29,2	24,1	19,6	15,8	13,2	14,7	2,0	2,4	2,8	3,0	2,9	2,4
Afrique centrale																		
Angola	46,2	46,9	47,4	47,7	47,2	47,0	28,0	24,3	20,7	18,8	19,2	20,5	1,8	2,3	2,7	2,9	2,8	2,7
Cameroun	49,8	49,4	49,5	51,1	52,1	52,3	34,8	30,2	26,1	24,6	24,7	23,6	1,5	1,9	2,3	2,7	2,7	2,9
Centrafrique	43,6	44,5	45,5	44,9	40,9	35,4	27,3	23,5	19,5	15,9	12,8	16,9	1,6	2,1	2,6	2,9	2,8	1,9
Congo	43,4	42,7	42,6	42,7	41,8	37,7	29,1	24,9	21,7	18,9	18,1	22,1	1,4	1,8	2,1	2,4	2,4	1,6
Congo (RD)	42,3	43,3	43,8	43,4	44,2	44,2	21,9	17,2	13,0	11,7	12,7	15,4	2,0	2,6	3,1	3,2	3,2	2,9
Gabon	47,3	48,3	48,2	48,7	48,7	50,2	25,4	22,2	19,2	18,2	20,3	21,4	2,2	2,6	2,9	3,1	2,8	2,9
Guinée équatoriale	30,5	31,3	37,7	39,7	38,5	31,6	27,7	24,8	19,4	14,0	12,0	11,5	0,3	0,7	1,8	2,6	2,7	2,0
Sao Tomé-et-Principe	41,7	40,7	41,8	43,3	43,4	43,1	30,6	27,0	24,0	21,3	18,3	16,7	1,1	1,4	1,8	2,2	2,5	2,6
Tchad	41,5	50,6	42,8	39,7	35,3	33,2	26,7	18,5	12,1	9,6	7,4	5,8	1,5	3,2	3,1	3,0	2,8	2,7
	45,1	46,2	48,7	48,1	48,7	48,4	32,0	28,8	25,7	22,5	20,3	19,5	1,3	1,7	2,3	2,6	2,8	2,9

LA DÉMOGRAPHIE DE L'AFRIQUE AU SUD DU SAHARA

Sous-régions et pays	Taux de natalité (p. mille)							Taux de mortalité (p. mille)							Taux d'accroissement naturel annuel moyen (p. cent)[a]						
	1950-1954	1960-1964	1970-1974	1980-1984	1990-1994	2000-2004		1950-1954	1960-1964	1970-1974	1980-1984	1990-1994	2000-2004		1950-1954	1960-1964	1970-1974	1980-1984	1990-1994	2000-2004	
Afrique de l'Est																					
Burundi	50,9	50,0	49,2	47,8	44,9	41,3		28,1	23,5	19,8	17,7	17,7	18,8		2,3	2,7	2,9	3,0	2,7	2,3	
Comores	48,4	45,3	44,0	47,2	45,8	44,2		25,1	22,0	20,2	18,6	23,0	20,6		2,3	2,3	2,4	2,9	2,3	2,4	
Djibouti	46,5	50,2	49,3	48,7	39,4	36,7		23,5	20,5	16,7	13,7	10,2	8,4		2,3	3,0	3,3	3,5	2,9	2,8	
Érythrée	50,3	52,2	48,2	44,3	43,1	39,5		30,4	26,6	22,5	19,0	17,3	17,7		2,0	2,6	2,6	2,5	2,6	2,2	
Éthiopie	48,4	48,5	46,1	44,9	43,2	39,7		28,0	23,6	19,7	19,9	14,2	11,9		2,0	2,5	2,6	2,5	2,9	2,8	
Kenya	52,0	50,4	48,8	48,2	47,0	42,5		31,8	26,5	22,2	21,4	18,4	17,7		2,0	2,4	2,7	2,7	2,9	2,5	
Madagascar	51,5	51,7	52,0	50,1	38,2	32,5		24,8	20,4	16,3	12,6	10,1	16,7		2,7	3,1	3,6	3,8	2,8	1,6	
Malawi	51,2	48,3	46,1	45,4	44,5	41,6		27,4	23,3	19,6	17,3	15,9	13,2		2,4	2,5	2,7	2,8	2,9	2,8	
Maurice	52,3	54,7	56,7	52,9	49,4	44,6		30,9	27,5	23,5	20,7	20,1	24,1		2,1	2,7	3,3	3,2	2,9	2,1	
Mozambique	47,3	42,5	26,1	22,0	20,4	16,2		15,7	9,1	7,0	6,5	6,7	6,7		3,2	3,3	1,9	1,6	1,4	1,0	
Ouganda	48,7	48,1	47,5	45,7	44,6	41,2		32,7	27,4	23,0	21,4	20,6	23,5		1,6	2,1	2,5	2,4	2,4	1,8	
Réunion	50,6	49,5	50,5	50,5	50,4	50,7		24,5	20,6	19,0	18,1	20,8	16,7		2,6	2,9	3,2	3,2	3,0	3,4	
Rwanda	39,4	39,8	30,7	23,6	21,6	18,6		13,3	10,3	7,0	6,0	5,4	5,5		2,6	3,0	2,4	1,8	1,6	1,3	
Somalie	51,8	52,8	52,6	51,1	43,9	44,0		24,0	21,6	20,3	18,8	41,4	21,8		2,8	3,1	3,2	3,2	0,3	2,2	
Soudan	53,4	51,0	51,3	51,8	52,0	52,1		31,8	27,4	23,7	22,0	24,8	17,7		2,2	2,4	2,8	3,0	2,7	3,4	
Tanzanie	47,2	47,9	47,3	41,6	37,9	33,0		26,3	24,2	20,7	15,9	13,3	11,7		2,1	2,3	2,9	3,0	2,4	2,2	
Zambie	51,1	51,1	49,3	46,4	44,4	39,3		26,6	22,4	18,5	14,4	14,9	18,1		2,5	2,9	3,1	3,2	3,0	2,1	
Zimbabwe	50,1	49,4	51,5	45,2	45,6	42,2		26,1	21,4	16,5	14,3	18,8	28,0		2,4	2,8	3,5	3,1	2,7	1,4	
	47,6	48,2	48,0	44,9	38,1	32,1		18,1	15,4	12,5	10,0	12,1	27,0		3,0	3,3	3,6	3,5	2,6	0,5	
Afrique australe																					
Afrique du Sud	43,5	42,0	38,0	34,9	29,4	23,8		20,6	16,9	13,4	10,5	8,4	17,6		2,3	2,5	2,5	2,4	2,1	0,6	
Botswana	43,3	41,6	37,1	33,9	28,3	22,6		20,3	16,7	13,1	10,2	8,1	16,9		2,3	2,5	2,4	2,4	2,0	0,6	
Lesotho	48,2	48,5	48,4	42,3	34,1	30,6		19,7	15,5	12,0	7,6	6,2	21,4		2,9	3,3	3,6	3,5	2,8	0,9	
Namibie	42,2	41,7	42,2	41,5	34,6	31,1		23,1	18,7	17,0	15,2	13,4	25,7		1,9	2,3	2,5	2,6	2,1	0,5	
Swaziland	43,3	44,2	45,1	41,2	40,9	33,4		24,5	20,4	16,3	12,7	10,4	17,9		1,9	2,4	2,9	2,9	3,1	1,6	
	51,3	49,5	49,7	46,6	40,7	34,5		24,2	22,1	18,3	14,4	11,6	25,4		2,7	2,7	3,1	3,2	2,9	0,9	
Total Afrique sub-saharienne	49,1	48,6	47,8	46,6	43,4	40,2		27,5	23,6	20,0	17,3	16,2	17,2		2,2	2,5	2,8	2,9	2,7	2,3	

[a] Les taux d'accroissement naturel ont été calculés à partir des taux de natalité et de mortalité issus de Nations unies (2003b, référence ci-dessous).
Source : Nations unies (2003b), *World Population Prospects. The 2002 Revision*, Population database on-line (www.unpopulation.org).

TABLEAU A.4. – ÂGES MÉDIANS AU PREMIER MARIAGE (HOMMES ET FEMMES) ET INTENSITÉS DE LA POLYGAMIE ET DU CÉLIBAT (48 PAYS)

Sous-régions et pays	Âge médian hommes[a]		Âge médian femmes[a]		Écarts d'âge entre époux		% de femmes en union polygame vers 1999		% de femmes célibataires à 40-49 ans vers 1999
	Vers 1979	Vers 1999	Vers 1979	Vers 1999	Vers 1979	Vers 1999	à 15-49 ans	à 35-44 ans	
Afrique de l'Ouest									
Bénin	24,7	25,5	17,4	20,1	7,3	5,4	46	57	1,1
Burkina Faso	27,5	26,1	17,2	18,9	10,3	7,2	55	67	0,2
Cap-Vert	26,7	27,7	25,8	23,9	0,9	3,8	–	–	5,6
Côte d'Ivoire	27,9	28,1	17,6	20,7	10,3	7,4	35	45	1,0
Gambie	27,9	–	17,2	–	10,7	–	–	–	–
Ghana	26,2	26,3	19,2	20,6	6,9	5,7	23	29	1,0
Guinée	28,5	27,5	20,6	18,0	7,8	9,5	54	67	0,2
Guinée-Bissau	–	28,2[b]	–	18,6	–	9,6	–	–	–
Liberia	26,2	–	18,6	–	7,6	–	–	–	–
Mali	27,2	27,7	17,4	19,0	9,7	8,7	43	56	0,2
Mauritanie	27,1	28,9	18,6	20,9	8,5	8,0	12	16	2,0
Niger	21,7	23,5	16,2	16,8	5,5	6,7	38	50	0,3
Nigeria	–	26,5	18,6	20,6	–	5,9	36	44	1,2
Sénégal	28,5	30,1	18,2	20,6	10,3	9,5	46	59	0,3
Sierra Leone	–	27,4[c]	–	18,2[c]	–	9,2	–	–	–
Togo	25,4	26,3	18,4	21,0	7,1	5,3	43	54	0,4
Afrique centrale									
Angola	23,9[d]	–	19,0[d]	–	4,9	–	–	–	–
Cameroun	26,3	26,1	18,1	19,4	8,2	6,8	33	44	1,3
Centrafrique	22,5	23,2	18,0	18,5	4,6	4,7	29	36	1,8
Congo	27,3[e]	–	20,9[e]	–	6,4	–	–	–	–
Congo (RD)	24,9[f]	26,0	20,0[f]	21,0	4,9	5,0	–	–	1,8
Gabon	–	25,8	–	21,0	–	4,8	22	27	3,0
Guinée équatoriale	26,4	–	20,7	–	5,6	–	–	–	–
Sao Tomé-et-Principe	–	25,1	–	21,4	–	3,7	–	–	–
Tchad	–	23,5	–	17,7	–	5,8	40	49	0,1

Sous-régions et pays	Âge médian hommes[a]		Âge médian femmes[a]		Écarts d'âge entre époux		% de femmes en union polygame vers 1999		% de femmes célibataires à 40-49 ans vers 1999
	Vers 1979	Vers 1999	Vers 1979	Vers 1999	Vers 1979	Vers 1999	à 15-49 ans	à 35-44 ans	
Afrique de l'Est									
Burundi	22,9	–	20,4	–	2,5	–	–	–	–
Comores	26,2	28,5	19,5	22,8	6,7	5,7	25	35	0,3
Djibouti	–	29,4	–	25,9	–	3,5	–	–	–
Érythrée	–	24,9	–	19,0	–	5,9	–	–	2,3
Éthiopie	22,1[g]	25,3	17,6[g]	19,8	4,5	5,5	7	10	0,3
Kenya	25,3	25,7	19,8	20,9	5,5	4,8	14	19	2,3
Madagascar	22,9	–	19,7	19,5	3,2	–	16	22	1,8
Malawi	22,4	23,4	17,4	18,8	5,0	4,6	4	4	0,3
Maurice	27,0[h]	–	22,2[h]	–	4,8	–	17	22	26,0
Mozambique	–	21,8	–	17,8	–	3,9	–	–	2,8
Ouganda	23,9	21,9	17,5	17,5	6,3	4,4	27	35	0,6
Réunion	25,0[i]	31,1[i]	22,9[i]	28,9[i]	2,1	2,2	33	39	–
Rwanda	24,0	25,3	20,6	21,7	3,4	3,6	12	16	1,5
Somalie	26,0	–	19,8	–	6,2	–	–	–	–
Soudan	27,3	30,9	20,9	24,3	6,4	6,6	–	–	–
Tanzanie	24,6	24,9	18,8	20,0	5,7	4,9	29	35	1,1
Zambie	24,8	24,3	19,4	19,9	5,4	4,4	16	24	0,6
Zimbabwe	24,9	25,2	19,9	20,3	5,0	4,9	15	17	1,1
Afrique australe									
Afrique du Sud	27,3	30,8	25,2	28,2	2,1	2,5	13	13	13,0
Botswana	31,1	–	26,8	–	4,3	–	–	–	–
Lesotho	24,4	–	19,5	–	4,8	–	–	–	–
Namibie	–	31,1	–	27,8	–	3,3	13	15	15,5
Swaziland	34,9[j]	–	31,6[j]	–	3,3	–	–	–	–

(a) Âges auxquels il reste 50 % de célibataires. Calculés par V. Hertrich (2001) et nous-mêmes de la même façon, ils sont basés sur les proportions de célibataires par âge tirées essentiellement des recensements pour les années 1970 et des dernières enquêtes EDS pour la fin des années 1990 (1994-2002).
(b) Recensement de 1991.
(c) *Demographic and Social Monitoring Survey* de 1992.
(d) Recensement de 1970.
(e) Moyenne des résultats aux recensements de 1974 et 1984.
(f) Âges moyens calculés au recensement de 1984 et à l'enquête MICS2 de 2001.
(g) Recensement de 1984.
(h) Moyenne des résultats aux recensements de 1972 et 1983.
(i) Recensements de 1974 et 1990.
(j) Recensement de 1986.

Sources : V. Hertrich (2001) pour les âges médians au 1er mariage avec mise à jour de notre part ; rapports nationaux des dernières enquêtes EDS (1994-2002) pour la polygamie et le célibat à 40-49 ans.

TABLEAU A.5. – INDICES SYNTHÉTIQUES DE FÉCONDITÉ ET TAUX NETS DE REPRODUCTION DE 1950 À 2005 (48 PAYS)

Sous-régions et pays	Indices synthétiques de fécondité[a]							Taux nets de reproduction[b]						
	1950-1954	1960-1964	1970-1974	1980-1984	1990-1994	2000-2004		1950-1954	1960-1964	1970-1974	1980-1984	1990-1994	2000-2004	
Afrique de l'Ouest														
Bénin	6,9	7,0	7,0	7,0	6,4	5,6		1,9	2,0	2,2	2,4	2,3	2,0	
Burkina Faso	6,8	7,0	7,1	7,1	6,5	5,7		1,9	2,1	2,4	2,5	2,4	2,1	
Cap-Vert	6,3	7,0	7,8	7,8	7,1	6,7		1,6	1,9	2,4	2,6	2,5	2,3	
Côte d'Ivoire	6,6	7,0	7,0	6,1	4,7	3,3		2,3	2,7	2,9	2,6	2,2	1,6	
Gambie	7,0	7,3	7,4	7,4	6,0	4,7		1,9	2,2	2,5	2,7	2,1	1,5	
Ghana	6,1	6,5	6,5	6,5	5,6	4,7		1,4	1,7	1,9	2,1	2,1	1,8	
Guinée	6,9	6,9	6,9	6,7	5,3	4,1		2,1	2,3	2,5	2,5	2,1	1,7	
Guinée-Bissau	7,0	7,0	7,0	7,0	6,4	5,8		1,7	1,8	2,0	2,1	2,1	2,1	
Liberia	5,6	6,0	7,1	7,1	7,1	7,1		1,4	1,6	2,0	2,1	2,3	2,4	
Mali	6,5	6,8	6,9	6,9	6,9	6,8		1,9	2,1	2,2	2,3	2,1	2,2	
Mauritanie	7,1	7,1	7,1	7,0	7,0	7,0		1,8	1,9	2,1	2,3	2,4	2,5	
Niger	6,3	6,5	6,5	6,3	6,1	5,8		1,7	1,9	2,1	2,2	2,2	2,2	
Nigeria	7,7	7,9	8,1	8,2	8,0	8,0		1,9	2,1	2,3	2,5	2,5	2,7	
Sénégal	6,9	6,9	6,9	6,9	6,4	5,4		1,9	2,0	2,2	2,4	2,3	2,0	
Sierra Leone	6,7	7,0	7,0	6,9	6,1	5,0		1,8	2,0	2,1	2,4	2,3	1,9	
Togo	6,1	6,3	6,5	6,5	6,5	6,5		1,5	1,6	1,8	1,8	1,8	1,8	
Togo	7,1	7,1	7,1	6,7	6,2	5,3		1,9	2,1	2,3	2,4	2,4	2,0	
Afrique centrale														
Angola	5,9	6,1	6,4	6,6	6,5	6,3		1,7	1,9	2,1	2,3	2,2	2,1	
Cameroun	6,4	6,4	6,6	7,0	7,2	7,2		1,5	1,7	1,9	2,1	2,2	2,2	
Centrafrique	5,7	5,9	6,3	6,4	5,7	4,6		1,6	1,8	2,1	2,3	2,2	1,6	
Congo	5,5	5,7	5,7	5,7	5,6	4,9		1,6	1,7	1,9	2,0	2,0	1,6	
Congo (RD)	5,7	6,0	6,3	6,3	6,3	6,3		1,8	2,2	2,5	2,6	2,5	2,4	
Gabon	6,0	6,2	6,5	6,7	6,7	6,7		1,8	2,0	2,2	2,3	2,2	2,2	
Guinée équatoriale	4,0	4,3	5,3	5,5	5,2	4,0		1,1	1,3	1,9	2,2	2,1	1,6	
Sao Tomé-et-Principe	5,5	5,5	5,7	5,8	5,9	5,9		1,5	1,6	1,7	1,9	2,1	2,1	
Tchad	5,7	6,0	5,4	5,4	4,9	4,0		2,0	2,3	2,2	2,3	2,2	1,9	
	5,8	6,1	6,7	6,7	6,7	6,7		1,5	1,7	2,0	2,1	2,2	2,3	

La démographie de l'Afrique au sud du Sahara

Sous-régions et pays	Indices synthétiques de fécondité[a]						Taux nets de reproduction[b]						
	1950-1954	1960-1964	1970-1974	1980-1984	1990-1994	2000-2004	1950-1954	1960-1964	1970-1974	1980-1984	1990-1994	2000-2004	
Afrique de l'Est													
Burundi	7,0	7,0	7,0	6,9	6,3	5,6	1,9	2,2	2,4	2,4	2,2	1,9	
Comores	6,8	6,8	6,8	6,8	6,8	6,8	2,1	2,2	2,3	2,3	2,0	2,1	
Djibouti	6,3	6,9	7,1	7,1	5,8	4,9	1,9	2,3	2,5	2,7	2,3	2,1	
Érythrée	7,8	7,8	7,2	6,6	6,3	5,7	1,9	2,1	2,2	2,1	2,1	1,9	
Éthiopie	7,0	6,8	6,5	6,4	6,2	5,4	1,9	2,1	2,2	2,2	2,4	2,2	
Kenya	7,2	6,9	6,8	6,8	6,8	6,1	1,8	2,0	2,1	2,2	2,3	2,1	
Madagascar	7,5	8,1	8,1	7,5	5,4	4,0	2,3	2,8	3,0	3,0	2,2	1,4	
Malawi	6,9	6,8	6,6	6,4	6,2	5,7	1,9	2,1	2,2	2,2	2,2	2,2	
Maurice	6,8	7,0	7,4	7,6	6,8	6,1	1,8	2,0	2,3	2,4	2,2	2,1	
Mozambique	6,3	5,7	3,3	2,5	2,3	2,0	2,3	2,4	1,4	1,1	1,1	0,9	
Ouganda	6,5	6,5	6,6	6,4	6,2	5,6	1,6	1,8	2,0	2,0	2,0	1,6	
Réunion	6,9	6,9	7,1	7,1	7,1	7,1	2,1	2,3	2,4	2,5	2,3	2,6	
Rwanda	5,7	5,7	3,9	2,9	2,4	2,3	2,3	2,4	1,8	1,4	1,2	1,1	
Somalie	7,8	8,1	8,3	8,1	6,7	5,7	2,3	2,6	2,7	2,7	1,1	1,7	
Soudan	7,3	7,3	7,3	7,3	7,3	7,3	1,9	2,1	2,2	2,3	2,2	2,5	
Tanzanie	6,7	6,7	6,7	6,0	5,3	4,4	1,9	2,0	2,1	2,1	2,0	1,7	
Zambie	6,7	6,8	6,8	6,7	6,1	5,1	1,9	2,1	2,3	2,5	2,3	1,8	
Zimbabwe	6,6	6,6	7,8	6,8	6,3	5,6	1,9	2,1	2,8	2,5	2,1	1,6	
	6,7	7,3	7,6	6,7	5,1	3,9	2,3	2,7	3,0	2,8	2,0	1,2	
Afrique australe													
Afrique du Sud	6,5	6,5	5,6	4,7	3,6	2,8	2,1	2,3	2,2	2,0	1,6	1,0	
Botswana	6,5	6,5	5,4	4,6	3,4	2,6	2,1	2,3	2,2	2,0	1,5	1,0	
Lesotho	6,7	6,7	6,7	5,9	4,4	3,7	2,3	2,5	2,7	2,6	2,0	1,2	
Namibie	5,8	5,8	5,7	5,6	4,7	3,8	1,8	2,0	2,1	2,1	1,8	1,2	
Swaziland	6,0	6,2	6,6	6,3	5,6	4,6	1,7	2,0	2,4	2,4	2,3	1,6	
	6,9	6,9	6,9	6,6	5,6	4,5	2,1	2,2	2,4	2,5	2,2	1,3	
Total Afrique sub-saharienne	6,7	6,8	6,8	6,6	6,1	5,4	1,9	2,1	2,3	2,3	2,2	1,9	

(a) Somme des taux de fécondité par âge observés à un moment donné. L'ISF peut être interprété comme le nombre moyen d'enfants que mettrait au monde une femme si elle connaissait, durant toute sa vie féconde, les conditions de fécondité du moment. Il ne tient pas compte de la mortalité.
(b) Nombre moyen de filles que mettrait au monde une femme dans les conditions de fécondité du moment, en tenant compte de la mortalité jusqu'à la fin de la vie féconde.

Source : Nations unies (2003b), *World Population Prospects. The 2002 Revision*, Population database on-line (www.unpopulation.org).

TABLEAU A.6. – NIVEAUX, CALENDRIERS ET CARACTÉRISTIQUES LES PLUS RÉCENTES DE LA FÉCONDITÉ DANS 30 PAYS

Sous-régions et pays	Date dernière enquête EDS	Indice synthétique de fécondité[a]	Nombre d'enfants à 40-49 ans	Nombre idéal d'enfants à 25-34 ans	Âge médian à la 1re naissance[b]	% d'adolescentes (15-19 ans) ayant débuté leur vie féconde	% de la fécondité réalisée avant 25 ans[c]	Intervalle entre naissances[d]
Afrique de l'Ouest								
Bénin	2001	5,6	6,7	5,0	19,8	22	33	34,7
Burkina Faso	1998-1999	6,8	7,4	5,7	19,3	25	33	34,8
Cap-Vert	1998	4,0	5,4	2,6	20,8	–	36	–
Côte d'Ivoire	1998-1999	5,2	6,4	5,3	19,0	31	34	35,5
Ghana	1998	4,6	5,7	4,2	20,3	14	31	38,2
Guinée	1999	5,5	6,5	6,4	18,8	37	37	35,4
Mali	2001	6,8	7,6	6,3	18,9	40	35	32,3
Mauritanie	2000-2001	4,7	5,8	6,4	20,7	16	27	35,0
Niger	1998	7,5	7,5	8,4	17,8	43	36	30,6
Nigeria	1999	5,2	6,1	6,2	20,1	22	32	31,1
Sénégal	1997	5,7	7,1	5,4	19,8	22	28	33,0
Togo	1998	5,4	6,4	4,6	20,1	19	29	36,0
Afrique centrale								
Cameroun	1998	5,2	6,2	6,1	19,0	31	36	31,5
Centrafrique	1994-1995	5,1	5,7	6,6	19,4	36	39	30,6
Gabon	2000	4,3	6,0	5,0	18,7	33	39	33,9
Tchad	1996-1997	6,6	6,8	8,5	18,3	39	38	31,1

Sous-régions et pays	Date dernière enquête EDS	Indice synthétique de fécondité[a]	Nombre d'enfants à 40-49 ans	Nombre idéal d'enfants à 25-34 ans	Âge médian à la 1ʳᵉ naissance[b]	% d'adolescentes (15-19 ans) ayant débuté leur vie féconde	% de la fécondité réalisée avant 25 ans[c]	Intervalle entre naissances[d]
Afrique de l'Est								
Comores	1996	5,1	6,7	5,4	21,0	9	26	28,9
Érythrée	2002	4,8	5,9	5,9	21,4	14	27	33,6
Éthiopie	2000	5,9	7,0	5,6	19,0	16	30	33,6
Kenya	1998	4,7	6,6	3,7	19,4	21	38	32,9
Madagascar	1997	6,0	6,6	5,3	19,5	36	38	29,4
Malawi	2000	6,3	6,8	5,1	19,1	33	38	33,8
Mozambique	1997	5,6	5,8	5,9	19,0	40	40	34,6
Ouganda	2000-2001	6,9	7,1	5,0	18,8	31	37	29,2
Rwanda	2000	5,8	6,8	4,6	22,0	7	25	32,3
Tanzanie	1996	5,8	7,0	5,6	19,1	26	34	33,7
Zambie	2001	5,9	7,1	4,8	18,7	32	36	33,3
Zimbabwe	1999	4,0	5,9	3,9	19,9	20	39	40,0
Afrique australe								
Afrique du Sud	1998	2,9	3,7	2,8	20,8	16	37	47,1
Namibie	2000	5,4	5,7	5,0	21,0	22	20	33,5

[a] Nombre moyen d'enfants qu'aurait finalement une femme à 50 ans selon les taux de fécondité par âge de l'année.
[b] Femmes de 25 à 49 ans.
[c] Somme des taux de fécondité à 15-19 et 20-24 ans divisée par la somme des taux de fécondité de 15-19 à 45-49 ans.
[d] Nombre médian de mois écoulés depuis la naissance précédente, toutes femmes 15-49 ans.
Sources : rapports nationaux des dernières enquêtes EDS depuis 1994.

TABLEAU A.7. – ALLAITEMENT, ABSTINENCE SEXUELLE *POST-PARTUM* ET CONTRACEPTION DANS 30 PAYS

Sous-régions et pays	Date dernière enquête EDS	Durée médiane d'allaitement[a]	Durée médiane d'abstinence[b]	Prévalence contraceptive[c]		% de femmes mariées de 40-49 ans sans enfant né vivant
				Toutes méthodes	Méthodes modernes	
Afrique de l'Ouest						
Bénin	2001	22,2	8,9	18,6	7,2	1,5
Burkina Faso	1998-1999	26,9	19,2	11,9	4,8	0,9
Cap-Vert	1998	13,0	–	52,9	46,0	1,6
Côte d'Ivoire	1998-1999	20,2	11,8	15,0	7,3	1,7
Ghana	1998	21,5	8,5	22,0	13,3	1,5
Guinée	1999	22,2	22,1	6,2	4,2	2,2
Mali	2001	23,1	2,4	8,1	5,7	2,3
Mauritanie	2000-2001	20,5	2,1	8,0	5,1	3,2
Niger	1998	20,5	2,2	8,2	4,6	3,6
Nigeria	1999	18,9	6,2	15,3	8,6	2,8
Sénégal	1997	20,9	2,9	12,9	8,1	1,6
Togo	1998	24,3	13,4	23,5	7,0	1,1
Afrique centrale						
Cameroun	1998	18,2	11,9	19,3	7,1	6,0
Centrafrique	1994-1995	21,2	10,4	14,8	3,2	8,1
Gabon	2000	12,2	9,5	32,7	11,8	5,2
Tchad	1996-1997	21,4	3,6	4,1	1,2	3,1

Sous-régions et pays	Date dernière enquête EDS	Durée médiane d'allaitement[a]	Durée médiane d'abstinence[b]	Prévalence contraceptive[c]		% de femmes mariées de 40-49 ans sans enfant né vivant
				Toutes méthodes	Méthodes modernes	
Afrique de l'Est						
Comores	1996	20,1	2,4	21,0	11,4	3,3
Érythrée	2002	21,8	3,0	8,0	5,1	2,2
Éthiopie	2000	25,5	2,4	8,1	6,3	1,7
Kenya	1998	20,9	3,1	39,0	31,5	2,1
Madagascar	1997	20,7	3,5	19,4	9,7	4,0
Malawi	2000	24,3	5,8	30,6	26,1	1,8
Mozambique	1997	22,0	11,6	5,6	5,1	4,0
Ouganda	2000-2001	22,6	2,1	22,8	18,2	3,5
Rwanda	2000	32,6	0,6	13,2	4,3	1,2
Tanzanie	1996	21,5	5,6	18,4	13,3	1,2
Zambie	2001	20,9	4,8	34,2	22,6	1,6
Zimbabwe	1999	19,6	3,2	53,5	50,4	2,1
Afrique australe						
Afrique du Sud	1998	15,6	–	56,3	55,1	3,8
Namibie	2000	17,3	6,0	28,9	26,0	2,4

[a] En mois pour tous les enfants derniers-nés dans les trois ou cinq ans précédant l'enquête.
[b] Durée d'abstinence sexuelle *post-partum* en mois suivant une naissance survenue dans les 3 ans précédant l'enquête.
[c] % de femmes (tous âges) actuellement en union utilisant une méthode.
Sources : rapports nationaux des dernières enquêtes démographiques et de santé (EDS).

TABLEAU A.8. – ESPÉRANCES DE VIE ET MORTALITÉ INFANTILE DE 1950 À 2005 (48 PAYS)

Sous-régions et pays	Espérance de vie (en années)							Taux de mortalité infantile (p. mille)						
	1950-1954	1960-1964	1970-1974	1980-1984	1990-1994	2000-2004		1950-1954	1960-1964	1970-1974	1980-1984	1990-1994	2000-2004	
Afrique de l'Ouest														
Bénin	35,5	39,1	43,0	47,1	50,0	49,6		192	168	143	120	104	90	
Burkina Faso	33,9	38,0	44,0	49,2	51,3	50,6		200	173	137	111	100	93	
Cap-Vert	31,9	36,7	41,2	46,1	47,5	45,7		215	181	153	126	110	93	
Côte d'Ivoire	48,5	53,0	57,5	61,8	66,4	70,2		130	105	83	63	44	30	
Gambie	36,0	40,4	45,4	50,0	48,3	41,0		186	158	130	106	101	101	
Ghana	30,0	33,0	38,0	44,1	51,0	54,1		231	207	173	135	99	81	
Guinée	42,0	46,0	49,9	53,6	56,9	57,9		149	127	108	90	72	58	
Guinée-Bissau	31,0	34,3	37,3	40,2	44,8	49,1		222	197	177	157	130	102	
Liberia	32,5	34,5	36,5	39,1	43,0	45,3		211	196	183	164	140	120	
Mali	38,5	40,5	42,6	44,9	39,3	41,4		194	180	165	150	191	147	
Mauritanie	32,7	35,3	38,2	44,4	47,5	48,6		240	218	196	153	131	119	
Niger	35,4	39,4	43,4	47,4	49,4	52,5		189	164	141	120	110	97	
Nigeria	32,2	35,2	38,2	40,7	42,7	46,2		213	191	171	156	144	126	
Sénégal	36,5	40,1	44,0	48,1	52,0	51,5		183	160	137	115	95	79	
Sierra Leone	36,5	38,3	41,8	46,3	50,4	52,9		184	168	122	91	68	61	
	30,0	32,0	35,0	35,3	34,5	34,2		231	215	193	189	194	177	
Togo	36,0	40,5	45,5	50,2	53,6	49,7		186	158	130	106	88	82	
Afrique centrale														
Angola	36,1	39,8	44,1	46,6	45,3	42,7		186	162	137	123	118	116	
Cameroun	30,0	34,0	38,0	40,0	39,9	40,1		231	200	173	160	158	140	
Centrafrique	36,0	40,5	45,7	50,7	54,8	46,2		186	158	128	103	82	88	
Congo	35,5	39,5	43,0	46,5	46,8	39,5		190	164	144	124	108	100	
Congo (RD)	42,1	48,5	55,0	56,8	54,1	48,2		170	130	95	86	84	84	
Gabon	39,1	42,1	45,8	47,1	43,5	41,8		167	149	127	118	120	120	
Guinée équatoriale	37,0	40,5	48,7	56,3	58,0	56,6		179	158	114	78	67	57	
Sao Tomé-et-Principe	34,5	37,5	40,5	43,8	47,6	49,1		196	176	157	138	118	101	
Tchad	46,4	51,4	56,5	61,6	66,2	69,9		169	98	64	62	44	32	
	32,5	35,5	39,0	42,3	44,7	44,7		211	189	167	146	129	115	

Sous-régions et pays	Espérance de vie (en années)						Taux de mortalité infantile (p. mille)					
	1950-1954	1960-1964	1970-1974	1980-1984	1990-1994	2000-2004	1950-1954	1960-1964	1970-1974	1980-1984	1990-1994	2000-2004
Afrique de l'Est												
Burundi	36,3	40,8	45,0	47,5	46,0	43,1	182	156	134	119	109	97
Comores	39,0	42,0	43,9	46,6	39,8	40,9	167	149	137	120	132	107
Djibouti	40,7	44,5	48,9	52,9	57,2	60,8	178	154	127	106	84	67
Érythrée	33,0	37,0	41,0	44,7	47,1	45,7	207	179	155	133	117	102
Éthiopie	35,9	40,2	44,3	43,3	50,0	52,7	176	151	129	117	89	73
Kenya	32,9	37,3	41,8	42,7	46,3	45,5	208	177	150	143	119	100
Madagascar	40,9	45,9	50,9	55,7	57,4	44,6	155	127	103	82	65	69
Malawi	36,7	40,9	44,9	48,0	49,8	53,6	181	155	132	117	108	92
Maurice	36,3	38,5	41,0	45,7	45,1	37,5	212	204	191	158	138	115
Mozambique	51,0	60,2	62,9	66,7	69,9	72,0	99	61	55	28	21	16
Ouganda	31,3	36,2	41,1	42,8	43,4	38,1	220	185	154	143	137	122
Réunion	40,0	44,0	46,3	47,2	41,5	46,2	161	138	125	120	107	86
Rwanda	52,7	57,7	64,2	69,8	73,5	75,2	141	87	41	14	9	8
Somalie	40,0	43,0	44,6	46,1	24,0	39,3	161	143	134	125	135	112
Soudan	33,0	37,0	41,0	43,0	39,5	47,9	207	179	155	143	163	118
Tanzanie	37,6	39,6	43,6	49,1	52,9	55,6	175	163	139	110	93	77
Zambie	37,0	41,7	46,5	51,0	49,4	43,3	160	143	125	100	99	100
Zimbabwe	37,8	42,8	49,7	52,0	44,2	32,4	150	130	109	98	107	105
	47,4	51,7	56,0	59,6	53,3	33,1	120	100	81	65	59	58
Afrique australe												
Afrique du Sud	44,5	49,5	53,2	57,3	61,3	46,4	105	92	82	66	52	52
Botswana	45,0	50,0	53,7	57,7	61,8	47,7	96	87	77	62	48	48
Lesotho	46,0	51,5	56,1	62,8	65,0	39,7	144	113	90	58	47	57
Namibie	41,7	47,1	49,5	52,0	53,9	35,1	172	138	124	110	99	92
Swaziland	39,2	44,2	49,9	55,2	59,2	44,3	165	136	108	83	65	60
	40,1	42,3	47,3	52,4	55,8	34,4	160	147	121	96	79	78
Total Afrique sub-saharienne	36,7	40,6	44,7	48,0	48,6	45,7	180	156	134	116	105	95

Source : Nations unies (2003b), *World Population Prospects. The 2002 Revision*, Population database on-line (www.unpopulation.org).

TABLEAU A.9. – CONDITIONS D'ACCOUCHEMENT, MORTALITÉ ET SANTÉ DES ENFANTS DANS 30 PAYS

Sous-régions et pays	Date dernière enquête EDS	Quotients de mortalité (p. mille)[a]			% de naissances sans aucune consultation prénatale[b]	% d'accouchements sans personnel formé[c]	% d'enfants vaccinés[d]	% d'enfants souffrant de malnutrition[e]
		Néonatale	< 1 an	0-5 ans				
Afrique de l'Ouest								
Bénin	2001	38	89	160	19	28	59	31
Burkina Faso	1998-1999	41	105	219	39	69	29	37
Cap-Vert	1998	11	31	43	4	12	83	–
Côte d'Ivoire	1998-1999	62	112	181	16	53	51	25
Ghana	1998	30	57	108	11	32	62	26
Guinée	1999	48	98	177	28	65	32	26
Mali	2001	57	113	230	42	58	29	38
Mauritanie	2000-2001	–	74	116	35	43	32	35
Niger	1998	44	123	274	60	56	18	41
Nigeria	1999	37	75	140	36	58	17	46
Sénégal	1997	37	68	139	18	53	–	–
Togo	1998	41	80	146	18	49	31	22
Afrique centrale								
Cameroun	1998	37	77	151	21	42	36	29
Centrafrique	1994-1995	42	97	157	33	54	37	34
Gabon	2000	30	57	89	5	13	17	21
Tchad	1996-1997	44	103	194	68	66	11	40

LA DÉMOGRAPHIE DE L'AFRIQUE AU SUD DU SAHARA 605

Sous-régions et pays	Date dernière enquête EDS	Quotients de mortalité (p. mille)[a]			% de naissances sans aucune consultation prénatale[b]	% d'accouchements sans personnel formé[c]	% d'enfants vaccinés[d]	% d'enfants souffrant de malnutrition[e]
		Néonatale	< 1 an	0-5 ans				
Afrique de l'Est								
Comores	1996	38	77	104	15	48	55	34
Érythrée	2002	24	48	93	29	62	69	38
Éthiopie	2000	49	97	166	63	90	14	52
Kenya	1998	28	74	112	8	45	65	33
Madagascar	1997	40	96	159	23	53	36	48
Malawi	2000	42	104	189	8	44	70	49
Mozambique	1997	54	135	201	29	55	47	36
Ouganda	2000-2001	33	88	152	8	61	37	39
Rwanda	2000	44	107	196	8	69	76	43
Tanzanie	1996	32	88	137	10	53	71	43
Zambie	2001	37	95	168	7	57	70	47
Zimbabwe	1999	29	65	102	7	27	75	27
Afrique australe								
Afrique du Sud	1998	20	45	60	5	16	63	–
Namibie	2000	32	57	83	13	34	58	28

[a] Probabilités respectives de décéder de la naissance à l'âge d'un mois, de la naissance à l'âge d'un an et de la naissance à l'âge de 5 ans au cours des cinq années précédant l'enquête.
[b] Sans aucune visite durant la grossesse à un médecin, une infirmière ou une sage-femme.
[c] C'est-à-dire sans médecin, infirmière, sage-femme ou équivalent.
[d] Enfants qui ont reçu tous les vaccins (BCG, DTCoq, polio et rougeole).
[e] Indice taille-pour-âge, mesure de la malnutrition chronique (moyenne et sévère).
Sources : rapports nationaux des dernières enquêtes EDS.

TABLEAU A.10. — MORTALITÉ MATERNELLE ET PRÉVALENCE DU VIH
À 15-49 ANS (48 PAYS)

Sous-régions et pays	Taux de mortalité maternelle en 2000[a]	Taux de prévalence du VIH[b] début 2002 (%)
Afrique de l'Ouest		
Bénin	850	3,6
Burkina Faso	1 000	6,5
Cap-Vert	150	–
Côte d'Ivoire	690	9,7
Gambie	540	1,6
Ghana	540	3,0
Guinée	740	–
Guinée-Bissau	1 100	2,8
Liberia	760	–
Mali	1 200	1,7
Mauritanie	1 000	–
Niger	1 600	–
Nigeria	800	5,8
Sénégal	690	0,5
Sierra Leone	2 000	7,0
Togo	570	6,0
Afrique centrale		
Angola	1 700	5,5
Cameroun	730	11,8
Centrafrique	1 100	12,9
Congo	510	7,2
Congo (RD)	990	4,9
Gabon	420	–
Guinée équatoriale	880	3,4
Sao Tomé-et-Principe	–	–
Tchad	1 100	3,6

TABLEAU A.10. − (SUITE) MORTALITÉ MATERNELLE ET PRÉVALENCE DU VIH À 15-49 ANS (48 PAYS)

Sous-régions et pays	Taux de mortalité maternelle en 2000[a]	Taux de prévalence du VIH[b] début 2002 (%)
Afrique de l'Est		
Burundi	1 000	8,3
Comores	480	–
Djibouti	730	–
Érythrée	630	2,8
Éthiopie	850	6,4
Kenya	1 000	15,0
Madagascar	550	0,3
Malawi	1 800	15,0
Maurice	24	0,1
Mozambique	1 000	13,0
Ouganda	880	5,0
Réunion	41	–
Rwanda	1 400	8,9
Somalie	1 100	1,0
Soudan	590	2,6
Tanzanie	1 500	7,8
Zambie	750	21,5
Zimbabwe	1 100	33,7
Afrique australe		
Afrique du Sud	230	20,1
Botswana	100	38,8
Lesotho	550	31,0
Namibie	300	22,5
Swaziland	370	33,4
Total Afrique sub-saharienne	870	10,4

[a] Défini comme le nombre de décès maternels pour 100 000 naissances vivantes.
[b] Hommes et femmes âgés de 15-49 ans. Le taux de prévalence du VIH mesure la proportion de personnes infectées par le VIH, qu'elles soient ou non malades du sida.
Note : le Cap-Vert, Maurice et la Réunion ont été exclus des moyennes générales en raison de leur situation exceptionnellement bonne en Afrique.
Sources : Nations unies (2003b), voir le site web http//unstats. un. org/unsd/mi/mi_goals. asp; Onusida (2003), site web pour le sida (www.unaids.org).

TABLEAU A.11. – STRUCTURES DE LA POPULATION PAR GRANDS GROUPES D'ÂGES DE 1950 À 2020 ET RAPPORTS DE DÉPENDANCE ET DE MASCULINITÉ EN 2000 (48 PAYS)

Sous-régions et pays	% de moins de 15 ans			% de plus de 60 ans			Âge médian (en années)			Rapports de dépendance en 2000 (%)[a]	Rapports de masculinité en 2000 (%)[b]
	1950	2000	2020	1950	2000	2020	1950	2000	2020		
Afrique de l'Ouest											
Bénin	42,2	45,1	39,7	5,1	4,6	5,3	18,9	17,2	19,6	98,8	100,2
Burkina Faso	36,2	46,2	40,2	3,6	4,2	4,9	23,7	16,6	19,5	101,6	96,9
Cap-Vert	42,6	48,9	46,6	4,6	4,1	3,4	18,5	15,5	16,5	112,8	94,9
Côte d'Ivoire	34,3	41,6	20,2	6,5	6,5	6,4	21,4	18,5	25,6	92,7	90,8
Gambie	43,0	42,7	35,4	4,0	5,0	6,2	18,3	18,1	21,9	91,2	104,2
Ghana	41,0	41,3	34,3	4,8	5,6	7,2	19,5	19,4	22,7	88,3	97,9
Guinée	45,1	41,0	32,7	4,1	5,0	6,9	17,4	18,8	23,7	85,2	98,9
Guinée-Bissau	42,4	44,2	39,5	4,2	4,5	5,3	18,8	17,6	19,8	94,9	101,2
Liberia	37,2	46,7	45,8	5,9	5,0	4,3	21,7	16,6	16,8	107,0	97,3
Mali	41,5	46,6	45,9	5,0	3,7	3,8	19,2	16,6	16,8	101,2	99,7
Mauritanie	45,3	49,1	47,5	3,4	3,9	3,2	17,2	15,4	16,1	112,8	98,1
Niger	43,8	43,3	39,8	3,8	5,4	5,4	18,0	18,2	19,7	94,9	97,2
Nigeria	44,0	49,9	48,6	4,0	3,3	3,3	17,9	15,1	15,6	113,7	101,7
Sénégal	41,7	45,0	26,8	5,1	4,8	5,7	19,1	17,3	20,2	99,2	101,3
Sierra Leone	41,6	44,1	36,6	5,5	4,0	5,0	19,2	17,6	21,4	92,7	98,7
Togo	39,4	43,9	42,9	5,2	4,8	4,8	20,4	17,9	18,2	94,9	96,4
	41,3	44,2	38,3	6,8	4,9	5,7	19,4	17,7	20,3	96,5	98,0
Afrique centrale											
Angola	41,1	46,0	44,2	5,9	4,7	4,4	19,5	16,9	17,6	102,8	97,7
Cameroun	41,3	47,3	47,1	4,9	4,4	4,1	19,4	16,3	16,3	107,0	97,1
Centrafrique	39,6	43,0	35,8	5,7	5,6	6,4	20,3	18,1	21,4	94,6	98,5
Congo	36,0	43,0	39,2	7,7	6,0	4,1	22,6	18,3	19,8	96,1	94,1
Congo (RD)	40,1	46,4	44,9	5,7	4,6	4,2	20,0	16,7	17,2	104,1	97,4
Gabon	43,7	46,8	45,8	5,6	4,3	3,9	18,1	16,5	16,9	104,5	97,8
Guinée équatoriale	28,4	41,7	32,9	11,3	6,3	7,1	28,4	18,9	23,4	92,3	98,8
Sao Tomé-et-Principe	34,2	43,6	41,3	8,9	6,0	5,8	23,8	18,2	18,8	98,4	97,6
Tchad	32,8	41,2	33,8	6,1	6,6	5,9	24,6	18,4	22,9	91,6	98,0
	37,6	46,5	45,3	6,8	4,9	4,4	21,5	16,7	17,1	105,8	97,6

Sous-régions et pays	% de moins de 15 ans			% de plus de 60 ans			Âge médian (en années)			Rapports de dépendance en 2000 (%)(a)	Rapports de masculinité en 2000 (%)(b)
	1950	2000	2020	1950	2000	2020	1950	2000	2020		
Afrique de l'Est											
Burundi	43,4	45,6	41,3	4,8	4,4	4,8	18,2	17,0	18,9	100,0	97,4
Comores	40,8	48,0	45,9	5,2	4,4	4,2	19,5	15,8	16,9	110,1	94,5
Djibouti	43,5	42,9	35,6	5,4	4,1	5,3	18,2	18,0	21,8	88,7	100,7
Érythrée	46,8	43,2	38,5	3,4	4,9	6,0	16,5	18,3	20,2	92,7	98,7
Éthiopie	45,3	45,8	39,5	5,1	3,6	4,1	17,3	16,9	19,7	97,6	98,8
Kenya	44,2	45,9	42,0	4,8	4,6	5,0	17,9	16,9	18,6	102,0	98,4
Madagascar	39,8	43,3	34,6	6,3	4,2	5,8	20,0	17,7	22,0	90,5	98,0
Malawi	41,8	44,7	40,0	4,7	4,7	5,3	19,0	17,5	19,6	97,6	98,9
Maurice	45,7	45,6	43,7	4,9	5,2	5,1	17,1	17,1	17,6	103,3	97,0
Mozambique	45,2	25,7	20,0	4,7	8,9	15,8	17,3	28,9	35,8	55,7	99,0
Ouganda	41,7	44,1	39,4	4,7	5,0	5,4	19,1	17,8	19,6	96,5	92,4
Réunion	44,3	49,9	48,4	4,8	3,9	3,3	17,7	15,1	15,7	116,5	98,5
Rwanda	39,7	28,2	22,0	6,1	9,2	14,7	20,3	28,3	33,4	59,7	95,7
Somalie	46,4	45,4	41,1	3,8	4,0	4,6	16,7	17,0	18,8	97,6	89,8
Soudan	41,3	47,7	47,1	4,6	3,9	3,9	19,5	16,0	16,3	106,6	98,4
Tanzanie	43,8	40,1	32,5	5,4	5,5	7,4	18,1	19,7	23,6	83,7	101,2
Zambie	46,0	45,8	37,9	3,8	3,8	4,4	16,9	16,8	20,4	98,4	97,9
Zimbabwe	44,9	46,2	43,4	4,3	4,6	4,3	17,5	16,7	17,7	103,3	98,3
	41,9	43,9	38,6	5,3	4,9	5,8	19,0	17,5	19,6	95,3	98,0
Afrique australe											
Afrique du Sud	39,1	35,0	29,3	6,0	5,8	9,8	20,7	22,0	24,9	68,9	95,7
Botswana	38,6	34,0	28,2	6,0	5,9	10,2	20,9	22,6	25,7	66,4	96,2
Lesotho	46,2	40,3	35,6	6,1	4,2	7,2	16,8	19,1	20,6	80,2	96,3
Namibie	40,7	40,5	37,5	6,9	6,8	7,6	19,8	18,8	20,0	89,8	87,3
Swaziland	41,0	43,2	35,7	6,0	5,5	6,9	19,5	18,4	21,0	94,9	95,7
	43,0	44,2	38,3	4,6	4,9	6,4	18,4	17,4	19,5	96,5	91,0
Total Afrique sub-saharienne	42,3	44,3	40,2	5,2	4,7	5,3	18,8	17,5	19,4	96,1	98,5

(a) Définis comme le rapport de la population de moins de 15 ans et de plus de 60 ans à la population des 15-59 ans.
(b) Définis comme le rapport des effectifs masculins aux effectifs féminins.
Source : d'après les données des Nations unies (2003b).

TABLEAU A.12. – MIGRATIONS INTERNATIONALES, POPULATIONS RÉFUGIÉES ET DÉPLACÉES (48 PAYS)

Sous-régions et pays	Stock de migrants en 2000[a]		Taux de migration nette en 2000 (‰)[b]	Nombre de réfugiés en 2002 (en milliers)[c]	Population sous statut HCR en 2002 (en milliers)[d]
	Nombre (en milliers)	% de la population totale			
Afrique de l'Ouest					
Bénin	101	1,6	–3,2	5,0	5,3
Burkina Faso	1124	9,7	–5,5	0,5	0,8
Cap-Vert	10	2,4	–2,5	–	–
Côte d'Ivoire	2336	14,6	0,8	44,7	145,9
Gambie	185	14,2	9,1	12,1	12,1
Ghana	614	3,2	–1,2	33,5	42,3
Guinée	741	9,1	–6,2	182,1	182,5
Guinée-Bissau	19	1,6	–2,9	7,6	7,7
Liberia	160	5,5	36,5	65,0	391,0
Mali	48	0,4	–4,7	9,1	9,8
Mauritanie	63	2,3	3,4	0,4	29,9
Niger	119	1,1	–0,1	0,3	0,3
Nigeria	751	0,7	–0,2	7,4	7,5
Sénégal	284	3,0	–1,1	20,7	22,7
Sierra Leone	47	1,1	–7,8	63,5	139,7
Togo	179	4,0	6,1	12,3	12,4
Afrique centrale					
Angola	46	0,4	–1,4	12,2	302,7
Cameroun	150	1,0	0,1	58,3	63,6
Centrafrique	59	1,6	0,5	50,7	56,1
Congo	197	6,5	–0,3	109,2	112,6
Congo (RD)	739	1,5	–7,1	333,0	355,9
Gabon	250	20,3	4,3	13,5	19,1
Guinée équatoriale	1	0,3	–	–	–
Sao Tomé-et-Principe	7	5,3	–	–	–
Tchad	41	0,5	2,7	33,5	34,5

Sous-régions et pays	Stock de migrants en 2000[a]		Taux de migration nette en 2000 (‰)[b]	Nombre de réfugiés en 2002 (en milliers)[c]	Population sous statut HCR en 2002 (en milliers)[d]
	Nombre (en milliers)	% de la population totale			
Afrique de l'Est					
Burundi	77	1,2	−12,9	40,5	202,6
Comores	18	2,6	–	–	–
Djibouti	28	4,5	6,8	21,7	22,1
Érythrée	13	0,4	0,6	3,6	23,4
Éthiopie	660	1,0	−0,1	132,9	133,2
Kenya	327	1,1	−0,1	233,7	236,1
Madagascar	61	0,4	–	–	–
Malawi	280	2,5	−0,8	2,2	13,2
Maurice	8	0,7	−2,0	–	–
Mozambique	366	2,0	0,8	0,2	7,2
Ouganda	529	2,3	−0,6	217,3	218,1
Réunion	106	14,7	2,5	–	–
Rwanda	89	1,2	62,8	30,9	71,1
Somalie	22	0,2	1,7	0,2	32,5
Soudan	780	2,5	−2,6	328,0	352,0
Tanzanie	893	2,5	−1,4	689,4	689,6
Zambie	377	3,6	1,4	246,8	247,7
Zimbabwe	656	5,2	−0,2	9,4	10,0
Afrique australe					
Afrique du Sud	1303	3,0	−0,1	23,3	75,8
Botswana	52	3,4	−1,0	2,8	3,8
Lesotho	6	0,3	−3,4	–	–
Namibie	143	8,1	0,6	21,7	23,4
Swaziland	42	4,5	−1,2	0,7	1,0

[a] Défini comme le nombre de personnes nées à l'étranger.
[b] Défini comme le nombre annuel d'immigrants moins le nombre annuel d'émigrants divisé par la population totale moyenne du pays en 2000.
[c] Personnes ayant un statut de réfugié selon les diverses conventions internationales en vigueur.
[d] Total des réfugiés étrangers, des demandeurs d'asile, des réfugiés de retour, des individus déplacés à l'intérieur du pays, sous protection ou assistance du HCR.

Sources : Nations unies (2002b) pour le stock de migrants et les taux de migration ; HCR (2004) pour les réfugiés et la population sous statut HCR.

TABLEAU A.13. – INDICATEURS DE DÉVELOPPEMENT (ÉCONOMIE, ÉDUCATION, DÉVELOPPEMENT HUMAIN ET PAUVRETÉ) DANS 47 PAYS D'AFRIQUE SUB-SAHARIENNE VERS 2001

Sous-régions et pays	% de population urbaine en 2001[a]	RNB/hab. en 2002[b] $ US PPA	% d'analphabètes à 15 ans et plus en 2000	Taux net de scolarisation primaire en 2000 (%)	Indicateur de développement humain[c]			Indicateur de pauvreté humaine en 2000[e]	Indicateur sexo-spécifique du développement humain en 2001[f]
					1980	2001	Rang mondial en 2001[d]		
Afrique de l'Ouest									
Bénin	43	1030	63	70	0,322	0,411	159	46	0,395
Burkina Faso	17	1020	76	36	0,260	0,330	173	59	0,317
Cap-Vert	64	4870	26	99	0,593	0,727	103	20	0,719
Côte d'Ivoire	44	1470	51	62	0,413	0,396	161	45	0,376
Gambie	31	1730	63	69	0,291	0,463	151	46	0,457
Ghana	36	1980	28	58	0,464	0,567	129	46	0,564
Guinée	28	1980	–	47	–	0,425	157	–	–
Guinée-Bissau	32	710	62	54	0,267	0,373	166	48	0,353
Liberia	46	–	46	–	–	–	–	–	–
Mali	31	810	74	38[g]	0,261	0,337	172	55	0,327
Mauritanie	59	1680	60	64	0,369	0,454	154	49	0,445
Niger	21	770	84	30	0,262	0,292	174	62	0,279
Nigeria	45	830	36	–	0,384	0,463	152	34	0,450
Sénégal	48	1560	63	63	0,328	0,430	156	45	0,420
Sierra Leone	37	480	–	–	–	0,275	175	–	–
Togo	34	1420	43	86	0,450	0,501	141	39	0,483
Afrique centrale									
Angola	35	1550	–	37	–	0,377	164	–	–
Cameroun	50	1670	29	71[g]	0,445	0,499	142	36	0,488
Centrafrique	42	1180	53	55	0,356	0,363	168	48	0,352
Congo	66	580	19	–	0,506	0,502	140	32	0,496
Congo (RD)	31	–	39	52[h]	0,426	0,363	167	43	0,353
Gabon	82	5460	–	88	–	0,653	118	–	–
Guinée équatoriale	49	5640	17	72	–	0,664	116	–	–
Sao Tomé-et-Principe	48	–	–	–	–	0,639	122	–	–
Tchad	24	930	57	58	0,265	0,376	165	50	0,366

Sous-régions et pays	% de population urbaine en 2001[a]	RNB/hab. en 2002[b] $ US PPA	% d'analphabètes à 15 ans et plus en 2000	Taux net de scolarisation primaire en 2000 (%)	Indicateur de développement humain[c] 1980	Indicateur de développement humain[c] 2001	Rang mondial en 2001[d]	Indicateur de pauvreté humaine en 2000[e]	Indicateur sexo-spécifique du développement humain en 2001[f]
Afrique de l'Est									
Burundi	9	590	52	54	0,312	0,337	171	46	0,331
Comores	34	1610	44	56	0,485	0,528	134	32	0,521
Djibouti	84	2120	35	33	–	0,462	153	34	–
Érythrée	19	970	44	41	–	0,446	155	42	0,434
Éthiopie	16	710	61	47	0,281	0,359	169	56	0,347
Kenya	34	1020	18	69	0,487	0,489	146	38	0,488
Madagascar	30	870	33	68	0,431	0,468	149	36	0,467
Malawi	15	620	40	–	0,341	0,387	162	47	0,378
Maurice	42	10410	15	95	0,654	0,779	62	11	0,770
Mozambique	33	1000	56	54	0,309	0,356	170	50	0,341
Ouganda	15	1250	33	–	–	0,489	147	37	0,483
Rwanda	6	1000	33	72[g]	0,394	0,422	158	45	0,416
Somalie	28	–	–	–	–	–	–	–	–
Soudan	37	1970	41	55	0,378	0,503	138	32	0,483
Tanzanie	33	540	25	47	–	0,400	160	36	0,396
Zambie	40	790	22	66	0,470	0,386	163	50	0,376
Zimbabwe	36	2340	11	80	0,570	0,496	145	52	0,489
Afrique australe									
Afrique du Sud	58	9510	15	89	0,676	0,684	111	32	0,678
Botswana	49	8810	23	84	0,573	0,614	125	44	0,611
Lesotho	29	2670	17	78	0,517	0,510	137	48	0,497
Namibie	31	6700	18	82	–	0,627	124	38	0,622
Swaziland	27	4690	20	93	0,541	0,547	133	–	0,536
Total Afrique sub-saharienne	38	1620	40	64	–	0,468	–	–	–

(a) Calculs des Nations unies basés sur les définitions nationales.
(b) Revenu brut par habitant calculé par la Banque mondiale en termes de parités de pouvoir d'achat (PPA).
(c) Indicateur synthétique de mesure du développement (IDH), intégrant l'espérance de vie, les taux d'alphabétisation adulte et de scolarisation et le PIB par habitant. Plus il est proche de l'unité, meilleure est la situation : il va dans le monde en 2001 de 0,944 (Norvège) à 0,275 (Sierra Leone).
(d) Sur 175 pays au total.
(e) Indicateur de synthèse de mesure (ISDH) des carences ou insuffisances en matière de santé (mortalité de 0 à 40 ans), d'éducation (analphabétisme des adultes) et de niveau de vie (disponibilité d'eau et malnutrition à moins de 5 ans). Plus il est proche de 0, meilleure est la situation : en 2001, il va dans le monde de 2,5 (Barbade) à 62 (Niger).
(f) Indicateur basé sur les mêmes critères et type de mesure que l'IDH, mais intégrant les inégalités entre hommes et femmes. En 2001, il varie dans le monde de 0,941 (Norvège) à 0,279 (Niger).
(g) Taux net de fréquentation scolaire (7-10 ou 7-12 ans) selon la dernière enquête EDS du pays.
(h) Taux net de scolarisation primaire à 6-11 ans (enquête MICS2 du Congo RD).
Sources : Unesco (2003) pour l'éducation ; PNUD (2003) pour les indices de développement et de pauvreté ; Nations unies (2002d) pour l'urbanisation ; Banque mondiale (2003) pour le revenu brut par habitant.

TABLEAU A.14. – SCOLARISATION ET ALPHABÉTISATION DES ADULTES PAR SEXE EN 2000 (48 PAYS)

Sous-régions et pays	Taux d'alphabétisation à 15 ans et plus en 2000 (%)[a]			Taux net de scolarisation primaire en 2000 (%)[b]			
	M	F	Ensemble	F/M	M	F	Ensemble	F/M
Afrique de l'Ouest								
Bénin	52	24	37	0,45	83	57	70	0,69
Burkina Faso	34	14	24	0,42	42	29	36	0,71
Cap-Vert	85	66	74	0,78	100	100	100	1,00
Côte d'Ivoire	60	37	49	0,63	71	54	62	0,76
Gambie	44	30	37	0,68	71	66	69	0,93
Ghana	80	63	72	0,79	60	57	58	0,95
Guinée	–	–	–	–	52	42	47	0,79
Guinée-Bissau	54	24	38	0,43	63	45	54	0,71
Liberia	70	37	54	0,52	–	–	–	–
Mali	36	16	26	0,45	–	–	–	–
Mauritanie	–	–	40	–	–	–	64	–
Niger	24	9	16	0,36	36	24	30	0,67
Nigeria	72	56	64	0,78	–	–	–	–
Sénégal	47	28	37	0,59	66	60	63	0,90
Sierra Leone	–	–	–	–	–	–	–	–
Togo	72	43	57	0,59	90	82	86	0,91
Afrique centrale								
Angola	–	–	–	–	39	35	37	0,91
Cameroun	79	64	71	0,81	–	–	–	–
Centrafrique	60	35	47	0,58	64	45	55	0,70
Congo	88	74	81	0,85	–	–	–	–
Congo (RD)	73	50	61	0,69	–	–	–	–
Gabon	–	–	–	–	89	87	88	0,98
Guinée équatoriale	93	74	83	0,80	76	68	72	0,89
Sao Tomé-et-Principe	–	–	–	–	–	–	–	–
Tchad	52	34	43	0,66	70	47	58	0,67

Sous-régions et pays	Taux d'alphabétisation à 15 ans et plus en 2000 (%)[a]				Taux net de scolarisation primaire en 2000 (%)[b]			
	M	F	Ensemble	F/M	M	F	Ensemble	F/M
Afrique de l'Est								
Burundi	56	40	48	0,72	59	49	54	0,83
Comores	63	49	56	0,77	60	52	56	0,87
Djibouti	–	–	65	–	–	–	33	–
Érythrée	67	45	56	0,66	44	38	41	0,86
Éthiopie	47	31	39	0,66	53	41	47	0,77
Kenya	89	76	82	0,85	68	69	69	1,02
Madagascar	74	60	67	0,81	67	68	68	1,01
Malawi	75	47	60	0,62	–	–	–	–
Maurice	88	81	85	0,92	95	95	95	1,00
Mozambique	60	29	44	0,48	59	50	54	0,85
Ouganda	78	57	67	0,73	–	–	–	–
Réunion	–	–	–	–	–	–	–	–
Rwanda	74	60	67	0,82	–	–	–	–
Somalie	–	–	–	–	–	–	–	–
Soudan	–	–	41	–	–	–	55	–
Tanzanie	84	67	75	0,79	46	48	47	1,04
Zambie	85	72	78	0,84	66	65	66	0,99
Zimbabwe	93	85	89	0,91	80	80	80	1,00
Afrique australe								
Afrique du Sud	86	85	85	0,98	90	88	89	0,98
Botswana	75	80	77	1,07	83	86	84	1,04
Lesotho	73	94	83	1,29	75	82	78	1,09
Namibie	83	81	82	0,98	79	85	82	1,07
Swaziland	81	79	80	0,97	92	94	93	1,02

[a] Le taux d'analphabétisme (ou proportion d'analphabètes) à 15 ans et plus est la part de la population adulte de 15 ans et plus ne sachant ni lire ni écrire. Le taux d'alphabétisation est son complément.
[b] Le taux net de scolarisation primaire est le rapport entre le nombre d'élèves du groupe d'âges correspondant officiellement à l'école primaire et la population totale de ce groupe d'âges.
Source : Unesco (2003).

RÉFÉRENCES

Cette bibliographie reprend les auteurs cités dans le texte, mais inclut aussi un certain nombre d'articles ou d'ouvrages représentatifs des travaux menés récemment sur la démographie africaine.

ADEPOJU A., 2000, « Issues and recent trends in international migration in sub-Saharan Africa », *International Social Science Journal*, 165, p. 383-394.

ADEPOJU A., C. OPPONG (éd.), 1993, *Gender, Work and Population in sub-Saharan Africa*, Londres, James Currey, 245 p.

ADJAMAGBO A., V. DELAUNAY, 1998, « La crise en milieu rural ouest-africain : implications sociales et conséquences sur la fécondité. Niakhar (Sénégal), Sassandra (Côte d'Ivoire), deux exemples contrastés », in F. Gendreau (éd.), *Crises, pauvreté et changements démographiques dans les pays du Sud*, Paris, Estem, p. 339-355.

AKOTO E.M., D. TABUTIN, 1992, « Socio-economic and cultural differentials in the mortality of sub-Saharan Africa », in E. van de Walle, G. Pison, M. Sala-Diakanda (éd.), *Mortality and Society in sub-Saharan Africa*, Oxford, Clarendon Press, p. 32-64.

ANTOINE P., 2002, « Les complexités de la nuptialité : de la précocité des unions féminines à la polygamie masculine en Afrique », in G. Caselli, J. Vallin, G. Wunsch (éd.), *Démographie : analyse et synthèse. II – Les déterminants de la fécondité*, Paris, Ined, p. 75-102.

ANTOINE P., 2003, « Nuptialité et conditions de vie dans les villes africaines », in T. Eggerickx, C. Gourbin, B. Schoumaker, C. Vandeschrick, É. Vilquin (éd.), *Populations et défis urbains. Actes de la Chaire Quetelet 1999*, Louvain-la-Neuve, Academia-Bruylant/L'Harmattan, p. 581-604.

ANTOINE P., F. DIAL, 2003, *Mariage, divorce et remariage à Dakar et Lomé*, Paris, DIAL (Document de travail, 2003/07), 21 p.

ANTOINE P., D. OUEDRAOGO, V. PICHÉ (ed.), 1999, *Trois générations de citadins au Sahel. Trente ans d'histoire sociale à Dakar et à Bamako*, Paris, L'Harmattan, 282 p.

BANQUE MONDIALE, 2003, *Rapport sur le développement dans le monde 2003. Développement durable dans un monde dynamique*, Washington/Paris, Banque mondiale/ESKA, 292 p.

BARBIERI M., 1994, « Is the current decline in infant and child mortality in sub-Saharan Africa a sign of future fertility change? », in T. Locoh, V. Hertrich (éd.), *The Onset of Fertility Transition in sub-Saharan Africa*, Liège, Derouaux Ordina, p. 21-42.

BEAUCHEMIN C., P. BOCQUIER, 2003, *Migration and Urbanization in Francophone West Africa: A Review of the Recent Empirical Evidence*, Document de travail DIAL, 2003/09, Paris, DIAL (Document de travail, 2003/09), 23 p.

BEAUCHEMIN C., S. HENRY, B. SCHOUMAKER, 2004, « Rural-Urban Migration in West Africa: Toward a Reversal? », communication à la réunion annuelle de la *Population Association of America*, Boston.

BECKER C., A. HAMER, A. MORRISON, 1994, *Beyond Urban Bias in Africa. Urbanization in an Era of Structural Adjustment*, Portsmouth, Heinemann, 294 p.

BENINGUISSE G., 2003, *Entre tradition et modernité. Fondements sociaux de la prise en charge de la grossesse et de l'accouchement au Cameroun*, Louvain-la-Neuve, Academia-Bruylant/L'Harmattan, 297 p.

BIAYE M., 1994, *Inégalités sexuelles en matière de santé, de morbidité et de mortalité dans l'enfance dans trois pays de l'Afrique de l'Ouest*, Louvain-la-Neuve, Academia-Bruylant/L'Harmattan, 292 p.

BIRABEN J.-N., 2003, « L'évolution du nombre des hommes », *Population et Sociétés*, n° 394, 4 p.

BLEDSOE C., G. PISON (éd.), 1994, *Nuptiality in sub-Saharan Africa. Contemporary Anthropological and Demographic Perspectives*, Oxford, Clarendon Press, 326 p.

BOCQUIER P., 2003, « L'urbanisation a-t-elle atteint son niveau de saturation en Afrique de l'Ouest? », in T. Eggerickx, C. Gourbin, B. Schoumaker, C. Vandeschrick, É. Vilquin (éd.), *Populations et défis urbains. Actes de la Chaire Quetelet 1999*, Louvain-la-Neuve, Academia-Bruylant/L'Harmattan, p. 135-163.

BOCQUIER P., S. TRAORÉ, 1996, « Migrations en Afrique de l'Ouest : de nouvelles tendances », *La Chronique du Ceped*, n° 20.

CAHIERS QUÉBÉCOIS DE DÉMOGRAPHIE, 1992, *Démographie sociale en Afrique*, 21(1), 211 p.
CALDWELL J., I.O. ORULULOYE, P. CALDWELL, 1992, « Fertility decline in Africa: a new type of transition? », *Population and Development Review*, 18(2), p. 211-239.
CALVÈS A.-E., 2002, « Abortion risks and abortion decision among African youth: Evidence from urban Cameroon », *Studies in Family Planning*, 33(3), p. 249-260.
CEPED, 1994, *La démographie de 30 États d'Afrique et de l'Océan indien*, Paris, Ceped, 351 p.
CERPOD, 1995, *Migrations et urbanisation en Afrique de l'Ouest. Résultats préliminaires*, Bamako, Cerpod, 30 p.
CHEN N., P. VALENTE, H. ZLOTNIK, 1998, « What do we know about recent trends in urbanization? », in R. Bilsborrow (éd.), *Migration, Urbanization and Development: New Directions and Issues*, Dordrecht, UNFPA-Kluwer, p. 59-88.
CLELAND J., N. ONUOHA, I. TIMAEUS, 1994, « Fertility change in sub-Saharan Africa: a review of the evidence », in T. Locoh, V. Hertrich (éd.), *The Onset of Fertility Transition in sub-Saharan Africa*, Liège, Derouaux Ordina, p. 1-20.
COHEN B., 1998, « The emerging fertility transition in sub-Saharan Africa », *World Development*, 26(8), p. 1431-1461.
COHEN D., E. REID, 1999, « The vulnerability of women: is this a useful construct for policy and programming? », in C. Becker, J.-P. Dozon, C. Obbo, M. Touré (éd.), *Vivre et penser le sida en Afrique*, Paris, Karthala-Codesria-IRD, p. 377-388.
COQUERY-VIDROVITCH C., 1988, « Les populations africaines du passé », in D. Tabutin (éd.), *Population et sociétés en Afrique au sud du Sahara*, Paris, L'Harmattan, p. 51-72.
CORDELL D., 2001, « Population and demographic dynamics in sub-Saharan Africa in the second millenium », communication au séminaire *The History of World Population in the Second Millenium*, Florence, UIESP.
CORDELL D., J. GREGORY, V. PICHÉ, 1998, *Hoe and Wage: A Social History of a Circular Migration System in West Africa, 1900-1975*, Boulder, Westview Press, 384 p.
COUSSY J., J. VALLIN (éd.), 1996, *Crise et population en Afrique*, Paris, Ceped, 580 p.
DELAUNAY V., 1994, *L'entrée en vie féconde*, Paris, Ceped, 326 p.
DESCLAUX A., TAVERNE B., 2000, *Allaitement et VIH en Afrique de l'Ouest*, Paris, Karthala (Coll. Médecines du monde), 556 p.
DONADJÉ F., 1992, *Nuptialité et fécondité des hommes au Sud-Bénin : une approche des stratégies de reproduction au Bénin*, Institut de démographie, Université catholique de Louvain-la-Neuve, Academia-Erasme, 222 p.
DUBRESSON A., 2003, « L'Afrique sub-saharienne face au défi urbain », in T. Eggerickx, C. Gourbin, B. Schoumaker, C. Vandeschrick, É. Vilquin (éd.), *Populations et défis urbains. Actes de la Chaire Quetelet 1999*, Louvain-la-Neuve, Academia-Bruylant/L'Harmattan, p. 51-78.
EVINA A., 1994, « Infertility in sub-Saharan Africa », in T. Locoh, V. Hertrich (ed.), *The Onset of Fertility Transition in sub-Saharan Africa*, Liège, Derouaux Ordina, p. 251-266.
FEENEY G., 2001, « The impact of HIV/AIDS on adult mortality in Zimbabwe », *Population and Development Review*, 27(4), p. 771-780.
FERRY B., 2002, « L'impact démographique du VIH/SIDA », *La Chronique du Ceped*, n° 44.
FOOTE K., K. HILL, L. MARTIN (éd.), 1996, *Changements démographiques en Afrique sub-saharienne*, Paris, Ined (Coll. Travaux et documents, Cahier n° 135), 372 p.
GENDREAU F., 1993, *La population de l'Afrique. Manuel de démographie*, Paris, Karthala-Ceped, 463 p.
GUILLAUME A., 2003a, *L'avortement en Afrique. Une revue de la littérature des années 1990 à nos jours*, Paris, Ceped (CD-Rom).
GUILLAUME A., 2003b, « Le rôle de l'avortement dans la transition de la fécondité à Abidjan au cours des années 1990 », *Population*, 58(6), p. 741-772.
GUILLAUME A., A. DESGRÉES DU LOÛ, 2002, « Fertility regulation among women in Abidjan, Côte d'Ivoire: contraception, abortion or both? », *International Family Planning Perspectives*, 28(3), p. 159-166.
HAMILTON K., 1997, « Europe, Africa, and international migration: an uncomfortable triangle of interests », *PSTC Working Paper, 97-02*, Providence, Brown University, 44 p.
HCR, 2004, *Statistical Yearbook 2002. Trends in displacement, protection and solutions*, Haut Commissariat des Nations unies pour les réfugiés, Genève, 542 p.
HERTRICH V., 2001, « Nuptialité et rapports de genre en Afrique. Un bilan des tendances de l'entrée en union au cours des 40 dernières années », communication au colloque international *Genre, population et développement en Afrique*, Abidjan, UEPA/Ined/ENSEA/Iford.

HUGON P., 1996, « Les systèmes éducatifs africains dans un contexte de récession et d'ajustement », *in* J. Coussy, J. Vallin (éd.), *Crise et population en Afrique*, Paris, Ceped, p. 209-231.

JOLLY C., J. GRIBBLE, 1996, « Les déterminants proches de la fécondité », *in* K. Foote, K. Hill, L. Martin (éd.), *Changements démographiques en Afrique sub-saharienne*, Paris, Ined, p. 71-117.

KLISSOU P., 1995, *La polygamie au Bénin. Une approche régionale des tendances et des déterminants,* Louvain-la-Neuve, Academia-Bruylant/L'Harmattan, 257 p.

KOBIANÉ J.-F., 2001, « Revue générale de la littérature sur la demande d'éducation en Afrique », *in* M. Pilon, Y. Yaro (éd.), *La demande d'éducation en Afrique. État des connaissances et perspectives de recherche*, Dakar, UEPA (Coll. Réseaux thématiques de recherche de l'UEPA, n° 1), p. 19-47.

KUATE-DEFO B. (éd.), 1998, *Sexualité et santé reproductive durant l'adolescence en Afrique*, Montréal, Ediconseil, 394 p.

LANGE M.-F., 2001, « L'évolution des inégalités d'accès à l'instruction en Afrique depuis 1960 », communication au colloque international *Genre, population et développement en Afrique*, Abidjan, UEPA/Ined/ENSEA/Iford.

LARSEN U., 1994, « Sterility in sub-Saharan Africa », *Population Studies*, 48(3), p. 459-474.

LESTHAEGHE R. (éd.), 1989, *Reproduction and Social Organization in sub-Saharan Africa*, Berkeley, University of California Press, 556 p.

LESTHAEGHE R., G. KAUFMANN, D. MEEKERS, 1989, « The nuptiality regimes in sub-Saharan Africa », *in* R. Lesthaeghe (éd.), *Reproduction and Social Organization in sub-Saharan Africa*, Berkeley, University of California Press, p. 238-337.

LOCOH T., 1996, « Changements des rôles masculins et féminins dans la crise : la révolution silencieuse », *in* J. Coussy, J. Vallin (éd.), *Crise et population en Afrique*, Paris, Ceped, p. 445-469.

LOCOH T., V. HERTRICH (éd.), 1994, *The Onset of Fertility Transition in sub-Saharan Africa*, Liège, Derouaux Ordina, 305 p.

LOHLÉ-TART L., M. FRANÇOIS, 1999, *État civil et recensements en Afrique francophone*, Paris, Ceped (Les documents et manuels du Ceped, n° 10), 564 p.

MAKINWA-ADEBUSOYE P., 1992, « The West African migration system », *in* M. Kritz, L. Lim, H. Zlotnik (éd.), *International Migration Systems. A Global Approach*, Oxford, Clarendon Press, p. 63-79.

MARCOUX R., 1997, « Nuptialité et maintien de la polygamie en milieu urbain au Mali », *Cahiers québécois de démographie*, 26(2), p. 191-215.

MATHIEU P., D. TABUTIN, 1996, « Démographie, crise et environnement dans le monde rural africain », *in* J. Coussy, J. Vallin (éd.), *Crise et population en Afrique*, Paris, Ceped, p. 123-160.

MESLÉ F., 2003, « La transition sanitaire. Progrès et résistance en Afrique », communication au colloque *Questions de population au Mali. Des enjeux internationaux aux perspectives locales,* Bamako.

NATIONAL RESEARCH COUNCIL, 1993a, *Demographic Effects of Economic Reversals in sub-Saharan Africa*, Washington, National Academy Press, 193 p.

NATIONAL RESEARCH COUNCIL, 1993b, *Factors Affecting Contraceptive Use in sub-Saharan Africa*, Washington, National Academy Press, 252 p.

NATIONS UNIES, 1990, *Patterns of First Marriage: Timing and Prevalence*, New York, Nations unies, 328 p.

NATIONS UNIES, 1998, « Levels and trends of sex differentials in infant, child and under-five mortality », *in* Nations unies, (éd.), *Too Young to Die: Genes or Gender?* New York, Nations unies, p. 84-108.

NATIONS UNIES, 2002a, *HIV/AIDS and Fertility in sub-Saharan Africa. A Review of the Research Literature*, New York, Nations unies, 10 p.

NATIONS UNIES, 2002b, *International Migration Report*, New York, Nations unies, 62 p.

NATIONS UNIES, 2002c, *World Population Prospects. The 2000 Revision, volume 3, Analytical Report*, New York, Nations unies, 265 p.

NATIONS UNIES, 2002d, *World Urbanization Prospects. The 2001 Revision,* New York, Nations unies, 321 p.

NATIONS UNIES, 2003a, *Population, Education and Development*, New York, Nations unies, 56 p.

NATIONS UNIES, 2003b, *World Population Prospects. The 2002 Revision*, New York, Nations unies, 781 p. + 939 p.

OMS, 2003, *Maternal Mortality in 2000: Estimates Developed by WHO, UNICEF and UNFPA*, Genève, Organisation mondiale de la santé, 39 p.
ONUSIDA, 2003, *Le point sur l'épidémie de sida*, Genève, Onusida/OMS, 48 p.
PAGE H., R. LESTHAEGHE (éd.), 1981, *Child-Spacing in Tropical Africa: Tradition and Change*, New York, Academic Press, 322 p.
PICHÉ V., E.K. VIGNIKIN, M. GUÈYE, R. MARCOUX, M.K. KONATÉ, 2001, « Migration et transition démographique en Afrique », *in* F. Gendreau (éd.), *Les transitions démographiques des pays du Sud*, Paris, Estem, p. 65-78.
PILON M., R. CLIGNET, 2001, « Questionnements méthodologiques sur la mesure des inégalités de scolarisation entre garçons et filles », communication au colloque international *Genre, population et développement en Afrique*, Abidjan, UEPA/Ined/ENSEA/Iford.
POTTS D., 1995, « Shall we go home? Increasing urban poverty in African cities and migration processes », *Geographical Journal*, 161(3), p. 245-264.
POTTS D., 2000, « Urban unemployment and migrants in Africa: evidence from Harare, 1985-1994 », *Development and Change*, vol. 31(4), p. 879-910.
PNUD, 2003, *Rapport mondial sur le développement humain*, Paris, Economica, 162 p.
RANDALL S., T. LEGRAND, 2003, « Stratégies reproductives et prise de décision au Sénégal : le rôle de la mortalité des enfants », *Population*, 58(6), p. 773-806.
SALA-DIAKANDA M., 1980, *Approche ethnique des phénomènes démographiques : le cas du Zaïre*, Louvain-la-Neuve, Cabay, 433 p.
SCHOUMAKER B., 2004, « Poverty and fertility in sub-Saharan Africa. Evidence from 25 countries », communication à la réunion annuelle de la *Population Association of America*, Boston.
SCHOUMAKER B., D. TABUTIN, M. WILLEMS, 2004, « Dynamiques et diversités démographiques dans le monde (1950-2000) », *in* G. Caselli, J. Vallin, G. Wunsch (éd.), *Démographie : analyse et synthèse. V – Histoire du peuplement et prévisions*, Paris, Ined, p. 213-247.
SHAPIRO D., B.O. TAMBASHE, 2003a, « Villes et transition de la fécondité en Afrique au sud du Sahara », *in* T. Eggerickx, C. Gourbin, B. Schoumaker, C. Vandeschrick, É. Vilquin (éd.), *Populations et défis urbains. Actes de la Chaire Quetelet 1999*, Louvain-la-Neuve, Academia-Bruylant/L'Harmattan, p. 605-625.
SHAPIRO D., B.O. TAMBASHE, 2003b, *Kinshasa in Transition. Women's Education, Employment, and Fertility*, Chicago, Chicago University Press, 279 p.
TABUTIN D. (éd.), 1988, *Population et sociétés en Afrique au sud du Sahara*, Paris, L'Harmattan, 551 p.
TABUTIN D., 1997, « Les transitions démographiques en Afrique sub-saharienne. Spécificités, changements... et incertitudes », *Actes du Congrès international de la population*, Beijing, UIESP, vol. 1, p. 219-247.
TABUTIN D., G. BENINGUISSE, C. GOURBIN, 2001, « Surmortalité et santé des petites filles en Afrique. Tendances des années 1970 aux années 1990 », communication au colloque international *Genre, population et développement en Afrique*, Abidjan, UEPA/Ined/ENSEA/Iford.
TABUTIN D., B. SCHOUMAKER, 2001, « Une analyse régionale des transitions de fécondité en Afrique sub-saharienne », communication au *Congrès général de l'UIESP*, Salvador de Bahia (Brésil).
TABUTIN D., M. WILLEMS, 1995, « Excess female child mortality in the developing world in the 1970s and 1980s », *Population Bulletin of the United Nations*, 39, p. 45-78.
THIERRY X., 2001, « Les entrées d'étrangers en France de 1994 à 1999 », *Population*, 56(3), p. 423-450.
THIOMBIANO B., 2004, *Les ruptures d'union au Burkina Faso. Une analyse biographique*, mémoire de DEA, Institut de démographie, Université catholique de Louvain-la-Neuve, 80 p.
TIMAEUS I., 1999, « Adult mortality in Africa in the era of AIDS », *in* UEPA (éd.), *Actes de la IIIe conférence africaine de population*, vol. 2, Durban, UEPA, p. 375-395.
UNESCO, 2003, *Genre et éducation pour tous. Le pari de l'égalité*, Paris, Unesco, 432 p.
VALLIN J. (éd.), 1994, *Populations africaines et sida*, Paris, La Découverte/Ceped, 223 p.
VAN DE WALLE E., 1996, « L'âge au mariage : tendances récentes », *in* K. Foote, K. Hill, L. Martin (éd.), *Changements démographiques en Afrique sub-saharienne*, Paris, Ined, p. 119-154.

VAN DE WALLE E., F. VAN DE WALLE, 1988, « Les pratiques traditionnelles et modernes des couples en matière d'espacement ou d'arrêt de la fécondité », *in* D. Tabutin (éd.), *Population et sociétés en Afrique au sud du Sahara*, Paris, L'Harmattan, p. 141-165.
VAN DE WALLE E., D. FOSTER, 1990, « Fertility decline in Africa. Assessment and prospects », Washington, The World Bank (World Bank Technical Paper, 125), 125 p.
VAN DE WALLE E., G. PISON, M. SALA-DIAKANDA (éd.), 1992, *Mortality and Society in sub-Saharan Africa*, Oxford, Clarendon Press, 450 p.
VIMARD P., 1996, « Évolution de la fécondité et crises africaines », *in* J. Coussy, J. Vallin (éd.), *Crise et population en Afrique*, Paris, Ceped, p. 293-318.
VIMARD P., B. ZANOU (éd.), 2000, *Politiques démographiques et transition de la fécondité en Afrique*, Paris, L'Harmattan, 298 p.
WAKAM J., 1994, *De la pertinence des théories « économistes » de fécondité dans le contexte socio-culturel camerounais et négro-africain*, Yaoundé, Iford (Les Cahiers de l'Iford, n° 8), 527 p.
ZLOTNIK H., 1993, « South-to-North migration since 1960: the view from the South », *Congrès international de la population*, Montréal, UIESP.
ZLOTNIK H., 1996, « Migration to and from developing regions: a review of past trends », *in* W. Lutz (éd.), *The Future Population of the World. What Can we Assume Today?* Londres, Earthscan, p. 299-335.
ZLOTNIK H., 2003, « Migrants'right, forced migration and migration policy in Africa », communication à la *Conference on African Migration in Comparative Perspective,* Johannesburg.

Dominique TABUTIN, Institut de démographie, UCL, Louvain-la-Neuve, Belgique, courriel : tabutin@demo.ucl.ac.be

TABUTIN Dominique, SCHOUMAKER Bruno.— **La démographie de l'Afrique au sud du Sahara des années 1950 aux années 2000. Synthèse des changements et bilan statistique**

Consacrée à l'Afrique au Sud du Sahara (48 pays, 730 millions d'habitants), cette chronique propose à la fois une synthèse des grands changements sociodémographiques et sanitaires depuis les années 1950 et un bilan statistique rassemblant les données récentes les plus fiables sur chaque pays. Y sont notamment examinés les effectifs et les structures de la population, la fécondité et ses variables intermédiaires, la nuptialité, la mortalité, la santé des enfants, les migrations et déplacements de population, l'urbanisation et l'accès à l'éducation. Si l'Afrique conserve la croissance démographique la plus rapide du monde et a la population la plus jeune, de nombreux changements sont en cours; mais ils se font, selon les pays, les régions et les milieux d'habitat, à des rythmes variables, conduisant à une diversification croissante des régimes démographiques africains. Parmi les grandes tendances, on observe une baisse de la fécondité pour l'ensemble de l'Afrique depuis une quinzaine d'années, avec des déclins rapides dans quelques pays mais aussi une stagnation dans une quinzaine d'autres. Les âges au mariage augmentent dans la plupart des pays, mais la polygamie résiste plutôt bien. La mortalité des adultes et des enfants a sensiblement baissé depuis quarante ans, à des rythmes toutefois variables et avec de récents et préoccupants retournements de tendance dans les pays les plus touchés par le sida. L'urbanisation se poursuit. L'accès à l'éducation, notamment des femmes, demeure un problème réel. En définitive, la situation de l'Afrique sub-saharienne s'est améliorée depuis les années 1950 ou 1960, mais les progrès – plus modérés que dans les autres régions du monde – apparaissent comme fragiles ou incertains dans le contexte actuel de crise économique, de pauvreté et de pandémie de sida.

TABUTIN Dominique, SCHOUMAKER Bruno.— **The Demography of Sub-Saharan Africa from the 1950s to the 2000s. A Survey of Changes and a Statistical Assessment**

This chronicle is focused on sub-Saharan Africa (48 nations, 730 million people) and includes both a summary of the major socio-demographic and health changes since the 1950s and a statistical survey based on the most reliable recent data on each nation. Particular attention has been given to the size and structure of the population, fertility and its intermediate variables, nuptiality, mortality, child health, migration and population movements, urbanization and access to education. Even though Africa still has the most rapid growth and the youngest population in the world, many changes are in progress. They occur at different speed depending on the country, the region, and the type of residence. As a result, African demographic regimes are diversifying. One major trend is the decline of fertility that has been observed for Africa as a whole for the last fifteen years, with rapid declines in a few countries, but also stagnation in about fifteen others. The age at first marriage is increasing in most countries, but polygyny is resisting rather well. Adult and child mortality have decreased markedly over the last forty years, though at a different pace and with worrisome reversals of trends in recent times in the countries most affected by AIDS. Access to education, particularly for women, is still an issue. The overall situation in sub-Saharan Africa has improved since the 1950s or 1960s, but progress is slower than in other regions in the world and appears reversible or uncertain in the current context of economic crisis, poverty and the AIDS pandemic.

TABUTIN Dominique, SCHOUMAKER Bruno.— **La demografía de África Subsahariana desde los años cincuenta hasta el 2000. Síntesis de los cambios y balance estadístico**

Esta crónica presenta una síntesis de los grandes cambios socio-demográficos y sanitarios que han tenido lugar en (el) África Subsahariana (48 países, 730 millones de habitantes) desde los años cincuenta y ofrece un balance estadístico de los datos recientes más fiables de cada país. Examinamos los efectivos y las estructuras de población, la fecundidad y sus variables intermedias, la nupcialidad, la mortalidad, la salud infantil, las migraciones y movimientos de población, la urbanización y el acceso a la educación. Aunque África mantiene el crecimiento demográfico más rápido del mundo y la población más joven, se están produciendo muchos cambios, el ritmo de los cuales varía según el país, la región y el tipo de residencia; tales diferencias están conduciendo a una diversificación creciente de los regímenes demográficos africanos. Entre las tendencias más importantes destaca la baja de la fecundidad para el conjunto de África en los últimos quince años, con disminuciones rápidas en ciertos países y un estancamiento en una quincena de países. La edad al matrimonio aumenta en la mayoría de países, pero la poligamia se mantiene. La mortalidad infantil y adulta ha disminuido ligeramente en los últimos cuarenta años, a ritmos variables y con retrocesos recientes y preocupantes en los países más afectados por el SIDA. El acceso a la educación sigue siendo un problema, especialmente entre las mujeres. En resumen, la situación demográfica de África Subsahariana ha mejorado desde los años cincuenta o sesenta, pero las mejoras –más moderadas que en otras regiones del mundo- aparecen frágiles o inciertas en el contexto actual de crisis económica, pobreza y epidemia del SIDA.

BIBLIOGRAPHIE CRITIQUE

Coordonnée par P. SIMON
Unité « Migrations internationales et minorités », Ined
Migrations, intégration, discriminations

*Responsable de la rubrique : Kamel KATEB
avec le concours de Dominique DIGUET
du service de la Documentation de l'Ined*

REA Andréa, TRIPIER Maryse, *Sociologie de l'immigration*, Paris, La Découverte (Coll. Repères, 364), 2003, 123 p.

Avec une rétrospective des travaux de recherche consacrés aux migrations, les auteurs visent à étudier la manière dont la sociologie a appréhendé l'analyse des processus d'installation des migrants et les formes de leur insertion dans l'espace social et national des pays d'arrivée. Pour atteindre cet objectif, elles se proposent d'étudier les débats théoriques induits par les travaux empiriques sur les migrants et leur intégration, en veillant à ne pas faire abstraction des contextes politiques et historiques qui leur ont donné naissance. La comparaison des analyses sociologiques effectuées aux États-Unis et en France permet aux auteurs de mettre en évidence la convergence des « questions posées par l'objet étudié » mais aussi et surtout la « diversité des réponses concernant la manière dont les sociétés civiles et les États incluent ou non les immigrés et leurs descendants ».

La différence fondamentale entre les recherches américaines (celles de l'école de Chicago notamment) et européennes touche à l'orientation de l'analyse : pour les Américains, elle part du bas, elle concerne les immigrés et leur communauté, et les processus collectifs centrés sur les groupes ethniques sont déterminants ; pour les Européens, au contraire, l'analyse part du haut, elle se focalise sur l'État et ses institutions pour se diriger ensuite « vers le marché de l'emploi et les positions qu'y occupent les migrants et leurs descendants ». En France, plus particulièrement, « la sociologie renoue alors avec une tradition française qui accorde aux politiques publiques un poids déterminant ». Alors que les recherches sur l'immigration sont une partie constitutive de la sociologie américaine, elles sont tardives en Europe, dont les pays ont des traditions d'émigration, à l'exception de la France, « pays d'immigration qui s'ignore ». Les travaux sur l'immigration ne démarrent véritablement que dans les années 1970. Ce retard s'expliquerait en partie par la mobilisation des intellectuels européens autour de « la question sociale et du devenir des conflits de classe ».

Les auteurs esquissent une histoire de la pensée sociologique de l'immigration en France et aux États-Unis. Dans ce dernier pays, les travaux de l'école de Chicago ont été les plus marquants ; le *melting-pot*, les théories de l'assimilation de Park, celle des étapes de Milton Gordon (1964) ou celle des générations de H. Gans (1979) se heurtent à la situation particulière des Noirs dans la société américaine et ouvrent la voie à la théorie de « l'assimilation segmentée » (Portes et Zhou, 1993). Les analyses ethniques et raciales ont favorisé les approches reposant sur le multiculturalisme et l'identité. L'analyse des discriminations qui en découle conduit à la reformulation des problèmes d'intégration et d'assimilation. Les auteurs montrent que l'intégration ne relève pas de la seule volonté des migrants mais aussi de la volonté des pays d'accueil de leur reconnaître une place légitime en tant que citoyens et en tant que nationaux. En France, c'est la présence des immigrés issus des anciennes colonies (A. Sayad, P. Simon, V. De Rudder) qui a fait évoluer les recherches sociologiques de l'analyse des rapports de classe vers une approche en termes d'ethnicité et de rapports de domination ; la critique des politiques publiques contre les discriminations pose le problème de la désignation et de la catégorisation des communautés immigrées, ce qui facilite la transposition des innovations de l'école de Chicago dans les travaux de recherche en France. Selon les auteurs, le point d'achoppement est sans nul doute la difficulté du passage « de l'origine géographique, actuellement recensée, à l'identité culturelle ou à l'appartenance ethnique ou raciale », pourtant nécessaire à la mise en évidence des discriminations et stigmatisations.

En conclusion, en sociologie de l'immigration, la question centrale évolue progressivement vers l'analyse des relations entre identité ethnique, nationalité et citoyenneté. Les problèmes de mobilisation des réseaux, de transnationalité et les diasporas mobilisent l'attention des chercheurs, mais « toutefois, l'étude des liens et des flux entre pays de départ et d'installation n'a pas encore fait l'objet de conceptualisations unifiées bien que des auteurs, comme Sayad, l'aient déjà pratiquée et nous y convient ».

Kamel KATEB

MORGENROTH Klaus, VAISS Paul, FARRÉ Joseph (dir.), *Les migrations du travail en Europe*, Bern, Peter Lang, 2003, 225 p.

Cet ouvrage est le premier volume de la collection Travaux du Centre de recherches interdisciplinaires et plurilingues en langues étrangères appliquées, placée sous la direction de Klaus Morgenroth (université Grenoble III) et Paul Vaiss (université de Paris X). Il rassemble les communications présentées lors du colloque organisé les 9 et 10 novembre 2001 à l'université Paris X, enrichies d'autres articles. Les auteurs, historiens, sociologues et spécialistes des langues étrangères, traitent des migrations de travail en Europe sous de nombreux aspects : possibilités d'emploi offertes aux étrangers sur les marchés du travail européens ; transformations des mouvements et des champs migratoires ; modes d'intégration des étrangers et des minorités « ethniques » ; attitude des nouveaux pays d'immigration en Europe (Espagne, Russie) à l'égard de l'accueil, l'installation et l'intégration des immigrés ; incidence de l'éclatement d'un empire (Union soviétique) sur la gestion des mobilités territoriales et des flux migratoires ; questions interculturelles et linguistiques posées par l'immigration, et leurs conséquences sur le devenir linguistique de l'Europe.

L'ouvrage est constitué de deux parties. La première est consacrée aux aspects généraux de l'immigration en Europe. Les deux premiers articles de Klaus J. Bade (université d'Osnabrück) et Herman Obdeijn (université de Leyde) reviennent sur les grandes transformations historiques des migrations internationales en Europe, les contextes démographiques, sociologiques qui ont accompagné ces mouvements ainsi que sur les constructions véhiculées par les discours politiques autour de la question migratoire : la figure de l'immigré, la peur du Sud et de l'Est, les migrations illégales et les pressions migratoires. Cette analyse faite, Klaus J. Bade plaide pour l'élaboration d'une politique migratoire « digne de ce nom [... qui permettrait de] donner réellement ses chances à une immigration régulière bien que limitée ». Herman Obdeijn, de son côté, voit dans la permanence des inégalités entre le monde industrialisé et les pays en développement le facteur d'une pérennisation des migrations. En termes de politique d'accueil, les deux auteurs privilégient une « approche positive » qui permette de régulariser les mouvements migratoires au profit des pays d'accueil. Le troisième article, de Paul Vaiss (université de Paris X), est consacré à la minorité asiatique aux États-Unis ; il analyse – et relativise – le succès de l'intégration des Asiatiques dans ce pays pour retenir ce que ce modèle est susceptible d'apporter aux Européens, qui rencontrent des difficultés à intégrer leurs étrangers. La contribution de Jean-René Ladmiral (université de Paris X) revient sur la dimension interculturelle des migrations en Europe, qu'il traite selon une approche linguistique. Ce n'est pas la diversité des langues qui pose problème en Europe, car l'Europe, de par son histoire, connaît une pluralité linguistique. C'est beaucoup plus des modes de socialisation linguistique, de communication interculturelle, des niveaux des contacts linguistiques qui s'établissent entre les étrangers et les habitants des pays d'accueil que dépendra le devenir linguistique de l'Europe.

La seconde partie, à partir d'études de cas nationaux et régionaux, répond à un ensemble d'interrogations. Ces études de cas, non seulement mettent au jour la diversité des contextes migratoires en Europe, mais rendent aussi compte de la diversité des caractéristiques des populations immigrées et de la multiplicité des politiques d'accueil et d'intégration.

Le premier article, de Didier Lassalle (université de Paris X), qui revient sur la politique d'intégration des minorités ethniques au Royaume-Uni, met en évidence le rôle de l'État en tant qu'employeur dans sa lutte contre la sous-représentation des minorités ethniques dans différents secteurs d'activités. Après un inventaire des différentes actions publiques visant à réduire les disparités entre les individus face à l'emploi eu égard à leur origine ethnique, l'auteur évalue l'impact de ces programmes. Certes, ils ont permis une meilleure intégration dans le marché de l'emploi des personnes issues des minorités, mais il n'empêche que ces dernières restent les plus vulnérables face au chômage. Leur taux de chômage est ainsi deux fois supérieur à celui des « Blancs ». Si les mesures d'égalité des chances prises dans la fonction publique sont « destinées à servir d'exemple au secteur privé et à encourager sa mutation dans ce domaine », beaucoup reste à faire : l'intégration des minorités nécessite sans doute plus que des actions « spécifiques » de l'État.

Le deuxième article, de Klaus Morgenroth (université Stendhal-Grenoble III), rend compte de la « nouvelle » approche allemande des migrations et du mode d'intégration des étrangers dans ce pays. À partir de 2001, l'Allemagne, qui jusqu'alors ne se déclarait pas pays d'immigration, fait état de ses besoins en main-d'œuvre étrangère, principalement « hautement qualifiée ». L'autre nouveauté de la politique d'immigration est l'accent mis sur l'apprentissage de la langue allemande comme facteur d'intégration des étrangers ; sont concernées les personnes récemment arrivées en Allemagne, mais aussi celles qui y séjournent depuis longtemps. L'apprentissage de la langue allemande ne signifie pas que les immigrés doivent renoncer à leur langue et à leur culture d'origine. Au contraire, il s'agit d'une vision réconciliatrice : le bilinguisme et la double appartenance culturelle doivent permettre une meilleure intégration des étrangers, grâce à l'établissement de nouveaux rapports entre langue et culture du pays d'accueil et langue et culture du pays d'origine.

Le troisième article s'intéresse à la transformation de l'Espagne d'une terre d'émigration en une terre d'immigration. Selon J. Martinez Dorronsoro (université de Paris I), ce renversement est une conséquence directe de l'intégration de l'Espagne à la Communauté européenne ; il trouve ses justifications aussi bien dans les transformations de l'économie espagnole que dans la segmentation du marché du travail, le déclin démographique et la globalisation économique. Actuellement, un peu plus de 40 % des étrangers résidant en Espagne sont originaires de l'Union européenne et 27 % sont venus d'Afrique. Les immigrés sont surtout de jeunes adultes, et parmi eux, on compte plus de femmes que d'hommes. Ils se répartissent inégalement sur l'ensemble du territoire, occupent souvent des emplois peu qualifiés, délaissés par les Espagnols. Comme l'illustre l'étude locale sur l'immigration économique en Navarre de Maria Luisa Penalva Vélez (université de Paris X), certains secteurs (notamment l'agriculture) emploient une forte proportion de personnes en situation irrégulière, dont les conditions de travail et de vie sont particulièrement difficiles. Joseph Farré (université Paris X), quant à lui, s'intéresse à l'émigration espagnole en Europe. Après une revue des activités des centres de recherche en Europe et de leur intérêt pour l'étude de l'émigration espagnole, l'auteur rend compte du déficit en matière de recherche autour de cette émigration, notamment en ce qui concerne son histoire, son vécu et son organisation.

Les conséquences de l'éclatement de l'empire soviétique et de l'édification de plusieurs États sur les flux migratoires sont examinées dans l'étude de Jean-Robert Raviot (université de Paris X). Deux figures de l'étranger sont nées de cette nouvelle configuration territoriale : l'« étranger proche » et l'« étranger lointain ». À partir de cette catégorisation, l'auteur expose les « problèmes » que posent les migrations aux autorités russes, notamment les migrations clandestines et/ou pendulaires (ou frontalières), et les migrations de transit. Toujours en ce qui concerne la Russie, Serguei Sakhno (université Paris X) fait ressortir, à partir de textes de presse, de documents officiels et de différents types d'études, les ambivalences dans les représentations du phénomène migratoire et particulièrement des migrations professionnelles.

Avec le dernier article de Gérard Sautré et Martine Tissot (université de Metz), consacré aux migrations professionnelles en Lorraine, nous sommes face à une autre forme de transformation des champs des migrations : cette région, historiquement terre d'immigration, est devenue productrice de flux d'émigration tournés vers les « régions/pays » voisins. Les auteurs mettent au jour les mécanismes et logiques des migrations transfrontalières. Quotidiennement, ce sont plus de 70 000 Lorrains qui traversent les frontières pour aller travailler au Luxembourg, en Allemagne ou en Belgique. Les facteurs ayant contribué à cette évolution sont de nature variée : « données structurelles » comme l'ouverture du marché de l'emploi dans les trois pays, offre de formation de l'université de Metz, mais aussi motivations et trajectoires des individus. Ces derniers, qui sont souvent des descendants d'immigrés, ont de par leurs origines familiales et sociales des compétences linguistiques et un dynamisme culturel qui constituent des atouts professionnels non négligeables.

Abdelkader LATRECHE

MOUHOUD E.M., OUDINET J. (dir.), *Les dynamiques migratoires dans l'Union européenne. Ajustements sur les marchés du travail et comparaison Europe-États-Unis*, Paris, CNRS/Université de Paris XIII, 2003, 2 vol., 377 p.

La recherche réalisée par le Centre d'économie de l'université de Paris Nord, sous la direction de E.M. Mouhoud et J. Oudinet, est consacrée aux mobilités internationales, et plus particulièrement à la problématique de l'ajustement par les migrations en union monétaire. Au centre de leur réflexion, la possibilité de voir les migrations interrégionales de main-d'œuvre jouer un rôle de rééquilibrage sur les marchés du travail de l'Union européenne.

La question traitée soulève d'autant plus d'intérêt qu'elle est abordée dans le cadre d'un ensemble de pays caractérisés par de grands écarts technologiques et en capital humain. Les auteurs rendent compte du rôle de ce type de migration à la faveur d'une double approche : d'une part, à partir d'une analyse comparative des pays de l'Union européenne et des États-Unis et, d'autre part, en saisissant les migrations internationales dans une dynamique qui met au jour les transformations des profils migratoires, notamment la place des personnes qualifiées dans les mouvements de mobilité.

Les auteurs utilisent plusieurs sources statistiques – bases de données relatives aux migrations internationales d'Eurostat (*New Cronos*) et de l'OCDE (Sopemi), enquête sur les forces de travail d'Eurostat – et mettent en œuvre une approche économétrique des migrations internationales combinant modèles d'analyse et simulations.

Les six chapitres qui composent l'ouvrage font le tour aussi bien des aspects théoriques que pratiques du problème soulevé. À partir d'une revue de la littérature économique, le premier chapitre expose d'abord d'un point de vue théorique le rôle des migrations dans le rééquilibrage des marchés du travail, puis l'impact « réel ou non » des mobilités de travailleurs dans la résorption des déséquilibres. Pour les auteurs, ces rééquilibrages résultent des transformations des champs de mobilité et de l'évolution des profils migratoires, plus particulièrement, l'importance croissante qu'y jouent les migrations de diplômés en Europe. Les déterminants de la migration des travailleurs les plus qualifiés (rémunération, asymétrie d'information, transférabilité du capital humain, existence de marchés internes du travail et prolongation de la durée des études) sont examinés successivement.

Le deuxième chapitre aborde l'évolution des migrations en Europe en s'appuyant sur deux variables démographiques pertinentes : la nationalité et le pays de naissance des migrants. Ce mode de repérage permet, non seulement, de rendre compte des profils de migrants en Europe, mais aussi de répertorier les nouveaux champs de mobilité à destination de pays de l'Union et entre les pays de l'Union.

Le troisième chapitre, qui exploite les données des enquêtes sur les forces de travail (*Labor Force Surveys, LFS*), décrit les flux de migrants dans les différents pays européens, avec une attention particulière aux migrants diplômés. Sont ensuite examinées les caractéristiques des emplois selon le secteur d'activité, le type de contrat de travail et le lien avec l'emploi occupé dans le pays d'origine.

Le quatrième chapitre étudie les facteurs explicatifs des migrations et les mécanismes d'ajustement par le marché du travail. Il présente d'abord les estimations des taux d'immigration et d'émigration effectuées pour les pays européens et les compare à celles réalisées pour les migrations intra-régionales aux États-Unis. Ensuite, des simulations sont effectuées pour estimer le rôle des mobilités en tant que facteur d'ajustement face à un choc asymétrique (effets respectifs d'une baisse de la demande interne et d'une hausse des salaires), tandis que d'autres simulations cherchent à estimer l'impact d'une migration soutenue sur les variables macroéconomiques des pays (ou régions américaines) d'origine et d'accueil.

Les deux derniers chapitres sont consacrés au Portugal, pays membre de l'Union européenne, et à la Turquie, pays candidat à l'adhésion. Dans le cas du Portugal, l'étude met l'accent sur les nouvelles formes de circulations migratoires, notamment les migrations de transit. Quant à la Turquie, l'émigration à destination des pays de l'Union européenne est principalement alimentée depuis vingt ans par le regroupement familial, ce qui donne à cette émigration son caractère de peuplement. Cependant, l'écart des niveaux de vie avec l'Europe et l'existence d'un taux de chômage élevé laissent anticiper la persistance d'une pression interne à l'émigration de travailleurs.

Abdelkader LATRECHE

ALEINIKOFF Alexander, CHETAIL Vincent (éd.), *Migration and International Legal Norms*, The Hague, Asser Press, 2003, 353 p.

Migration and International Legal Norms est totalement consacré au droit international en matière de migration, ou, oserions-nous dire, à son absence s'il n'existait un grand nombre de conventions des organisations internationales (Nations unies, BIT, etc.). Le problème est que ces conventions ne sont pas reconnues par l'ensemble des pays ; elles le sont parfois seulement par un petit nombre, n'incluant pas toujours les principaux pays d'immigration ou d'émigration. Ainsi, l'Union européenne n'a pas ratifié la *Convention on Migrant Workers* de l'Onu alors qu'elle a ratifié diverses conventions du BIT et a établi des accords de coopération bilatéraux avec plusieurs pays d'origine des migrants non communautaires. Par ailleurs, ces conventions, souvent anciennes, sont insuffisantes : elles n'accordent pas assez d'attention à la migration féminine, aux « abus » dont sont victimes les migrants « sans papiers », et au vide qui s'établit dès lors que l'on sort du cadre d'ensembles régionalement intégrés comme l'UE, l'Alena ou le Mercosur.

De nombreux textes internationaux largement ratifiés peuvent servir de guide en matière de droit international de la migration ou des migrants, notamment la *Declaration of Human Rights* (Onu), et constituent une *customary international law*.

Passant sur la partie de l'ouvrage traitant de l'autorité et des obligations des États en ce qui concerne l'acceptation des migrants, leur transit, leur retour ou leur expulsion, leur naturalisation, et les types de migration (travailleurs, réfugiés et illégaux), qui sont des thèmes déjà bien connus, tout au moins dans leurs aspects nationaux, nous nous attacherons aux dimensions de la sécurité, de l'intégration/assimilation et du développement.

Les récents développements du problème de l'insécurité ont conduit à des pratiques limitant les droits des migrants : contrôle, fichage, refus d'entrée s'appliquent sans discernement à l'ensemble des dizaines de millions de migrants de par le monde. Certains courants d'opinion aux États-Unis considèrent que la balance est négative entre les bénéfices en matière de sécurité et les pertes en termes de libertés individuelles et d'opportunités économiques. En raison de conditions exceptionnelles, on applique des mesures, auparavant appliquées uniquement en temps de guerre, qui représentent des retours en arrière. La nouvelle situation du terrorisme va jusqu'à provoquer l'adoption de mesures de sécurité extraterritoriale, telles que celles qui établissent la responsabilité des transporteurs, les inspections exigées aux points de départ et en mer qui peuvent se solder par un refus d'accès aux avions ou navires.

Le droit à l'intégration repose sur les principes de non-discrimination et du droit de pratiquer sa religion, sa langue, sa culture..., lequel se pose comme limite à l'assimilation. Cependant, l'intégration et une assimilation minimale sont nécessaires à la cohésion sociale. Il existe aussi des limites à la tolérance en matière de droit à la culture, avec l'existence des droits de l'homme, de l'enfant, à l'intégrité de son corps et l'égalité des sexes. Si la loi sur le voile revient à refuser l'accès à l'éducation publique – peut-être bientôt aux soins dans un hôpital public – à une confession religieuse, elle peut aussi être le moyen de préserver un espace laïque limitant le domaine religieux dont la généralisation s'est historiquement montrée source de conflits. L'auteur du chapitre (Walter Kälin) conclut qu'une limite à la tolérance religieuse ou culturelle réside dans le fait que les victimes d'oppression ont droit à la protection de l'État ; le fait de la leur refuser constituerait en lui-même une forme de discrimination.

La législation internationale reste embryonnaire en ce qui concerne le droit au développement, pourtant inclus dans la Charte de l'Onu. La *Declaration on the Right to Development* de l'Onu (1986) n'a pas été votée par les États-Unis, et sept pays européens plus Israël se sont abstenus. Elle proscrit les politiques violant les droits économiques, sociaux et culturels des États, fait obligation de respecter le principe de partager les difficultés (*sharing burden*), de rétablir la paix dans les situations post-conflictuelles et de coopérer et dialoguer en bonne foi. L'ouvrage se termine sur les raisons du besoin d'une coopération internationale.

Jean-Louis RALLU

ALEINIKOFF Alexander, KLUSMEYER Douglas (éd.), *From Migrants to Citizens : Membership in a Changing World*, Washington DC, Carnegie Endowment for International Peace, 2000, 514 p.

On note un faible intérêt aux États-Unis pour l'étude statistique des naturalisations. Une des rares études consacrées à ce sujet est celle que l'ancien INS (*Immigration and Naturalization Services* – maintenant USCIS – *U.S. Citizenship and Immigration Services*) a effectuée à partir de deux cohortes de migrants (1977 et 1982) dans le but d'étudier les effets de changements législatifs (*INS 1997 Yearbook*). Une nouvelle *green card* avait été proposée, dont le coût se rapprochait de celui de la *naturalization*. La crainte de devoir changer périodiquement de *green card* ou qu'elle ne devienne à durée limitée ont poussé des individus à demander leur naturalisation. Les personnes régularisées par l'IRCA (*Immigration Reform and Control Act*) de 1986 atteignaient aussi la durée d'éligibilité pour la naturalisation. Par ailleurs, quelques études ponctuelles déjà anciennes (*International Migration Review*, vol. 21, 1987) ont principalement porté sur la communauté hispanique des États-Unis. Ce petit nombre d'études s'explique notamment par les conditions d'éligibilité qui incluent des durées variables, une certaine maîtrise de l'anglais, des connaissances sur le gouvernement et l'histoire des États-Unis, une bonne moralité et une adhésion aux valeurs de la société américaine, toutes conditions qu'il est difficile de prendre en compte statistiquement. Rappelons que la durée de résidence (sans interruption de plus de 6 mois) en tant que résident permanent requise pour être éligible à la naturalisation est de 5 années, mais qu'elle est réduite pour les naturalisations par mariage (3 années de vie en couple marié avec un même partenaire lui-même citoyen américain depuis 3 ans au moins) et sans délai pour les militaires et veuves de militaires. Dans ce contexte, les études de la naturalisation et de la citoyenneté restent le domaine des juristes, notamment en droit comparatif et international.

From Migrants to Citizens présente les politiques de citoyenneté et de naturalisation dans les principaux pays d'immigration, qui sont classés en quatre groupes formant les quatre parties de l'ouvrage. Les trois premiers groupes correspondent aux pays traditionnels d'immigration (Australie, Canada et États-Unis), aux pays ayant connu des transformations politiques profondes (Russie, Afrique du Sud, États baltes) et aux pays ayant un lien particulier à la double nationalité et au transnationalisme (pays de l'Union européenne et Mexique). Ce dernier a adopté en 1997 une forme de *jus sanguinis* permettant aux migrants et aux enfants de migrants mexicains résidant à l'étranger de conserver ou d'acquérir la nationalité mexicaine sans devoir renoncer à une autre nationalité – cette dernière option ne s'applique toutefois qu'à la deuxième génération, limitant ainsi le *jus sanguinis*. Cette nouvelle disposition, visant à donner un cadre juridique à la diaspora mexicaine, est contraire à la loi américaine, bien que celle-ci n'applique pas l'obligation de renoncer à la nationalité antérieure. Une quatrième partie traite enfin des cas de naturalisation restrictive (Israël et Japon).

Les divers chapitres abordent le concept de nationalité au regard des lois nationales et du droit international, en accordant une attention particulière à la pluri-nationalité. Le *jus soli* du pays d'accueil fait des binationaux des enfants de migrants dont le pays d'origine suit le *jus sanguinis*. L'attitude des pays envers la pluri-nationalité est variable. Le Canada, la France, le Royaume-Uni et la Russie sont très ouverts ; l'Australie, l'Allemagne, le Mexique, l'Afrique du Sud et les États-Unis (ce dernier n'appliquant pas l'obligation d'abandonner son ancienne nationalité) sont considérés comme tolérants tandis que l'Autriche et le Japon sont considérés comme restrictifs.

Les problèmes posés par la pluri-nationalité, réels ou imaginaires, concernent le vote (dans l'intérêt de quel pays le pluri-national vote-t-il ?), l'accès aux fonctions politiques et à la haute administration et les conflits internationaux. Le présupposé de ces problèmes est l'indivisibilité de la loyauté. Les dispositions habituelles prévoient que les hauts fonctionnaires ne conservent qu'une de leurs nationalités et que le service militaire s'effectue dans un seul pays. Mais on pourrait aussi avancer que la pluri-nationalité confère un avantage (injuste ?) par rapport aux nationaux d'un seul pays : les pluri-nationaux peuvent se déplacer au gré de la conjoncture (*sunshine citizens*), notamment ceux pour lesquels l'acquisition d'une seconde nationalité avait pour but de faciliter l'établissement d'un commerce ou d'une société. En cas de conflit, il pourrait aussi arriver qu'un plurinational demande des compensations à plusieurs pays.

Des problèmes commencent de se poser plus fréquemment avec les conflits de législation des différents pays d'un pluri-national sur des points tels que la protection due aux citoyens y compris hors des frontières, les différents droits du divorce, la garde des enfants, etc. L'ouvrage fournit une bonne présentation des cas nationaux par des spécialistes reconnus de chaque pays. Son ouverture sur le droit international est également un élément d'intérêt.

Jean Louis RALLU

HERSENT Madeleine, ZAIDMAN Claude (éd.) *Genre, travail et migrations en Europe*, Cahiers du Cedref (Série Colloques et travaux), décembre 2003, 261 p. + annexes.

Depuis une vingtaine d'années, de nombreuses chercheuses invitent l'ensemble des collègues travaillant sur les migrations internationales à repenser les migrations dans une perspective de rapports sociaux de sexe. Si le processus d'intégration d'une telle approche dans les travaux théoriques paraît balbutiant, c'est que restent marginalisés des centaines de monographies et d'articles sur les expériences migratoires des femmes dans de nombreux pays. En effet, la réflexion qui a nourri les articles présentés dans ce volume est le fruit de débats et de rencontres dont il ne reste pas toujours de trace écrite. La plupart des auteures de ces textes ont suivi l'évolution de l'objet « femme migrante » ou « femme immigrée » à la fois dans les recherches scientifiques et dans les politiques occidentales.

Comme nous l'avons souvent rappelé, les femmes migrantes sont restées longtemps dans l'ombre au sein de la littérature sur les migrations internationales. Même lorsqu'elles ont compté pour la moitié des migrants dans certains flux, elles ont généralement été ignorées car « elles ne faisaient que suivre leurs époux ». On s'est rarement intéressé à leur participation au projet migratoire ni à leur rôle concernant l'intégration de la famille dans les pays d'immigration. Les femmes seules ont aussi été ignorées. Depuis quelques années, il existe une littérature grandissante consacrée aux nouvelles migrations, qu'on identifie comme largement féminines. À travers une bonne partie de ces travaux, se dégage une vision des femmes au sein de l'économie mondialisée comme étant à la fois les moins favorisées et les plus exploitées. Comme le souligne Eleonore Kofman dans son article, on constate une certaine simplification théorique qui laisse de côté, par exemple, la question de la déqualification de nombreuses femmes migrantes dans les pays d'immigration. Les recherches récentes, dont certaines sont citées ici par les auteures, révèlent la diversité des situations, les contraintes subies par les femmes migrantes ainsi que leurs ambitions. L'analyse de la place de la femme dans les phénomènes de la globalisation conduit à regarder différemment les femmes dans le processus migratoire. Et comme le soulignent C. Zaidman et P. Bachelet dans leur excellente introduction au volume, les problématiques féministes doivent s'ouvrir à la question de la diversité des situations et des intérêts des femmes, aux rapports de domination et de pouvoir entre les groupes de femmes et à la polarisation de l'emploi féminin.

Après cette introduction fort bien écrite, qui synthétise les grandes tendances des recherches dans ce domaine, le volume s'organise en trois parties. Dans la première partie intitulée « Genre et politiques de l'immigration », on analyse d'abord les stéréotypes et les représentations des femmes migrantes, et la manière dont ils sont mobilisés et reproduits dans les mesures législatives concernant l'immigration (C. Raissiguier, C. Lesselier sur le contexte français, J. Freedman sur l'Europe). Ensuite, E. Kofman examine la théorisation de la migration internationale et de la place des femmes dans ce phénomène.

La deuxième partie intitulée « Migration et travail domestique » présente des analyses du rôle des travailleurs domestiques dans l'intensification et l'élargissement des mouvements migratoires internationaux. Les débats suscités par la visibilité récente du travail domestique clandestin, nommé l'esclavage moderne, sont discutés par N. Ouali à partir de l'exemple de la Belgique ; la « confrontation culturelle » entre les femmes immigrées étrangères et leurs employeurs féminins

« autochtones » dans l'espace domestique en Italie est analysée par A. Mirandam, tandis que F. Scrinzi souligne la dimension « racisée » de l'emploi des femmes migrantes dans les services domestiques en Italie et en France. L. Oso Casas examine le processus migratoire et le trafic à l'origine de l'immigration des femmes latino-américaines en Espagne puis le travail de ces femmes dans les services domestiques ou la prostitution.

La dernière partie rassemble trois articles sous le titre « Femmes migrantes et travail en France ». Le premier texte, dans une approche historique des parcours féminins, décrit l'expérience des femmes espagnoles dans la banlieue nord de Paris et leur rôle économique (N. Lillo). Ensuite, S. Chaïb fait part de son expérience d'analyse de l'objet « femme immigrée » dans les recherches en France et pose la question de l'existence d'une place assignée aux femmes immigrées sur le marché du travail. Enfin, M. Hersent examine les activités économiques créées par des femmes immigrées dans leur quartier de résidence, souvent localisé en zone urbaine dite sensible, et passe en revue les initiatives similaires d'économie solidaire dans d'autres pays européens et au Québec.

Cette publication restera un ouvrage de référence pour chercheurs ou étudiants s'intéressant aux questions de l'emploi des femmes immigrées et de la sexuation de la division internationale du travail. La réflexion mûrie des auteures et les listes bibliographiques jointes aux textes sont très riches. Malgré quelques oublis de publications importantes et un petit nombre d'imprécisions bibliographiques, l'ouvrage fournit une large vision des recherches récentes ou en cours. Le catalogue des publications du Cedref en annexe, avec présentation du contenu de chacune, est très utile pour renvoyer les lecteurs vers des travaux approfondis sur le féminisme, le sexisme et le genre.

Le féminisme français a peut-être « tardé » à prendre en compte les expériences spécifiques des femmes migrantes ou immigrées, mais ce volume fait état d'une réflexion qui a mûri au sein ou en dehors des réseaux féministes. Et si le mot « femme » apparaît plus souvent que le mot « genre » dans les articles présentés ici, c'est que les processus qui amènent les femmes vers un nombre limité de secteurs économiques, comme les rapports sociaux qui les enferment souvent dans certains rôles, restent peu connus et sont extrêmement révélateurs des représentations de genre. De nouvelles études centrées sur les rapports sexués et ethnicisés dans lesquels se trouvent les femmes immigrées restent nécessaires ; en même temps, des études plus approfondies de l'expérience masculine de l'immigration et de la naturalisation du rôle de l'homme immigré (force de travail) permettront une meilleure compréhension des rapports de genre au sein des ménages et des familles.

Stéphanie CONDON

BEAUD Stéphane, PIALOUX Michel, *Violences urbaines, violences sociales : genèse des nouvelles classes dangereuses*, Paris, Fayard, 2003, 426 p.

Les auteurs ont saisi l'occasion provoquée par des émeutes urbaines dans une Zup de la région sochalienne en juillet 2000 pour mener leurs investigations autour des questions suivantes : « De quoi est faite la violence urbaine qui surgit de manière récurrente à la périphérie des grandes villes de France ? Qui sont vraiment les jeunes qui y participent ? Par quel cheminement en viennent-ils à défier l'ordre public, les personnes et les biens ? » Ce questionnement était d'autant plus nécessaire que l'émeute s'est déroulée dans une Zup qui, à l'origine, était loin d'être une cité dortoir; elle connaissait une mixité sociale et avait une population mélangée. Les services publics n'avaient pas déserté les lieux, et les équipements collectifs et les commerces avaient un fonctionnement normal. Pendant longtemps, cette Zup n'avait pas posé de problèmes particuliers. « Rien à voir avec un ghetto noir aux États-Unis. » L'urbanisme des tours et des barres y avait été évité. Cependant, de l'avis général, les habitants « avaient senti venir l'émeute » suite à la dégradation des relations sociales qui s'était amorcée au milieu des années 1990.

Les auteurs ont choisi d'analyser « cette émeute urbaine comme symptôme [...] d'un ensemble de phénomènes de durée et d'importance variables, situés dans des sphères différentes de la vie sociale [...] : chômage de masse et précarité, affaiblissement des mécanismes de défense collective au travail, effondrement d'une représentation politique proprement ouvrière, déstabilisation des familles populaires, constitution de lieux de relégation spatiale et renforcement de la ségrégation résidentielle sur une base ethnoraciale ».

Les *Vingt Piteuses* (terme de Nicolas Baverez) qui ont succédé aux *Trente Glorieuses* ont-elles structuré l'univers mental des jeunes générations, principales victimes de la précarité institutionnalisée, au point de leur construire des repères les dotant d'une « personnalité sociale qui paraît si étrange, si incompréhensible, aux générations anciennes » ?

Les entretiens effectués ont montré la faiblesse des réseaux sociaux à la disposition de cette fraction de la jeunesse, très vulnérable et qui en définitive ne s'adresse aux institutions qu'en dernière extrémité « après avoir épuisé toutes les possibilités ». Ces dernières, faute de mieux, ne leur ouvrent aucune autre possibilité que des stages ou des emplois précaires et se trouvent alors en porte-à-faux « par rapport à la demande d'une véritable formation professionnelle qui protège du chômage ».

Sans diplôme, sans travail stable, sans avenir professionnel, sans possibilité de fonder une famille, de s'établir, victimes de déclassement et de dévalorisation sociale, de disqualification et de précarité professionnelle, les « jeunes des cités » cherchent une relative protection par une appartenance aux groupes de copains qui, le plus souvent, débouchent sur des rivalités de bandes de quartiers; « ils partagent ce qu'on peut appeler une culture de rue » doublée « d'une culture de la provocation »; ils « vivent dehors, se rassemblent au bas des blocs, affirment de mille et une manières leur présence sur place... ».

Après l'émeute, la révolte des jeunes a continué à s'exprimer sous forme de guérilla urbaine : « caillassage » de bus, incendies de voitures, harcèlement de l'annexe du commissariat de police, etc. Est-ce l'expression d'une contre-violence opposée à la violence sociale que subissent quotidiennement ces jeunes « qui sont, à leur manière, des produits historiques d'une certaine conjoncture économique, sociale et politique », ou bien celle de la rupture entre deux générations et de l'échec de la médiation sociale dans des quartiers socialement défavorisés où les jeunes « n'entendent plus baisser la tête et déclarent vouloir venger [...] l'honneur social de leurs parents... » ? Les contradictions qui minent la société française depuis plus de deux cents ans (universalisme abstrait et hautement proclamé d'un côté, et discriminations sociales et ethniques de plus en plus accentuées de l'autre) ont-elles créé une « nouvelle classe dangereuse » ?

Kamel KATEB

BENBASSA Esther, *La République face à ses minorités : les juifs hier, les musulmans aujourd'hui*, Paris, les éditions Fayard, Mille et une nuits, 2004, 154 p.

L'auteure se saisit du débat sur le port du voile dans les établissements scolaires et la mise en place du conseil du culte musulman pour s'interroger sur les raisons qui font « qu'une nation tremble, ou feint de trembler devant un morceau de tissu ». Elle fait un parallèle avec les rapports entretenus par l'État français (quel qu'en soit le régime politique) et ses élites savantes et politiques avec les Français de confession juive depuis plus de deux siècles, pourtant démographiquement peu nombreux à l'époque de la Révolution française par exemple. Enfin, elle n'arrive pas à s'expliquer « pourquoi, depuis 1989, le débat se focalise autour du voile en France alors que notre pays se trouve assailli de nombre de problèmes autres et considérables ».

En d'autres termes, pourquoi la société française éprouve-t-elle autant de mal aujourd'hui avec le communautarisme arabo-musulman qu'elle en a eu avec le communautarisme juif par le passé ? La référence au danger que pourrait représenter le communautarisme apparaît comme un alibi si l'on fait le parallèle avec l'indifférence manifestée à l'égard d'autres groupes beaucoup plus étanches (la communauté asiatique par exemple). Le nombre ne semble pas, non plus, être un argument convaincant si l'on fait référence au poids démographique des juifs français durant les siècles précédents. Le parallélisme et les similitudes dans le traitement de ces deux composantes de la société française, dans des périodes historiques certes différentes, est édifiant. À deux siècles de distance, les thèmes et arguments ainsi que les instruments ont peu varié. Les arguments de J. Chirac sont proches de ceux de l'abbé Grégoire, alors que la démarche de N. Sarkozy pour construire un islam de France serait une version adaptée de celle qu'a utilisée Napoléon dans son entreprise de « régénération morale, civile et économique des juifs » et « d'organisation du culte juif ».

La démarche de l'auteure met en exergue les contextes historiques différents dans lesquels s'expriment ces communautarismes ; aujourd'hui, « les clés de déchiffrement du communautarisme traditionnel » ne seraient plus opérationnelles face à ce « nationalisme transnational à multiples entrées auquel nous sommes désormais confrontés ». Selon elle, la République devrait abandonner sa volonté « d'uniformisation de la nation » et son projet de création d'un citoyen modèle ; elle devrait « s'accepter pluraliste » bien que « La France [ne soit] pas habituée à gérer les manifestations tangibles de la multiconfessionnalité, un exercice auquel sont davantage rompus, notamment, les pays protestants, en raison d'un ancrage dans les mœurs du respect de la liberté de conscience ». Elle préconise dans le cadre de ce pluralisme de privilégier le dialogue au lieu de dispositifs législatifs, de surcroît difficiles à mettre en œuvre.

Kamel KATEB

CALVÈS Gwénaële, *L'Affirmative Action dans la jurisprudence de la Cour suprême des États-Unis : le problème de la discrimination « positive »*, Paris, L.G.D.J., 1998, 380 p.
SABBAGH Daniel, *L'égalité par le droit. Les paradoxes de la discrimination positive aux États-Unis*, Paris, Economica, 2003, 452 p.

La « discrimination positive » fait couler beaucoup d'encre ces derniers temps dans les débats politiques. D'importation états-unienne, le concept semble s'opposer à la conception française du principe d'égalité et cristallise de nombreuses inquiétudes et oppositions. Ses détracteurs lui reprochent d'ouvrir la voie à une balkanisation du corps social selon des lignes ethnico-raciales ou de sexe, tandis que ses défenseurs voient en lui la seule démarche propre à rétablir l'égalité des chances dans un contexte de durcissement des inégalités. Au cœur du débat, le concept lui-même reste cependant mal défini. Au-delà de sa réception négative du fait de son origine américaine, quelles politiques sont désignées sous l'appellation de « discrimination positive », en quoi consistent-elles et quels en sont les objectifs ?

La parution de l'ouvrage de Daniel Sabbagh vient utilement répondre à ces questions et nous permet de revenir sur celui de Gwénaële Calvès, de parution plus ancienne mais qui a anticipé le débat actuel. Les deux ouvrages résultent de la publication de la thèse des auteurs, la première en sciences politiques et la seconde en droit. Ces spécialisations disciplinaires distinguent clairement les deux approches du même objet : la politique d'*Affirmative Action* mise en place aux États-Unis à la fin des années 1960, dans le prolongement du mouvement des droits civiques.

En analysant les 16 décisions rendues par la Cour suprême des États-Unis en matière d'*Affirmative Action*, l'ambition de G. Calvès est d'engager une discussion juridique sur les fondements de cette application particulière du principe d'égalité. Pour ce faire, il s'agit de déconstruire le raisonnement juridique à la lumière des conditions politiques qui en déterminent l'élaboration, dans un mouvement qui reproduit le processus judiciaire lui-même. En effet, comme le rappelle l'auteure, c'est au juge de découvrir « dans le silence du texte, [...] les valeurs fondamentales auxquelles s'adosse le principe d'égalité ». Cette fameuse norme constitutionnelle du principe d'égalité resterait fortement abstraite si les différents jugements rendus par la Cour suprême ne l'avaient pas rendue opératoire. Cependant, le passage de la recherche d'une égalité formelle à une égalité effective s'est effectué au prix d'une contradiction ontologique entre la proscription des distinctions raciales (*color blindness*) et son utilisation à des fins de non-discrimination. Le premier chapitre de l'ouvrage retrace l'historique de l'*Affirmative Action* tout en suivant le fil rouge de la consolidation de ce « paradoxe ». Le lecteur non-juriste suivra les 95 premières pages avec intérêt, remontant aux origines de l'*Affirmative Action* et traversant les questions cruciales posées par la mise en place d'une « discrimination positive », appuyée sur la distinction entre les discriminations « bienveillantes » et les discriminations « odieuses » ou « négatives ».

Les deux parties qui suivent respectent une plus grande orthodoxie des études de droit et entrent dans la machine complexe que constitue la Cour suprême. Les avis majoritaires et minoritaires des juges composant la Cour sont disséqués et fournissent une claire présentation des arguments en faveur ou contre l'*Affirmative Action*, ne laissant aucune zone d'ombre et n'évitant aucune considération sur les raisons présidant à la mise en place d'un tel dispositif (une discrimination historique exercée à l'égard des Noirs et des autres minorités raciales), ou sur les conséquences positives et négatives à attendre de ce dispositif d'action. Loin de se limiter à la seule rhétorique juridique, l'exposé des thèses et arguments en présence permet de soulever des questions de philosophie politique et, plus encore, d'épistémologie des classifications sociales et statistiques.

Dans une conclusion lapidaire, l'auteure (dont on ne devine pas clairement la position à l'égard de l'*Affirmative Action* tout au long de l'ouvrage) laisse la contradiction irrésolue *du point de vue du droit*. Selon elle, si le droit ne peut pas trancher entre les deux stratégies, celle du *color blindness* et celle de la prise en compte de la race à des fins positives, c'est que les juges statuent sur des principes politiques et visent à fournir des solutions *pratiques* à la lutte contre les discriminations. Ils sont appelés à fonder le droit sur des « évaluations extra- ou métajuridiques » qui répondent à des objectifs politiques. L'homologie entre le système historique de discrimination et son pendant positif de correction ou réparation est commandée par la nécessité de défaire ce qui a été inscrit dans les systèmes de classification et les modalités d'accès aux droits. Poursuivant son raisonnement et glissant fugitivement vers la situation française, l'auteure se fait catégorique : « il n'y a, pour nous, aucun enseignement pratique à retirer de l'expérience américaine », car la France est formée « de citoyens qui, depuis au moins deux siècles, ne relèvent d'aucune "race", "ethnie", "communauté" ou autre "minorité" ». On peut la suivre sur ce terrain, sauf à considérer l'expérience coloniale et ses séquelles, qui sont précisément à l'origine du développement de la thématique des discriminations dans le débat politique français, à défaut d'inspirer les normes juridiques, comme une homologie qui justifierait le développement d'une politique de correction.

L'ouvrage de Daniel Sabbagh a un air de familiarité avec le précédent, mais aborde différemment la question de la « discrimination positive ». Tout en reprenant également les arrêts stratégiques de la Cour suprême, il les replace dans une perspective politique plus vaste et, surtout, entreprend une confrontation des différentes théories de la justice validant ou critiquant l'*Affirmative Action*. Au fil de la présentation des « discours de justification » et des « stratégies de légitimation », l'auteur analyse les modalités pratiques de mise en place du système d'intervention, s'interrogeant sur leur conformité avec les horizons ouverts par les théories de la justice. Ouvrage à la lisière de différentes disciplines (sciences politiques, sociologie juridique, analyse des politiques publiques), *L'égalité par le droit* propose une discussion serrée sur les tenants et les aboutissants d'une stratégie d'action à maints égards paradoxale. Bien que les ingrédients commencent à en être connus, l'incroyable complexité des débats qui entourent la définition de la « discrimination positive » – et notamment les contradictions que recèle l'homologie entre la « race » de la période ségrégationniste et sa reprise dans l'édifice antidiscrimination, déjà relevées par G. Calvès –, étonne le néophyte qui s'arrêterait à la vision simpliste d'une Amérique foncièrement raciste où la « ligne de couleur » tient lieu de dogme intangible et ininterrogé. Au-delà de l'analyse de la politique publique, D. Sabbagh s'interroge sur les raisons de la prise en compte politique et juridique de la « race » dans un pays qui, simultanément, proscrit les distinctions raciales tout en les inscrivant profondément dans l'appareillage de classement social et statistique.

Mais l'*Affirmative Action* n'est pas une politique figée, définie en 1964 et poursuivie de façon inchangée depuis lors. Bien au contraire, elle n'a cessé de s'élaborer et de se transformer durant les trente années de son existence. Les derniers développements montrent une remise en cause de cette politique, avec l'abandon du dispositif dans plusieurs États au profit d'une politique territorialisée. Cette évolution décline une des modalités du dépassement de l'identification raciale, horizon que s'assignent aussi bien les politiques de « discrimination positive » que celles qui proscrivent toute prise en compte de la « race » dans les politiques publiques. Il s'agit là sans doute du paradoxe central formé par la discrimination raciale et les stratégies visant à la réduire : si la fin est identique, les moyens de l'atteindre s'opposent en tout point. À l'issue de l'ouvrage, là encore, pas de conclusion définitive. Impossible de déterminer ce qui l'emporte entre les avantages et les inconvénients de chacune des stratégies. Le lecteur aura croisé une foule de concepts et de références qui forment l'équipement théorique et pratique de la politique antidiscrimination et aura été convaincu par les analyses inventives de D. Sabbagh. Enfin, sans que l'auteur suggère explicitement la comparaison, son inspection de l'*Affirmative Action* produit une formidable résonance dans le contexte français. La seule présentation détaillée d'une approche et d'une politique volontiers caricaturées dans les débats français invite à ouvrir de nouveaux espaces de réflexion.

Patrick SIMON

PERLMANN Joel, WATERS Mary C. (ed.), *The new race question. How the census counts multiracial individuals*, New York, Russel Sage Foundation, 398 p.

En 2000, pour la première fois de son histoire, le recensement aux États-Unis a donné la possibilité de cocher plusieurs réponses à la question sur la « race », c'est-à-dire de faire état d'une « multiplicité d'origines raciales ». Cette opportunité qui peut paraître anodine est à l'origine d'un séisme qui a secoué aussi bien les sciences sociales que les administrations en charge des politiques publiques. Pour en prendre acte et considérer toutes ses conséquences, une conférence s'est tenue à l'Institut Levy d'études économiques en septembre 2000, réunissant des spécialistes de différents horizons disciplinaires et des acteurs de l'administration statistique et politique. L'ouvrage dirigé par Joel Perlmann (*Levy Economics Institute*) et Mary Waters (*Harvard University*), tous deux éminents sociologues et historiens de l'immigration et des relations interethniques aux États-Unis, regroupe les contributions à cette conférence et offre le panorama le plus diversifié et complet de la question des classifications raciales dans la statistique américaine.

En quatre parties et 19 chapitres, les dimensions méthodologiques, politiques, sociologiques et historiques des classifications raciales sont explorées à l'occasion de ce qui est considéré par de nombreux auteurs comme un tournant dans l'histoire du « dilemme américain », c'est-à-dire la place des « minorités raciales » dans la société américaine. Comme le rappellent J. Perlmann et M. Waters dans leur introduction, ce qui peut apparaître à première vue comme une question technique enclenche une révolution du système de relations raciales à travers deux conséquences majeures : la reconnaissance des « unions mixtes » et de la portée des brassages entre les « races », la remise en question du dispositif antidiscrimination qui utilise les classifications standard. La question qui traverse toutes les contributions est bien celle d'une nouvelle ère pour l'appréhension des « races ». Un débat court de chapitre en chapitre entre ceux qui pensent que la prise en compte des déclarations multiples va invalider à terme la politique d'*Affirmative Action* et ceux qui considèrent cette évolution comme compatible avec la logique du dispositif et n'envisagent pas de transformations à court terme.

Dans ce débat, l'éventualité d'une disparition des classifications raciales n'est pas évoquée, mais la signification de ces catégories et leur finalité sont réexaminées à la lumière de la nouveauté des réponses multiples. Pourtant, seulement 2,6 % des Américains ont déclaré appartenir à plus d'une « race » dans le recensement. Compte tenu du caractère marginal de l'option, on peut s'interroger sur l'ampleur réelle des mélanges raciaux, dont de nombreux auteurs rappellent qu'ils sont bien supérieurs à ce qui est déclaré. Une telle distorsion vient souligner la dimension conventionnelle de la catégorisation : elle n'enregistre pas nécessairement une « généalogie raciale », mais bien plutôt une combinaison entre l'identité *pour soi* et l'identité *pour les autres*. Que cette convention soit subitement révélée dans tout son arbitraire par la possibilité d'une déclaration multiple fragilise incontestablement l'édifice des classifications raciales si l'on croit qu'elles représentent bien des identités concrètes.

La question prend évidemment une autre dimension lorsqu'elle s'applique aux multiples autres sources d'enregistrement statistique que sont les registres tenus par les employeurs, les écoles et universités, les administrations, etc. Ici, la statistique ne doit pas refléter une réalité sociale mouvante, elle dispose des catégories d'action. La possibilité offerte par le recensement répond à une demande de reconnaissance de la multiplicité des « origines raciales » mais pose d'importants problèmes de conversion pour les administrations en charge de l'*Affirmative Action*. Les techniques de *bridging* (appariement) pour reconstituer des nomenclatures avec des « races » exclusives ont été développées et sont discutées dans l'ouvrage. Elles posent d'intéressantes questions aussi bien méthodologiques que théoriques sur la signification de la « race » et les usages de la statistique dans l'action publique. La dernière partie de l'ouvrage donne la parole aux auteurs de référence sur l'histoire du recensement américain (Margo Anderson, Peter Skerry, Kenneth Prewitt, Melissa Nobles) et dans le domaine des études sur le « renouveau ethnique » au cours des années 1960 (Nathan Glazer, Werner Sollors).

Patrick SIMON

CRUL Maurice, VERMEULEN Hans (ed.), *The future of the second generation: the integration of migrant youth in six European countries*, numéro spécial de *l'International Migration Review*, vol. 37, n° 144, 2003, p. 965-1302.
PORTES Alejandro (ed.), *The new second generation*, New York, Russell Sage Foundation, 1996, 246 p.
RUMBAUT Ruben G., PORTES Alejandro (ed.), *Ethnicities: children of immigrants in America*, Berkeley, University of California Press et New York, Russell Sage Foundation, 2001, 334 p.
PORTES Alejandro, RUMBAUT Ruben G., *Legacies: the story of the immigrant second generation*, Berkeley, University of California Press et New York, Russell Sage Foundation, 2001, 406 p.

Pour la première fois de leur histoire, le vieux et le nouveau continent suivent une temporalité comparable et se voient confrontés à des questions communes en matière d'immigration et d'intégration. Jusqu'ici, l'Europe rencontrait des situations que les États-Unis avaient déjà expérimentées trente ou cinquante ans auparavant. La France faisait exception dans ce grand décalage historique, bien que du point de vue des représentations collectives et du « mythe national », le décalage soit resté tenace[1]. Les grandes vagues migratoires d'après-guerre en Europe et le retour d'une immigration de masse après l'abolition des quotas en 1965 aux États-Unis ont créé les conditions d'une convergence historique, avec l'arrivée en « âge de citoyenneté » des enfants des migrants venus dans les années 1960. Que ces descendants d'immigrés puissent faire face à des situations identiques ne va pas de soi, mais leur *visibilité* dans l'espace social et politique, d'une

---

[1] Sur ce sujet, voir l'ouvrage de Nancy Green analysé plus loin.

part, et leurs aspirations communes, d'autre part, semblent justifier leur regroupement sous l'appellation de « seconde génération ».

Une série d'ouvrages consacrés à la situation de la « seconde génération » et à son devenir aux États-Unis ont été publiés depuis une dizaine d'années sous la responsabilité d'Alejandro Portes et de Ruben Rumbaut. Associant de nombreux sociologues, économistes et démographes, ils répondent aux interrogations et inquiétudes sur les modalités de l'intégration de la « nouvelle seconde génération » que l'on compare avec insistance avec les vagues venues d'Europe à la fin du XIXe et au début du XXe siècle. La question centrale demeure celle de la puissance d'assimilation du modèle américain et des conséquences de l'avènement du multiculturalisme sur les trajectoires d'intégration suivies par les nouveaux Américains. Les débats seront familiers aux lecteurs français, puisque sont discutés les différents modèles d'assimilation qui ont pu fonctionner au début du siècle précédent et leur éventuelle transformation ces dernières années, tandis que l'origine des migrants après 1965, principalement venus d'Asie et d'Amérique latine, est opposée à celle des migrants européens des vagues précédentes.

Si le premier ouvrage coordonné par A. Portes (1996) mettait en scène le débat sur les théories de l'assimilation qui s'est poursuivi depuis lors (opposant Richard Alba, Joel Perlmann et Roger Waldinger, Alejandro Portes et Min Zhou) et proposait quelques études empiriques sur les « secondes générations », notamment sur les pratiques linguistiques et leurs conséquences sur l'accès au marché du travail, la deuxième livraison coordonnée avec R. Rumbaut est l'aboutissement d'un important programme d'enquêtes réalisées entre 1992 et 1996 dans deux agglomérations américaines (Miami/Fort Lauderdale et San Diego). Le premier ouvrage (*Legacies*) fournit les résultats de l'enquête (*The Children of Immigrants Longitudinal Study*) et organise l'analyse dans le cadre analytique forgé par Portes, la théorie de l'assimilation segmentée. L'analyse balaie essentiellement le triangle éducation-emploi-système familial et y observe les recompositions identitaires de la « seconde génération », vues notamment à travers le prisme des transmissions linguistiques.

Le second ouvrage (*Ethnicities*) procède d'une démarche plutôt originale, consistant à mettre la base de données tirée de l'enquête à la disposition de chercheurs spécialistes d'un groupe ethnique observé dans l'enquête pour qu'ils conduisent leur analyse sur ce groupe en particulier et confrontent leurs résultats à la trame analytique construite par les deux auteurs de l'enquête. L'approfondissement de l'exploitation pour chaque groupe permet d'enrichir le constat dressé dans le premier ouvrage, nécessairement plus synthétique, même si aucune des contributions ne remet en question l'axe central qui fonde la théorie de l'assimilation segmentée.

Comme pour les travaux fondateurs de Robert Ezra Park et de l'école de Chicago sur l'assimilation des immigrés aux États-Unis au début du XXe siècle, Portes et Rumbaut construisent leur réflexion en réaction à un débat politique qui stigmatise l'émergence d'une communauté hispanique démographiquement très représentée en Californie et en Floride et dont l'autonomisation, notamment sur le plan linguistique, effraie considérablement. Cherchant à déconstruire les stéréotypes et les idées reçues, ce travail d'enquête vise clairement à promouvoir une autre intelligence de l'intégration des nouvelles secondes générations, invitant à revisiter les théories de l'assimilation à la lumière des résultats obtenus.

La démarche reste à un stade plus préliminaire dans le numéro spécial de l'*International Migration Review* coordonné par Maurice Crul et Hans Vermeulen. Après une introduction en forme de programme et de synthèse des faits saillants rédigée par les coordonnateurs, la situation de six pays est exposée (Suède, Allemagne, Pays-Bas, Belgique, France et Autriche). La plupart des pays européens découvrent tout juste l'émergence d'une « seconde génération » et commencent à élaborer enquêtes et études pour alimenter les connaissances sur cette nouvelle problématique. Dans le même temps, le statut des enfants d'immigrés varie considérablement selon les codes de la nationalité et les traditions politiques nationales des différents pays européens. Si la problématique peut être commune, les premières analyses montrent une diversité qui ne concerne pas uniquement la situation stricte des descendants d'immigrés à l'école ou sur le marché de l'emploi, les deux domaines retenus pour les articles publiés dans cette livraison. Les définitions de la « seconde génération » et les modalités d'observation sont extrêmement contrastées entre les pays, ce qui implique des différences dans l'analyse même des indicateurs choisis. Difficile de dresser une comparaison terme à terme entre ces descendants d'immigrés et de faire apparaître l'impact des « philosophies nationales d'intégration » sur les trajectoires scolaires et professionnelles de la « seconde génération ». Le lecteur trouvera néanmoins un des panoramas les plus actualisés des données disponibles sur les « secondes générations » dans les pays européens étudiés et pourra tenter de dresser sa propre grille de comparaison à partir de ce matériau.

Patrick SIMON

BERNARD Philippe, *La crème des beurs. De l'immigration à l'intégration,* Paris, Éditions du Seuil, 2004, 333 p.

L'auteur se fixe l'objectif de montrer que « le fameux modèle français d'intégration fonctionne » toujours ; la meilleure preuve en serait qu'une « classe moyenne d'origine maghrébine, émancipée, est en train de se constituer ». Pour sa démonstration, il met en scène les parcours biographiques de dix-sept Français d'origine maghrébine qui ont su et, surtout, pu prendre en marche le train de l'intégration. Il veut présenter « ces beurs auxquels le sport et le *show-business*, mais pas les politiques, ont su donner une image positive ». Cependant, ses choix biographiques n'ont pas porté sur des célébrités comme Zidane, Faudel ou Smaïn mais bien sur d'illustres inconnus ou des personnages publics de second plan, inconnus du grand public pour certains d'entre eux. La démarche choisie est intéressante à plus d'un titre, d'abord parce qu'elle est empreinte d'une grande humanité ; ensuite, la diversité des parcours et des modèles d'intégration ne dissimule pas les difficultés et obstacles que les uns et les autres ont eus à surmonter. Ils sont de la « seconde génération », donc enfants de parents nés à l'étranger cumulant tous les handicaps – analphabétisme des parents ; parents ouvriers faiblement qualifiés avec un projet de retour au pays ; familles nombreuses et relations familiales difficiles ; résidence dans des quartiers dits défavorisés après un séjour dans les bidonvilles ; réseaux sociaux limités ; mémoire familiale à forte charge passionnelle, etc.

Malgré ces handicaps, les personnes choisies par l'auteur montrent par la diversité de leurs trajectoires « qu'il n'existe pas une unique façon de se sentir français » et que les processus d'identification se sont diversifiés, car ils se sont largement individualisés ; en cela l'auteur, tout en défendant le modèle d'intégration à la française, montre que finalement, si elle continue de fonctionner, la machine à intégrer ne dispose plus d'un moule unique et que l'intégration n'est pas forcément synonyme de disparition des particularités identitaires. Le pari de la promotion sociale contre l'abandon des attributs d'une construction identitaire singulière comme fondement de l'intégration est largement remis en cause par ces Français qui « contribuent de manière originale au fonctionnement de la société ». Le choix de ces dix-sept portraits, plus particulièrement celui des histoires de vie retracées, a été fait parce que « célèbres ou inconnus, croyants ou agnostiques », ils ne sont pas des exceptions. Ils témoignent « de la constitution d'une classe moyenne d'origine maghrébine, émancipée, dont la liberté d'esprit signe une intégration conquise par de multiples voies et chemins de traverse ». Comme le dit si bien l'auteur, leur intégration réussie a été faite sans avoir à choisir « entre la fidélité à leurs origines et le plein exercice de leur citoyenneté française, nouvelle version du dilemme entre "la justice et ma mère" d'Albert Camus ». L'auteur laisse cependant ouverte la question posée par les parcours des dix-sept personnages qui sont au cœur de la réflexion : reflètent-ils une « réinvention de la promesse républicaine d'égalité » ou ne sont-ils que « des Arabes qui cachent la forêt » ?

Kamel KATEB

GREEN Nancy, *Repenser les migrations*, Paris, Puf, 2002, 138 p.

Dans un court essai, l'historienne Nancy Green, qui mène depuis plusieurs années avec bonheur l'analyse comparée de la migration juive d'Europe centrale et orientale aux États-Unis et en France[2], étend et systématise son approche comparative pour « repenser les migrations ». La comparaison internationale est ici utilisée pour prendre de la distance à l'égard des tropismes nationaux qui emprisonnent la recherche sur l'immigration, tendant à reproduire dans ses analyses mêmes les stéréotypes et les cadres de pensée qu'elle devrait critiquer. Or, le détour par le comparatisme permet de relativiser « l'exceptionnalisme » qui prévaut dans l'étude des migrations et fournit tant d'explications commodes à des phénomènes finalement plus universels qu'il n'y paraît. Le propos de Nancy Green est d'exploiter la comparaison pour déconstruire les processus de mobilité et le rôle joué par les réseaux ou communautés ethniques dans ces trajectoires, réintroduire la perspective qui relie les pays de départ aux pays d'installation et restituer la véritable place, presque toujours ignorée, des femmes dans les migrations et pour cela « relire l'historiographie du champ migratoire sous l'angle du genre sexuel ».

On l'aura compris, il s'agit essentiellement d'histoire et d'historiographie dans cet essai, mais les résonances actuelles sont omniprésentes et la mise en perspective souligne de nouveau, comme l'avait déjà fait l'ouvrage édité par D. Horowitz et G. Noiriel (*Immigrants in Two Democracies, French and American Experience*, New York University Press, 1992), le minimalisme du traitement accordé à l'immigration par les sciences sociales françaises jusque dans les années 1970. Discutant du regain d'intérêt pour l'expérience américaine à partir des années 1970 en France, l'auteure pointe les anachronismes et schématismes qui émaillent la reprise des travaux états-uniens et identifie la circulation des concepts d'un bord à l'autre de l'Atlantique. On s'étonne du reste qu'elle ne commente pas plus avant une affirmation forte de D. Schnapper, qui statuait dans *La France de l'intégration* que « c'est parce que les formes de l'intégration nationale sont diffé-

---

[2] Voir *Du Sentier à la 7e Avenue*, Paris, Puf, 1998.

rentes en France et aux États-Unis qu'il ne faut pas importer sans les critiquer les concepts élaborés dans la société et la sociologie américaines »[3]. Une proposition ou trop générale (ne pas utiliser des concepts sans les critiquer : qui ne ratifierait une telle proposition ?) ou trop définitive (les concepts sociologiques sont nationalement situés et ne peuvent s'appliquer à des contextes distincts de ceux qui en sont à l'origine), qui contredit la démarche adoptée par N. Green : appliquer les lunettes américaines sur la société française et, inversement, pour observer ce qui relève du national et de ses structures profondes comme ce qui relève des processus de mobilité et d'intégration suivis par les communautés immigrées. Une démarche particulièrement heuristique, dont l'essentiel est ici restitué.

Patrick SIMON

BERTONCELLO Brigitte, BREDELOUP Sylvie, *Colporteurs africains à Marseille. Un siècle d'aventure*, Revue Autrement (Coll. Français d'ailleurs, peuple d'ici), HS n°145, octobre 2004, 167 p.

Cet ouvrage propose un point de vue à la fois historique et sociologique sur les mouvements migratoires africains à Marseille et sur l'émergence de la communauté africaine de cette ville. Les auteures (Brigitte Bertoncello, géographe-urbaniste, et Sylvie Bredeloup, socio-anthropologue) s'appuient sur des documents d'archives revisités au regard des récits de vie qu'elles ont recueillis auprès de migrants, encore installés en France pour certains. Des extraits de ces récits ponctuent l'ensemble du texte en proposant des portraits correspondant aux différents types de migrants qui se dégagent.

Ce travail se détache volontairement de la question de l'ouvrier immigré, pour traiter celles de l'entrepreneur indépendant et des petits métiers, largement associés à l'image du colporteur africain qui arpente les rues des grands centres urbains comme Marseille. Cette ville apparaît d'ailleurs comme l'espace privilégié du transit et de ce type d'implantation africaine en France. En amont, les auteures dégagent trois figures emblématiques de cette communauté d'entrepreneurs : celles du marin, du colporteur et de l'aventurier. Elles revisitent pour chacune de ces figures l'historique de son implantation marseillaise, au regard de son cheminement en métropole et par rapport aux populations, immigrées ou non, qu'elles ont côtoyées à Marseille.

La figure du marin émerge après la première guerre mondiale, alors que démobilisés, nombre de marins coloniaux décident de rester à Marseille. La précarisation de leur statut va les rendre très sensibles à la conjoncture, dans le contexte de crise qui secoue le secteur marinier dès le lendemain de la Grande Guerre puis dans les années 1930. Employés par défaut lorsque la main-d'œuvre locale est défaillante, ou pour casser les grèves des employés réguliers dans les années 1950, ils sont de plus en plus marginalisés dans leur profession. Dépassés par les évolutions technologiques de l'époque, ils sont largement relégués à quai, comme dockers, ou prennent la tête de petits cafés-restaurants pour ceux qui ont pu dégager un pécule. Les auteures montrent bien comment ces hommes de la mer ont ainsi initié un ancrage africain dans la cité, qui s'est renforcé à chaque nouvelle vague d'immigration.

---

[3] D. Schnapper, *La France de l'intégration. Sociologie de la nation en 1990*, Paris, NRF, Gallimard, 1991, p. 88.

La figure du « colporteur mouride » est aussi particulièrement bien fouillée. Elle émerge dans les années 1960 à partir d'une ethnie/caste d'artisans de la région de Touba au Sénégal, qui ont fui la sécheresse et la condamnation de leur avenir en brousse. Cette population aux abois, réceptive au tourisme et à l'engouement européen pour les « arts nègres », se spécialise dans la fabrication artisanale d'objets d'art en bois, s'organise en confrérie religieuse, et improvise un système commercial qui s'imposera rapidement et exclusivement dans toute l'Europe. Le dispositif, en adaptation permanente, diversifie les produits à la demande, passant de la statuette en bois aux gadgets de Hongkong, écoule les marchandises auprès de réseaux de distribution préexistants et s'appuie sur un système solidaire très efficace qui facilite l'insertion économique et sociale de ses membres en utilisant les réseaux de la confrérie. Mais, à Marseille, le système de distribution locale est déjà monopolisé par les populations nord-africaines. Les inévitables conflits qui opposent ces deux groupes de commerçants atteignent leur paroxysme dans les années 1980. Puis le marché est inondé par des commerçants asiatiques organisés et compétitifs, qui évincent rapidement le commerce mouride itinérant. Seuls les mourides sédentarisés tirent leur épingle du jeu en travaillant pour ces nouveaux réseaux, tout en restant attachés à leur culture religieuse et identitaire. Le regroupement familial va progressivement pérenniser leur présence et celle de leurs descendants. Ils s'imposent progressivement comme médiateurs dans les frictions qui opposent les commerçants africains aux maghrébins et à l'administration municipale.

Parallèlement, dans le contexte de crise économique et politique qui gagne pratiquement tout le continent africain dès les années 1980, une autre catégorie de migrants jusque-là temporaires, celle des étudiants africains, va tendre à se sédentariser à Marseille comme ailleurs en France. La saturation des débouchés dans la fonction publique de leurs propres pays, ainsi que le durcissement des politiques migratoires françaises, vont amener ces populations à s'accrocher à la métropole pour y envisager leur avenir et y sauvegarder celui de leur communauté. La reconversion de ces étudiants dans différents secteurs de l'économie urbaine est décrite comme une aventure sans merci, où la mobilité et la flexibilité maximales sont la règle, dans un environnement très concurrentiel et déjà occupé par d'autres commerçants africains. Ils poursuivent la conquête progressive de l'espace marseillais, partie des sites portuaires, pour gagner les rues piétonnes, puis les hôtels meublés, bars, restaurants, salons ou magasins, dont les arrière-boutiques se transforment à l'occasion en espaces de transaction ou en QG de militants panafricanistes. Mais la catégorie spécifique des « reconvertis » dispose d'un avantage inégalé : son capital culturel et sa bonne connaissance des institutions françaises. Ces intellectuels développent le créneau porteur de la « culture africaine » dans un commerce de détail ou de restauration, d'ambiance plus raffinée que leurs concurrents. Ils contribuent par ailleurs à initier un début de reconnaissance communautaire, en prenant la tête de mouvements associatifs issus du rapprochement, forcé par la conjoncture, entre les différents types de migrants africains jusque-là relativement isolés les uns des autres, à la fois dans leurs objectifs et leurs aires d'action. Encore naissant à Marseille, mais à l'image de ce qui se profile dans la capitale, ce nouvel esprit associatif encourage l'expression et la reconnaissance d'une africanité, qui a eu bien du mal a émerger de la diversité des héritages migratoires, mais qui œuvre aujourd'hui à la structuration d'une communauté africaine à Marseille.

L'ouvrage évoque dès le début de cette longue épopée migratoire l'impact des pratiques de regroupement familial sur le développement d'un petit commerce féminin bien distinct de celui des hommes. Si, brièvement, quelques figures féminines apparaissent dans leur spécificité, l'ouvrage aurait sans doute pu laisser plus de place à cette catégorie d'entrepreneuses, qui n'appartient par définition à aucune des trois figures emblématiques masculines évoquées. Sans les opposer aux catégories des marins, colporteurs et aventuriers autour desquelles le commerce féminin s'est construit, ces femmes migrantes constituent bien un groupe à part qui, loin d'être statique, s'est adapté différemment aux espaces commerciaux dont elles ont pu s'emparer, en marge du système de colportage masculin et du système commercial marseillais. De même, la figure de l'aventurier, présentée comme emblématique des dernières vagues de migration africaine, souffre d'une vision un peu trop étroitement liée à l'étudiant reconverti, alors que là encore, le regroupement familial a considérablement diversifié les profils des migrants. Il n'en reste pas moins que la restitution de ce siècle d'aventure expose clairement la manière dont passé et présent se sont articulés pour façonner la figure de l'entrepreneur migrant africain.

Christine TICHIT

Achevé d'imprimer
sur les presses de CARACTERE SAS
n°7-175 - 4ᵉ trimestre

LES ÉDITIONS DE L'INED

Fondé en 1945, l'Institut national d'études démographiques est un établissement public de recherche. Il regroupe aujourd'hui plus d'une soixantaine de chercheurs qui effectuent de nombreux travaux, théoriques ou appliqués, en démographie. Ils développent des relations entre cette discipline et les autres sciences humaines et sociales : économie, sociologie, génétique, biologie, histoire, géographie, mathématiques...

NOS PUBLICATIONS

• *Les périodiques*
Population, revue bimestrielle, en français et en anglais
Population, numéros thématiques
La situation démographique de la France
Population & sociétés, bulletin mensuel

• *Les collections*
Les Cahiers de l'Ined
Manuels
Classiques de l'économie et de la population
Études & enquêtes historiques
Méthodes et savoirs
Données statistiques
Hors collection
Aidelf

POPULATION : ÉDITION FRANÇAISE ET ENGLISH EDITION

Depuis 2002, les 5 livraisons annuelles de *Population* sont disponibles en français et en anglais. Veillez à bien préciser l'édition choisie sur le bon de commande

Vente au numéro	France	Étranger
• Population – Édition française	20,00 €	22,00 €
• Population – English Edition	20,00 €	22,00 €
Abonnement d'un an (5 livraisons par an)	France	Étranger
• Population – Édition française	75,00 €	82,00 €
• Population – English Edition	75,00 €	82,00 €

Tarifs au 1er janvier 2004

BON DE COMMANDE AU VERSO

À renvoyer aux ÉDITIONS DE l'INED,
133, bd Davout, 75980 PARIS Cedex 20, France
ou par Fax pour les commandes par CB au 01 56 06 22 37

Nom ....

Adresse ....

....

....

Veuillez m'adresser

. **LE CATALOGUE** ☐

. **POPULATION** (précisez l'édition)

☐ *ÉDITION FRANÇAISE* .... abonnement(s) pour l'année 2004

☐ *ENGLISH EDITION* .... abonnement(s) pour l'année 2004

Ci-joint la somme de ....

☐ Par chèque, à l'ordre de l'Agent comptable de l'Ined

☐ Par virement bancaire à la PGT PARIS n° 30091 75200 20003000675 44

☐ IBAN Internationnal Bank Account Number – FR76 3009 1752 0020 0030 544

☐ BIC Bank Identifier Code – BDFEFRPPXXX

☐ Par carte bancaire

Porteur : Nom, prénom ou raison sociale

....

Tél. .... Adresse ....

....

☐ Visa   ☐ Mastercard   ☐ Eurocard   ☐ Carte bleue

N° ....

Date d'expiration ....

Date et signature du **titulaire de la carte**